「姉小路式」テニヲハ論の研究

劉　志偉　著

京都大学学術出版会

プリミエ・コレクションの創刊に際して

「プリミエ」とは、初演を意味するフランス語の「première」から転じた「初演する、主演する」を意味する英語です。本コレクションのタイトルには、初々しい若い知性のデビュー作という意味がこめられています。

いわゆる大学院重点化によって博士学位取得者を増強する計画が始まってから十数年になります。学界、産業界、政界、官界さらには国際機関等に博士学位取得者が歓迎される時代がやがて到来するという当初の見通しは、国内外の諸状況もあって未だ実現せず、そのため、長期の研鑽を積みながら厳しい日々を送っている若手研究者も少なくありません。

しかしながら、多くの優秀な人材を学界に迎えたことで学術研究は新しい活況を呈し、領域によっては、既存の研究には見られなかった溌剌とした視点や方法が、若い人々によってもたらされています。そうした優れた業績を広く公開することは、学界のみならず、歴史の転換点にある21世紀の社会全体にとっても、未来を拓く大きな資産になることは間違いありません。

このたび、京都大学では、常にフロンティアに挑戦することで我が国の教育・研究において誉れある幾多の成果をもたらしてきた百有余年の歴史の上に、若手研究者の優れた業績を世に出すための支援制度を設けることに致しました。本コレクションの各巻は、いずれもこの制度のもとに刊行されるモノグラフです。ここでデビューした研究者は、我が国のみならず、国際的な学界において、将来につながる学術研究のリーダーとして活躍が期待される人たちです。関係者、読者の方々共々、このコレクションが健やかに成長していくことを見守っていきたいと祈念します。

第25代　京都大学総長　松本　紘

目次

序論

日本語の助詞の研究史は、京極興一の論に従えば、次のように区分することが可能である。[1]

(A) てにをは意識の生成期（古代から中世初期）
(B) てにをは研究の勃興期（中世中期から近世初期）
(C) てにをは研究の発達期（近世中期）
(D) 助詞研究の開拓期（近世末期から明治中期）
(E) 助詞研究の確立・展開期（明治末期から現在）

（京極一九七三　二六頁）

本書では上記(B)の時代における「テニヲハ」研究の専門書を主として扱う。「テニヲハ」とは、今日でいう助詞・助動詞・接尾語等の品詞類を指す総称である。その名称は、漢文訓読の際に加えられた「乎古止點」に由来すると栂井道敏[2]が説えて以来、それが定説となっている。[3] 栂井著『てには網引綱』では次のように記されている。[4]

今案するに我朝の先儒ヲコト點とて文字の傍に平上去入の點のごとく附る事有し近来絶て之を用ることはなけれと今猶其點のやうを傳へたり。左にしるす。

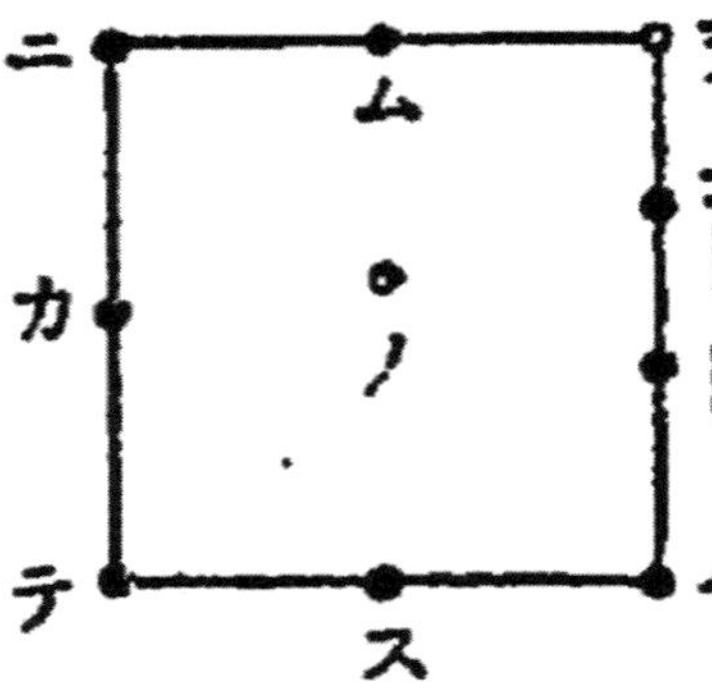

福井久蔵編『国語学大系―手爾葉一―』より

此點の四隅を見るにテニヲハの四字なり。是より和哥にもてにをはといふ名は起れる歟。

（根来一九七九イ　三頁～四頁）

しかし、後に「テニヲハ」と呼ばれるものはヲコト点、すなわち漢文の訓点から離れ、日本語に即して論じられていく。(5) そして、中世に至ると、中古の歌学を受け継ぎつつも、専ら和歌における「テニヲハ」の作法を説くテニヲハの研究書が現れ始める。個々の「テニヲハ」の用い方は、和歌のように音節数の限られた詩歌形式においては、その表現の生命力を大きく左右する。こうしたテニヲハの重要性が次第に重要視されるようになったこととテニヲハ研究書の出現は深く関係していよう。(6) このようなテニヲハ研究書は中世から近世にかけて大いに重宝され、記述内容が受け継がれるのみならず、増補も加えられていった。それが江戸期の日本語学へと繋がっていくのである。本居宣長の『詞玉緒』や富士谷成章の『あゆひ抄』といった体系的・論理的な語学書の成立は、それ以前のテニヲハ研究の成果なくしては難しかったものと思われる。

本書ではこうしたテニヲハ研究書のうち、「姉小路式」を対象として考察を行う。「姉小路式」には多くの異本があり、和歌系テニヲハ論書の最大勢力を成していると言っても過言ではない。ただし、実際に「姉小路式」

を外題としてもつ伝本は無く、[7]水戸彰考館蔵本『手耳葉口伝』は、典型的な「姉小路式」の諸伝本と内容は同じであるが、十三巻の巻別を立てていない点が特徴であり、[8]かつては、「姉小路式」の原形とも目されていた。[9]後にこの原形説は否定されたものの、[10]「姉小路式」の著者（以下、ことわりがない限り、著者とは「姉小路式」の著者を指す）や成立年代を考察する場合には、必ず参考にされる伝本である。こうした重要性に鑑みて、本書で「姉小路式」について論じるにあたり、諸写本の相違を示す場合を除いては、この水戸彰考館蔵本『手耳葉口伝』をもとに、巻別をもつ写本の形式を参考にする。

「姉小路式」の記述を考察することに先立ち、まず最初のテニヲハ秘伝書とされる[11]『手爾葉大概抄』[12]（以下、『大概抄』と称す）について触れておきたい。『大概抄』の記述は明らかに「姉小路式」に影響を及ぼしており、「姉小路式」の成立に深く関係すると考えられる。[13]本文は漢文体で書かれ、奥書には藤原定家の作と記されている。しかし、栂井道敏の『てには網引綱』が、定家に仮託された偽書であるとして以来、[14]それが定説となっている。[15]成立時期についても諸説があり、[16]不明な点も多いものの、本書は通説に従い、『大概抄』を最初のテニヲハ研究書とする立場をとる。

『大概抄』は和歌の作法について漢文体で記された啓蒙書であるため、解読しにくく、宗祇[17]作とされる『手爾葉大概抄之抄』[18]（以下、『抄之抄』と称す）がこれに注を施している。『抄之抄』を頼りに、『大概抄』の概要を把握することができるが、なお根本的な課題が残る。佐藤宣男は『大概抄』について、次のように示唆している。[19]

連歌論書でテニヲハが幅広く論ぜられるようになるのは、十五世紀後半以降のことである。『手爾葉大概抄』の取り上げるテニヲハを見ると、室町初めの成立と考えた時、あまりにも整い過ぎていると感じられる。

（佐藤二〇〇七　七三〇頁）

確かに『大概抄』の説く個々のテニヲハの用法は、相当にまとまったものであり、『大概抄』が一足飛びにそのレベルに達したとは考えにくい。佐藤の指摘の通り、連歌論書で幅広くテニヲハが論じられたのは十五世紀後半以降の事である。しかし、『大概抄』に先行して成立した連歌論書の中には個別的又は小範囲におけるテニヲハの言及が見られ、この二者の間に影響関係を考えることも可能である。時枝誠記が『国語学史』で「『てにをは』書の成立に連歌の作法が影響を及ぼしたのではないか」と述べているのは、まさにこのことを示唆していよう。[20]

「てにをは」の内容の発展を考察するには、連歌作法における「てにをは」の考察を忘れてはならない。和歌において「てにをは」が論ぜられた当初においては、その内容は寧ろ歌病説あるいは和歌の修辞に関することであった。然るに「てにをは」秘伝書群に見える留り、切れの問題が、連歌において最も重要な問題であったことを考へるならば、「てにをは」書の成立に連歌の作法が影響を及ぼしたのではないかといふ想像も可能になって来る。

（時枝一九四〇　七〇頁～七一頁）

しかし、この点について、これまでに十分な考察が行われてきたとは言い難い。そこで本書では、なぜ『大概抄』がテニヲハに関するまとまった知見を示すことができたのかについて、テニヲハ研究書と連歌論書の交渉の中から解明を図りたい。また、和歌と連歌、この二つの詩歌文芸における日本語に対する意識はただ交渉するのみにとどまらず、融合する傾向も見られる。本書では中世から近世にかけて和歌と連歌の学説書において、行われたと考えられる交渉・融合のプロセスについて、一私案を示し、詩歌文学における語学意識の融合に関する必然性についても明らかにしておきたい。

ところで、ここで当然なぜ最初のテニヲハ論書である『大概抄』を中心資料とせずに、「姉小路式」を取り上げるかということは疑問とされるであろう。このことは、以下の理由による。

（イ）『大概抄』は漢文体で書かれているため、内容が明解とは言い難く、個々の項目における『大概抄』の著者の本意を踏まえることが困難であること。

（ロ）『大概抄』の注釈書に相当する『抄之抄』も、「姉小路式」の記述を参考にして執筆されたと考えられ、成立時期は「姉小路式」より後となること。[21]

（ハ）「姉小路式」は『大概抄』に次いで成立、内容面で『大概抄』との関わりを持ち、かつ中世のテニヲハ論の中心勢力となっていること。

（ニ）初期の連歌論から影響を受ける一方で、後世になると、「姉小路式」が連歌論書の方に甚大な影響を与えるようになること。

以上の四点から、本書はテニヲハ論の中心資料として「姉小路式」を扱う。また、連歌論とテニヲハ論の交渉・融合を論じるにあたって、専ら文法事項の相互交渉及び影響を中心とし、文学面に関する交渉はひとまず考察の対象としないことを、あらかじめ断っておく。

「姉小路式」が巻を立てる順の典型は根来司によれば、次のようになる。[22]

第一巻　はねてにはの事（らん　同類語）
第二巻　ぞという事（ぞ　の）
第三巻　こそといへるとまり（こそ　句中の係）
第四巻　やの字の事（や）
第五巻　かの字の事（か）
第六巻　かはといふてには（かは）
第七巻　しをといふてには（を）
第八巻　かなをりやくする事（省略　縁語）
第九巻　かなをやすむる事（休め辞）
第十巻　おなじ字のある事（重出のてには）
第十一巻　かなといふてには（かな　相通うてには）
第十二巻　ころとまりの事（比とまり）
第十三巻　にてといふてにはの事（にて　して　見ゆ留）

（根来一九八〇八　九六頁）

こうした巻及び項目は、従来の研究では「歌の留り」「手爾葉の意味・用法」「呼応関係」の三つからなるとされてきた[23]。

斯様に作歌の上から手爾葉の大事な事を説き、歌の留りと手爾葉の用法、一々の手爾葉の意味・用法、更にその呼応等に注意したもので、固より文法的研究書とは云ひ難いけれども、その先駆として、所謂「姉小路式」

と共に注目すべきものである。　（井上一九六四　七頁）

しかし、このように帰納してしまうと、三者間の位置づけ及び関係は明示されず、具体的な内容も把握されにくい。「姉小路式」の項目は「歌の留り」「手爾葉の意味・用法」「呼応関係」として従来捉えられてきた三構成のもとに帰納するだけではなく、巻同士もしくは項目同士の相互関係も提示する必要があろう。そこで本書では「姉小路式」の記述内容をまず「テニヲハ類の用法（記述の中心は呼応関係である）」と「修辞に関する内容」とに大きく二分類し、さらに小分類を施して、各巻の本書における位置づけ及び相互関係の明示を試みる。一私案として次の図（図一）を示しておく。

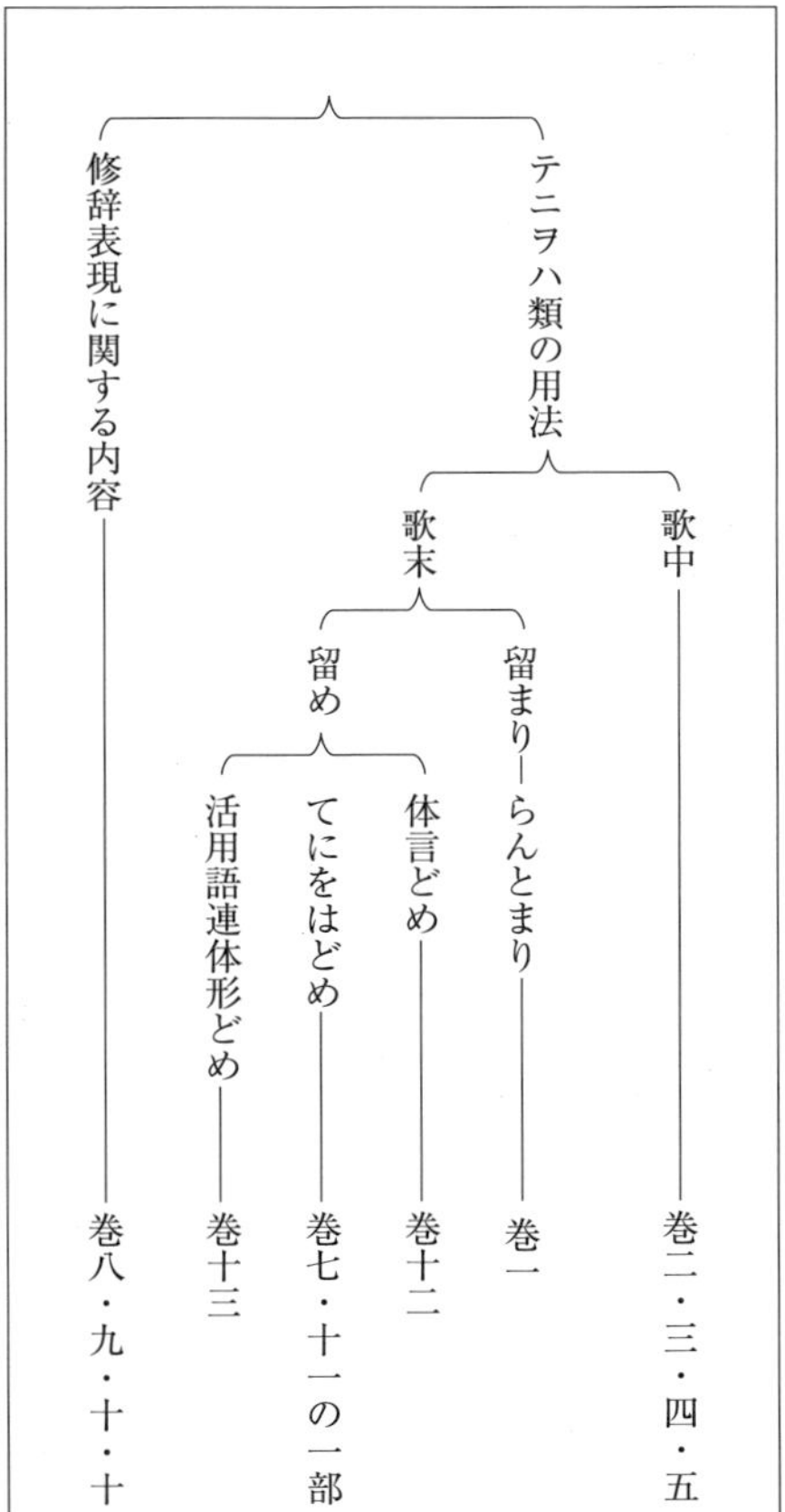

（図一）

この分類と巻の対応を見るに、「姉小路式」における巻の立て方は、和歌を作成する際の「関心事」によるものと考えられる。歌の良し悪しは修辞表現なしでは語れないので、個々のテニヲハの用法はもとより、修辞表現の技法も当然注目されなければならなかったのであろう。図（図一）に示した、「テニヲハ類の用法」は、個々のテニヲハが歌に現れる位置及び意味機能を説く部分である。その記述の中心は、呼応関係を伴うかどうか、句末表現が意味上完結するか否かについてである。これに対し、「修辞表現に関する内容」とは主として縁語や省略など、和歌を詠む際に用いられる修辞表現ともいうべき内容を扱っている。

本書では、各巻の記述内容について検討した上で、図（図一）に示したような巻の構成意識にも考察を及ぼしたい。

注

（1）京極興一「助詞とは何か ―― 研究史の展望 ――」『品詞別日本文法講座九　助詞』明治書院、一九七三年二月。
（2）栂井道敏（一七二二―一七九一）、江戸時代中期の歌人。
（3）井上誠之助「解題」福井久蔵編『国語学大系 ―― 手爾波一 ――』白帝社、一九六四年一月、二頁。
（4）根来司解説『てには網引綱（和泉書院影印叢刊六）』和泉書院、一九七九年二月（イ）。
（5）永山勇『国語意識史の研究 ―― 上古・中古・中世 ――』風間書房、一九六三年三月、四二一頁。
（6）西田直敏『資料　日本文法研究史』桜楓社、一九七九年四月、一一頁。
（7）根上剛士「「姉小路式」とは何か」テニハ研究会編『テニハ秘伝の研究』勉誠出版、二〇〇三年二月、一四頁。
根上の調査によれば、「姉小路」を付す伝本は存在する。
（8）根来司解説『手耳葉口伝（彰考館文庫蔵）』和泉書院、一九八〇年二月（イ）、一頁～三九頁。
（9）根来司『てをは研究史 ―― てにをは秘伝書を中心として ――』明治書院、一九八〇年八月（八）、三〇頁、二四〇頁。根来司は橋本進吉の考えを踏襲し、『手耳葉口伝』が十三巻に分けられていないなどの点から、それを「姉小路式」の原形とする説を立てている。

(10) 根上剛士「姉小路式の研究(二)――水府明徳会彰考館文庫蔵『手耳葉口伝』について――」『埼玉大学紀要(人文・社会)』三九―一(二)、一九九〇年三月(イ)、一頁。

(11) 初期のテニヲハ論書は秘伝という色合いが強く、後世へ下るにつれ、秘伝という性格は次第に薄れ、出版も行われていった。厳密に言えば、「テニヲハ秘伝書」と「テニヲハ研究書」とは区別されなければならない。しかし、本書では特別なことわりがない限り、テニヲハについて論じた書を一括して「テニヲハ研究書」と呼ぶ。なお、出版された書籍については亀井の論文を参照されたい。亀田次郎「姉小路式の類書及其刊本について」『書物の趣味』第五号、一九二九年一二月、一一〇頁～一二〇頁。

(12) 根来司解説『手爾葉大概抄　手爾葉大概抄之抄(国立国会図書館蔵)』和泉書院、一九七九年八月(ロ)、三頁～一〇頁。

(13) 井上誠之助「解題」福井久蔵編『国語学大系――手爾波一――』白帝社、一九六四年一月、一六頁。

(14) 「又定家卿のてには大概抄といふ書に宗祇肖柏の奥書を加へて世に秘蔵の事とて持傳へたる人有此書は定家卿の述作の目録にもみえす偽書たる事顕然たり」(根来司解説一九七九イ　四頁)。

(15) 山田孝雄『国語学史』寶文館、一九四三年七月、四八三頁。山田孝雄もこの立場をとる。

(16) 根上剛士『近世前期のてにをは書研究』風間書房、二〇〇四年三月。竹田純太郎(書評)「根上剛士著『近世前期のてにをは書研究』」『日本語の研究』一―四、二〇〇五年一〇月、七六頁。佐藤宣男「手爾葉大概抄(四　文法)」飛田良文ほか編『日本語学研究事典』明治書院、二〇〇七年一月、七三〇頁。「姉小路式」については鎌倉時代初期から室町時代中期までの間の成立とされている。しかし、近年、根上はこの書の成立を近世前期とする説を出している。ただし、竹田や佐藤の指摘通り、なお検討する余地はあると思われる。

(17) 宗祇(一四二一―一五〇二)、室町時代の連歌師。

（18）根来司解説『手爾葉大概抄　手爾葉大概抄之抄（国立国会図書館蔵）』和泉書院、一九七九年八月（ロ）、一一頁～六二頁。
（19）佐藤宣男「手爾葉大概抄（四　文法）」飛田良文ほか編『日本語学研究事典』明治書院、二〇〇七年一月。
（20）時枝誠記『国語学史』岩波書店、一九四〇年一二月（改版　一九六六年五月）。
（21）井上誠之助「解題」福井久蔵編『国語学大系――手爾波一――』白帝社、一九六四年一月、一六頁。
（22）根来司『てにをは研究史――てにをは秘伝書を中心として――』明治書院、一九八〇年八月（ハ）。
（23）井上誠之助「解題」福井久蔵編『国語学大系――手爾波一――』白帝社、一九六四年一月。

第一章　「はねてにはの事」を中心として

はじめに

「姉小路式」と呼ばれる一群のテニヲハ研究書は、前述の通り、『大概抄』と並んで、近世助詞・助動詞研究の源となり、後世に広く影響を与えた。「姉小路式」には数多くの異本が存在するが、項目の順序などが異なる点を除けば、典型とされる諸伝本の内容はほぼ同じである。(1) 本書では「姉小路式」の異本の一つである『手耳葉口伝』の記述に基づき、巻別をもつ写本の形式を参考として、各巻の内容を考察する。

ところで、「姉小路式」は中世のテニヲハ研究書の一大勢力をなし、発展を続けた。難解な箇所については、「姉小路式」の直系増補本『歌道秘蔵録』や『春樹顕秘抄』(以下、『顕秘抄』と称す)、そして更に大幅な増補が加えられた『春樹顕秘増抄』(以下、『増抄』と称す)を参照して、考察を行いたい。

本章で取り上げる「はねてにはの事」は「姉小路式」の第一巻に当たる。便宜的に以下これを第一巻と称する。なお引用にあたって、福井(一九六四イ)にある複数の伝本の翻刻を参考にしつつ、『手耳葉口伝』の翻刻を元に校訂したものを挙げる。[2] 翻刻は本書の付録として付することとする。また、説明の便宜上、本文に挙げられている証歌には通し番号を付した。

第一節 「疑ひ」の言葉と「はねてには」

第一巻は「はねてにはの事」と題し、「らん」を中心として助動詞「む」に関連する同類語が扱われている。これらの表現が歌もしくは句の末に現れる場合について、歌もしくは句の中に呼応する歌表現があるか否かによって様々な区分が行われている。具体的な記述は次の通りである。

一はねてにはの事。ランと疑はんには
ヤ・カ・カハ・ナニ・ナゾ・ナド（何の心なり）イツ・イヅク・イカニ・イカナル・イカデカ・イクタビ・ダレ・イヅレ・イヅコ
是等の言の葉の入らずしてははねられ侍らぬぞ。例へば、

　年を経て花の鏡となる水は
散りかかるをや曇るといふらん（一）
大空は恋しき人のかたみかは
物思ふごとに眺めらるらん（二）

山隠す春の霞ぞ恨めしき
何れ都の境なるらん（三）

斯くの如く五句の中延べてもつづめても読むべし。但し、葛城や・志賀の浦や・難波江やなど言へるは呼び出しのヤと言ひてはねず。ただ疑ふことは疑ひのヤにてはぬるなり。又治定してはぬること。ミン・ネン・セム・ケン・ナム この類なり。又押へつめてはぬる事、是は仮名のかかゑ（へ）かはれり。サヘ・ダニは心得あり。ゾ・オ（を）・ニ・ワ（は）・テ是等の仮名にてはねべし。例へば、

春日山峰の木の間も月なれば
右左にぞ神はまもらむ（四）
道遠しいる野の原のつぼすみれ
春のかたみにつみて帰らん（五）

延べてはぬる事、口伝。片疑ひ、諸疑ひ、ここを見てかしこを疑ひ、かしこを見て以って是を疑ふ。皆はね字。（是各一風にて侍る）ラシ・

アラヌ・ヌラシ・マシ・ベキと云てにはは、何れもランのかかへなるべし。又、かかへの仮名を略したるラン留り、つめばねと云て、深き心得なり、口伝。

著者は「らん」・「みん」の類・「らし」の類を「はねてには」と見なし、これらの言葉で「留まる」すなわち形式上句末もしくは歌末にあるのみならず、歌の意味上においても終結を表わす際に、何らかの制約をもつか否かによって分類を施しているのである。以下に詳しく見ていこう。

一　ランと疑ノ言葉

まず「らんと疑はんには　や・か・かは・なに・なぞ・など（何の心なり）・いつ・いづく・いかに・いかなる・いかでか・いくたび・だれ・いづれ・いづこ　是等の言葉の入らずしてははねられ侍らぬぞ。」と冒頭にある。著者は「らん」を「疑ひ」に関わる表現と認識し、「や」・「か」などの語との間に一種の呼応関係が成り立つと見做している。つまり、「らん」が歌末に位置する場合、歌中に疑問系に属するこれらの語がなくてはならないということである。ここでいう疑問系に属する語とは、今日の品詞分類でいう助詞、副詞及び代名詞（連体詞）の類を指している。疑問の意を表す助詞としては「や」・「か」・「かは」の三者が挙げられている。ただし、「かは」とほぼ同じ用法をもつ「やは」はその中に含まれていない。巻の立て方においても、「か」・「かは」はそれぞれ第五巻と第六巻として単独に立てられているのに対し、「やは」は「や」の巻（第四巻）の一項目として扱われている。したがって、「やは」は先の三者のうち「や」に含まれていると考えられる。そして、疑問の意を伴う副詞の「何ぞ」・「何ど」・「如何に」・「如何でか」・「幾度」が挙げられている。また、「何」・「いつ」・「いづく」・「いづこ」・「いづれ」・「誰」といった疑問系の代名詞と連体詞の「如何なる」も取り上げられている。

これらの疑問系の語のうち、「や」・「かは」・「いづれ」の三語については、証歌が引かれている。以下、出典と思われる和歌集の略称を（　）に示した。和歌集名の詳細については第八章を参照されたい。なお、ここに挙げる証歌の表記は『手耳葉口伝』のそれによった。これらと『新編国歌大観』における表記上のずれについては付録二として載せることとする。

（一）　年を経て花の鏡となる水は散りかかるをや曇るといふらん（古今　四四）
（二）　大空は恋しき人のかたみかは物思ふごとに眺めらるらん（古今　七四三）
（三）　山隠す春の霞ぞ恨めしき何れ都の境なるらん（古今　四一三）

いずれの歌も「らん」で結ばれており、それぞれ、歌の中に「や」・「かは」・「いづれ」が現れている。これは、歌中の疑問系表現が歌末に置かれている「らん」と呼応的な関係をなしているという解釈にほかならない。しかも、このように捉えられている根底には当時「らん」自体を「疑ひのてには」とする背景があったと考えられる。つまり、歌末に「疑のらん」が現れる場合、歌中では「や」・「かは」・「いづれ」の三者も「疑ひの言葉」であるため、意味における前後の照応関係が保たれているのである。「疑のらん」について、詳しくは「片疑ひ」・「諸疑ひ」と合わせて後述する。

二　ノベとツヅメ

上の（一）〜（三）の歌に続いて「斯くの如く五句の内のべてもつづめても詠むべし。」という説明が加えられている。この「のべ」・「つづめ」は「姉小路式」全篇にわたって使われているが、具体的に定義されていないため、その内容は定かでない。これらに似た用語として、近世における賀茂真淵の[3]「延約」がある。賀茂真淵が『語意考』で「延約」を一原理として語訳や語源の説明に広く用いたことは、永山勇により詳述されている。[4]永山は、さらに「延約」という意識の源流は中古まで遡れると論じている。この点について時枝誠記は、賀茂真淵をはじめとする後世の国語学者らが用いた「延約」とは、語義や語源を説明するものであり、その意識の出発点は古語の解釈にあったとしている。[5]

語義理解の新方法―近世初期に於ける古語の理解の方法が、中世時代のそれの継承であって、主として相通、略言、延言、約言等の方法により、古語を任意に変形して既知の語に導くか（相通法）、古語を適宜に分解し、加減し、或は伸縮させて理解するか（延約略の方法）の方法に過ぎなかった。

（時枝一九四〇　一二三頁）

『語意考』が語義解釈を中心とする書であるのに対し、「姉小路式」は一般的な歌学書から派生したテニヲハの使い方を説く専門書であり、歌学書としての性格をもつことは否定できない。「姉小路式」の扱う内容の中心は和歌作法上の表現問題であり、真淵らの語源説などに取り入れられている「延約」と「姉小路式」の「のべ」・「つづめ」とは本質的に異なると言わねばならない。

それでは「姉小路式」の増補本系列においては「のべ」と「つづめ」がどのような意で用いられているのであろうか。実際、これらの書は「姉小路式」の記述を敷衍するものであり、参照に値する内容は乏しい。唯一

『増抄』に

或は一句の中につゝめても上下の句にのへてもはぬる也。

（福井一九六四イ　一二四頁）

という関連する記述が見出せるのみである。(6) 具体的な内容は読み取り難いが、「つづめ」と「のべ」は歌を作成する際の技法に関わることが推察される。著者は歌において特定の「かかへ」（呼応関係をもつ歌中の表現）の位置が相違することを説明の中心としており、「上下の句」がどの句を指すのかは不明であるが、少なくとも「のべ」は句を隔て、「つづめ」より歌末に遠い位置であると認識していたと考えられる。

詳しくは後述の「つめ」と合わせて改めて述べることとしたい。

三　疑ノ言葉に属さないヤ

第一巻で挙げられる疑問系の語のうちで、「や」に関しては、「疑ひ」でない場合、「呼び出しのや」について触れられている。ここでいう「呼び出しのや」とは「葛城や」・「志賀の浦や」・「難波江や」のような古歌に詠まれた諸国の名所や枕詞などに付される間投助詞を指す。この「や」は「疑ひの言葉」に属さないため、一節で述べたような「らん」との呼応関係が成り立たない。このことを、著者は「呼び出しのやと云ひてはねず」と述べているのであろう。

第二節　「疑ひ」の意をもたない表現と「はねてには」

続いて歌中に現れる「疑ひの言葉」と呼応関係をなす「らん」の周辺的な表現、そして、歌中の表現が非疑問系である場合に関する様々な注意が述べられる。

一　治定してはぬる

歌末に「らん」が現れる場合は、歌中に疑問系の「かかへ」が必要であるのに対し、「見ん」・「ねん」・「せむ」・「けん」・「なむ」の場合は同じような「かかへ」を要しないとする。「見ん」・「ねん」・「せむ」・「けん」・「なむ」は推量の助動詞「む」を伴い、「らん」の同類語とも言える。また両者はともに歌末に現れる点も同じであるが、歌中に特定の制約を求めるか否かによって区別されている。

「かかへ」は「姉小路式」において重要な概念として幾度か登場し、これに対して「おさへ」という用語も頻繁に使われている。しかし、「姉小路式」においてこれらの用語に関する具体的な説明はなされていない。近世になり、本居宣長が文意の脈絡・呼応・断続の視点を確立し、その中ではじめて係を「かかり」、結を「むすび」と称し、係結の法則をほぼ把握したことは周知の通りである。(7) しかし、宣長の「かかり」及び「むすび」が「姉小路式」における「かかへ」と「おさへ」にそれぞれ対応しているわけではない。「姉小路式」においては「かかへ」・「おさへ」の両者は区別なく用いられているのである。実際歌学諸書における両者は、係結関係を中心とするものを指しているのであるが、用語そのものに関する定義は、『増抄』に見られるのみである。(8)

たとえば

又上にやとうたかひのか丶へありて下にうたかひのをさへなきもかたうたかひ也。たとへは
壬二集　すみよしの松やつれなき夕しくれとわたりかへるあはち嶋山

（福井一九六四イ　一二六頁）

そといふてにはは必下にをさへのかななくてはとまらす。初学の歌にをさへなくてふることおほし。そのをさへは、五音の第三うくすつぬふむゆる　にてをさゆる也。

（同右　一三七頁）

という記述が見られる。これらの記述によれば、「かかへ」と「おさへ」は呼応関係において相反する概念であり、「かかへ」は「かかり」のことを指し、「おさへ」は「むすび」のことであるという定義の雛形がうかがえる。つまり、『増抄』においては、「かかへ」は上に現れるのに対して、「おさへ」は下に置く。また、「おさへ」が歌末に置かれた場合に限って、「留り」とも称されるようである。「らんとまり」は「おさへのらん」と置き換えても差し支えない。

二　押へツメてはぬる・ノべてはぬる

歌末の「らん」と呼応する際の制約には、疑問を表わす語のほか、疑問でない「かかへ」もあることが述べられている。「又押へつめてはぬる事。これは仮名のかかへ変れり。さへ・だには心得あり。そ・お（を）・に・わ（は）・て　これらの仮名にてはぬべし。」がそれである。歌末は「らん」となっていながら、前述した「疑ひの言葉」と「らん」の呼応関係以外にも、「さえ」・「だに」のような副詞、副助詞や「ぞ」・「お（を）」・「に」・「わ（は）」・「て」といった助詞類が歌中に現れる場合も、歌中と歌末の「らん」との呼応関係は成り立

つ、ということであり、[9] 以下の二首がその証歌として挙げられている。

（四）　春日山峰の木の間も月なれば右左にぞ神はまもらむ（拾遺愚草　二〇八五）

（五）　道遠しいる野の原のつぼすみれ春のかたみにつみて帰らん（千載　一一〇）

歌末はともに「らん」で結ばれており、歌中において前者では「ぞ」が、後者では「に」が用いられている。著者は、歌中の「ぞ」と「に」をそれぞれ歌末の「らん」と呼応関係をなすものと認識しているのであろう。そして、「ぞ」と「に」は「疑ひ」の意をもたないため、この呼応関係を前述の「疑ひの言葉」と呼応する「らん」のそれと区別したと考えられる。続いて、「のべてはぬる」が取り上げられているが、これについては「口伝」と記すのみで、具体的な説明はない。

三　ツメとノベ

「つめ」という用語は、「押へ（字）」と同等に解釈される場合がある。たとえば、馬淵和夫は

「押へ字」というのは、「さへ」「だに」「ぞ」「に」「て」などで、これからは文脈を一度くぎって、それまでの部分をまとめて結びにかかっていく働きを持っているのである。

（馬淵一九七七　三一八頁）

と述べている。[10] 馬淵は「押え字」と呼ばれる語が意味上の統括的働きをする点から「つめ」を理解したのであろう。しかしながら、「姉小路式」全篇にわたる「つめ」という用語を説明することはできない。箇所によってその記述の仕方は一様でないからである。たとえば、第二巻では、「ぞ」と「や」の関係について、「ぞをの

べたるや」・「やをつめばぞなるべし」という解釈がなされており、この記述において「のべ」と「つめ」が対比的に捉えられていることは明らかである。この「のべ」を仮に「のべA」と称す。

ところが、前述したように、「のべ」は、「つづめ」に相対する用語であり、「かかへ」と歌末の位置関係を示す概念でもある。仮にこれを「のべB」と称す。もしこの二つの「のべ」を同じ意味で使われた用語と見るのなら、「つめ」と「つづめ」も同一の意をもつとしなければ説明がつかない。「つめ」も「つづめ」と同様、歌末との位置に関わる用語と理解されるのである。富士谷成章の『あゆひ抄』にも「詰め」という用語が見られ、

一、詠詰め　歌の末の七言の終りを言ふ。『詰め』とも。
（中田・竹岡一九六〇　一〇七頁）


と説かれている。[11]成章の用いる「つめ」も歌における位置に関係するものと考えられる。

しかしながら、本書では第二章で述べるように、「姉小路式」における「つめ」と「つづめ」とには相違を認めている。「つめ」は意味上の統括に絡んでおり、歌末との位置関係を示すのみである「つづめ」とは使い分けられている。したがって、「のべA」と「のべB」も区別して解されるのである。

四　片疑ヒ・諸疑ヒ

「片疑ひ。諸疑ひ。こゝを見てかしこを疑ひ、かしこを見てこゝを疑ふ。皆はね字。」については具体的な説明や証歌もなく、その指すところは不明瞭と言わなければならない。本巻の冒頭の「らんと疑はんには　や・か・かは・なに・なぞ・など（何の心なり）・いつ・いづく・いかに・いかなる・いかでか・いくたび・だれ・

いづれ・いづこ　是等の言葉の入らずしてははねられ侍らぬぞ。」や『大概抄』の「刎字有三品　一疑二手尓葉三詰刎[12]」という記述を考えあわせれば、時枝が指摘した通り、中世のテニヲハ研究書においては「らん」が「疑ひのてにをは」として認識されていたことは明らかである。[13]したがって、「片疑ひ」と「諸疑ひ」もまた、上述の「らん」に関わる呼応関係を別の視点から捉えた語と考えられる。別の視点とは、歌中の「らん」と呼応する「疑ひ」の表現があるかどうかということである。歌中に疑問系の「かかへ」が現れない「押さへつめてはぬる」に関しては、歌末の「らん」だけが「疑ひ」とされることから「片疑ひ」と名付けられる。それに対し、歌中に疑問系の「かかへ」がある場合、「疑のらん」が加えられて「諸疑ひ」と呼ばれたということが考えられるのである。この点については佐藤宣男も『顕秘抄』の記述を踏まえて、「諸疑ひ」を疑問の要素が重複するものと解しているのに対し、「片疑ひ」は、疑問を表す「かかへ」または「おさへ」（らん）のいずれかが欠ける場合をさすと指摘している。[14]

このように、歌における「疑の表現の箇所」に注意を払うことは、近世にも受け継がれており、富士谷成章は『あゆひ抄』で「かたうたがひ」を「かたひびき」と名付けている。[15]

らん・けん・なむ、句末にあれば、上に疑の挿頭・脚結・またぞを受けて打ち合ふが常なり。打ち合はずしてよみつむるを、かたひびきといひて心得あり。

（中田・竹岡一九六〇　二九〇頁）

五　ココヲ見テカシコヲ疑フ・カシコヲ見テココヲ疑フ

この記述についても具体例はなく、内容は不明である。増補本系列もこの記述を踏襲するのみである。しかし、『あゆひ抄』にはこれと似た説明があり、それを参考にすると、この項目は「らん」を意味的に解釈したものではないかと考えられる。[16]

句中・句末ともに里「デアラウ」と言ふ。その心、いづれも、見えたる物と・隠れたることわりとを合はせて詠めり。細かに言はば、人を見て心を知ると・木を見て花を思ふと・草を見て種を疑ふとの三あり。

（中田・竹岡一九六〇　二八八頁〜二八九頁）

このように、「はねてには」の記述の一部は『あゆひ抄』に反映されているとも考えられるのである。

六　ラン周辺のハネ字

「らし・ぬらし・べき・あらぬ・ましと云てには何れもらんのかかへなるべし。」とは、「らし」・「ぬらし」・「べき」・「あらぬ」・「まし」が歌末に現れる場合、歌中に対する制約はこれまで述べてきた「らん」のそれと同じであるということである。著者は意味と機能における類似から、これらの語を「らん」と同様、「疑ひ」の「はね字」と認識したのであろう。そうであれば、これらの語が、「らん」と同様に「かかへ」を用いることも理解される。だが、これらの殆どは推量を表すもので、「らん」との類似が認められる一方で、「あらぬ」という一語のみはやや異質である。この点については、佐藤宣男が「あらぬ」が動詞「あり」の否定形であることを理由に、「らん」と同質に理解するのは正確さを欠くと指摘している。[17]

この項目で「姉小路式」の著者は「らん」のみでなく、それに近い「む」・「らし」・「まし」・「べき」などにも目を向けたのである。その内容が合理的か否かについてはひとまず置くとしても、『大概抄』と比較した場合、「姉小路式」には新たな視点が加えられていることは確かである。

七　ツメバネ

「らん」が歌末に用いられる際に、必ず「かかへ」が歌中に現れるわけではない。この項目では「かかへ」が省略される場合の「つめばね」が取り上げられている。

『大概抄』には「刎字」という項目が見られる。

刎字有三品　一疑　二手爾葉　三詰刎

（根来一九七九ロ　七頁）

この「三詰刎」は、正に「姉小路式」のいう「つめばね」に相当していよう。一方、宗祇は『抄之抄』で「つめばね」について

つめはねは　さへ　たに　そ　に　て等の押へ字を置てはぬるなり
道遠し入野の原のつほすみれはるのかたみにつみてかへらん

（根来一九七九ロ　四七頁～四八頁）

と注を施している。[18]その内容は「姉小路式」における「つめばね」ではなく、「押さへつめてはぬる」の方にあたる。つまり、宗祇のいう「つめばね」は、「姉小路式」の「かかへのかなを略したる」ことを指す「つめばね」とは相違するのである。このように、初期のテニヲハ秘伝書にも語義に関するずれが見られ、その結果、後世のテニヲハ研究書では混乱が生じ、「つめばね」は「口伝のはね」・「一字ばね」・「の字ばね」などの異名で用いられるようになってしまっている。[19]したがって、後世の記述を参考にしても、「つめばね」を定義することは容易ではない。だが、増補本系列における「つめばね」の記述にも、疑問系の「かかへ」をさす内容が

見られないことは共通している点である。すると、「かかへのかなを略する」の「かかへ」も「疑ひ」の意をもたないものであると察せられる。「姉小路式」と『抄之抄』における記述は異なっているとはいえ、ともに「つめばね」の「つめ」を非疑問系の表現としているところは一致する。宗祇が「さへ」・「たに」・「そ」・「に」・「て」による意味の統括を「つめ」と定義したのに対し、「姉小路式」の著者は、「さへ」・「たに」・「そ」・「に」・「て」を含む非疑問系の「かかへ」が省略された形を「つめ」と見たと考えられるのである。

第三節　「治定」と「疑ひ」

さて、当巻において「らん」の同類語を説明する中で、「治定」という用語が使われている。「治定」は、歌学においてしばしば見られる用語である。橋本進吉は「疑ひ」を不定と解釈し、一方で「治定」を確定と注した。[20] この定義を、根来司は

我々が今日の尺度を以て疑ひ及び治定を定義することはできないけれども、例へば、橋本進吉が国語研究略史（日本文学大辞典、国語学の項、新版第三巻、七七頁）のなかで、疑ひを不安（ママ）、治定を確定と注せられてゐる、これなどは疑ひと治定の最大公約数的な定義としてよくあたってゐると思はれる。

（根来一九五七　六八頁）

と評価している。[21]「最大公約数」とは、歌学史において「治定」という語が指す内容が書によって異なることを踏まえての謂いであろう。後代の歌学書においては、「姉小路式」において「疑ひ」とされていたものを

「治定」とする記述さえ見られるのである。この点については佐田智明『国語意識史研究』に詳しい。佐田によれば、「治定」とは俳諧の切れ字とのかかわりから単位表現内のまとまりをおさえ、そこに示される完結性をとらえようとした概念であるという。[22]

それでは、「姉小路式」における「治定」について考察したい。佐田が指摘するように、該当箇所の記述からは、過去の推量を表す「けん」やある事態の実現を強く推量する「なむ」、あるいは「見る」・「ぬ（寝）」・「す（為）」などに下接する「む」など、現在でいう推量を表す語が歌の「留り」として歌末に置かれる場合には、歌中に疑問系の詞を伴わないことを説明したものかと考えられる。[23] ちなみに根来司は

今日の言葉でいえば治定とは確定であり、はねるとは婉曲でありひいては広義の推量である。

（根来一九七六　三七頁）

と述べ、「治定してはぬる」に挙げられていると思われる「けん」は「けり」の婉曲的用法をさすと指摘し、「けむ」は「疑ひのてには」ではないと結論付けた。[24] 確かに、「姉小路式」は「疑ひのてには」でない「けむ」を「疑ひ」を表す「らん」と区別して説明を行っている。しかし、「見ん」・「ねん」・「せむ」・「なむ」などの語を、「けむ」のように婉曲的用法と見なせるか否かは再検討する必要があろう。

ところで、「治定」は「姉小路式」系列の増補本においても用いられている。しかし、それらの説明は「姉小路式」の記述を踏襲するのみである。一方、「姉小路式」と同じく『大概抄』に即して執筆された宗祇の『抄之抄』は、同じ「けむ」・「なむ」などの語に対して次のような説明を行っている。引用は福井久蔵編『国語学大系　手爾波一』に拠る。（下線は筆者による。）

（イ）うたかひはねは、か　かも　かは　何　なと　や　なそ　いつ　いかに　いかて、此類を上に置てはぬる也。此詞なく心にもちてもはぬるなり。

（ロ）てには劒は、けん　みん　なん　てん　ねん　せん　等なり。これはた、てにはまてにて押へ字にも不及。心もなし。

（ハ）つめはね、さへ　たに　そ　に　て　等の押へ字を置てはぬるなり。

上記（ロ）の「てには劒」が「姉小路式」の「治定してはぬる」にあたるものである。（イ）にある「心」とは、（イ）の記述によれば、「疑ひ」の詞に関連して、「疑ひの心」を指すと思われる。（ロ）の「押へ字」とは、（ハ）の具体例が示すように、明らかに疑問の意をもたない言葉である。つまり、「てには劒」は、「疑問系の言葉にも及ばず」あるいは「疑ひの心もなし」と理解することができよう。この部分は「てには劒」が非疑的な表現であることを強調していると考えられる。これに関連して、「姉小路式」の「治定してはぬる[25]」も、やはり上に「疑ひの言葉」がなく、歌末は「けん」などと呼応することを指していると理解できる。「治定」とは非疑的表現であり、「疑ひ」の意をもたない。「疑ひの言葉」は疑問を表わすゆえに「不定」のものに属し、「治定」とはその反対に立つものである。まさに「姉小路式」における「治定」の内容は、橋本進吉の定義「確定」に一致するのである。

第四節　連歌論書における「らん」の捉え方

『大概抄』には「劣字有三品　一疑　二手爾葉　三詰劣」という文言があり、「姉小路式」でも「はねてには」が最初の巻として挙げられている。初期のテニヲハ秘伝書においては、「はねてには」すなわち「らん」などに対する関心が非常に高かったといえる。一方、連歌論においても、「らん」は重要なテニヲハとして早くから認識されていたことがうかがわれる。

たとえば、二條良基は『僻連抄』において、初句での言い切りの表現として「らん」を取り上げている。[26]

発句は最も大事の物也。（中略）かな・けり、常の事なり。このほか、なし、けれ・なれ・覧、又常に見ゆ。所詮、発句には、先づ切るべき也。切れぬは用ゆべからず。哉・けり・覧などの様の字は、なんとしても切るべき也。

（伊地知ほか一九七三　四三頁）

この記述においては「覧（らん）」は「発句切れ」を出発点として説明されており、「姉小路式」における「らん」の視点と異なっている。

また、やや時代が下って『一紙品定之灌頂』では、「らん」について次のような記述が見られる。[27]

一、当世上手のこのむ手爾葉の事
らんと留りて付る様大事也。らんは疑の心也。

（伊地知一九五六ロ　三五頁）

「留りて付る」とあるように、連歌における付様に関する説明である。「らん」が「疑ひ」的に解釈されていることは『大概抄』と合致している。

そして、「疑のらん」は次第に歌中の疑問系表現と呼応する表現として捉えられていったようである。とりわけ、『連歌諸躰秘伝抄』における次のような記述は注目される。(28)

一、みだれてには
さぞ　　山里もさぞうかるらん秋のくれ
いかなれば　身のために世はいかなればうかるらん
などか　　つらき身の老までなどか残るらん
いかでか　月の夜も人はいかでかこざるらん
たが　　旅人はたが里までとそぐらむ
いつを　　人はさていつを限りと思ふらん
たれをか　とはぬ夜は誰をか友と明すらむ
や　　　思はぬやうき名にたててこざるらん
いつまで　来ぬ人はさていつまでと待たるらむ
なに丶か　おぼえずよ人は何にかかはるらむ
右、一句の中にかやうのことばを入（いれ）候はでは、らんとはねまじく候。他准之。

（木藤一九八二　五一五頁）

（表一）

おさへ		かかへ			
		特定の語を伴う		特定の語を伴わない	
		疑問系	非疑系	要しない場合	省略の場合
はねてには	らん	○	○	（×）	○非疑
	見んの類	（×）	（×）	○	×
	らしの類	（○）	（○）	（×）	明言せず

「疑ひの言葉―らん」のように、句末に「らん」が現れる場合、句中には疑問系の語が必要であるとされている。同様の捉え方は「姉小路式」においても見られる。[29] 当巻の最初に挙げられている「らんと疑はんには　や・か・かは・なに・なぞ・など（何の心なり）・いつ・いづく・いかに・いかなる・いかでか・いくたび・だれ・いづれ・いづこ　是等の言葉の入らずしてははねられ侍らぬぞ。」がそれである。「姉小路式」に影響を及ぼしたとされる『大概抄』に該当する記述がないことから、この部分は「姉小路式」の著者による独自の記述であるとも考えられる。が、後述するように、『連歌諸躰秘伝抄』の成立が「姉小路式」に先行することを考えあわせると、「姉小路式」における「疑ひの言葉―らん」の記述は連歌論書の影響を受けた可能性が高い。おそらく「姉小路式」の著者は『大概抄』に大きく依拠しつつも、同時に連歌論書をも参照していたと思われるのである。

まとめ

以上「姉小路式」における「はねてには」の巻を考察してきた。ここで、この巻における著者による「はねてには」の種々の捉え方を探りたい。巻全体の内容を表にまとめると、次のようになる（表二）。

表（表二）を見てわかるように、著者は当時和歌作法において関心の高かった「らん」を中心とする推量系の言葉を同類と認めつつも、その相違について考察を行っている。また、歌の留り（この巻の場合は推量系のもの）が歌中において何らかの制限をもつか否かに注目し、呼応の表現を伴うか否かという視点から捉えようとしている。

「姉小路式」の内容は本居宣長や富士谷成章の研究にも影響を与えており、日本語学史において看過できない存在である。[30]この巻でも、「姉小路式」の用語は後世の日本語に関する研究書に取り入れられている。「おさへ」と「かかへ」は本居宣長の「係結」の源であり、富士谷成章は「かたうかがひ」を「かたひびき」と名付けて受け継いでいった。「姉小路式」特有の用語に対する解釈も少なくない。後世語学の源のひとつである「姉小路式」の日本語に対する捉え方を理解しようとするには、それらの用語について明らかにしていく必要があろう。また、「姉小路式」の著者が考察にあたって、常に表と裏の両面からの考察を行ったことも見逃してはならない。たとえば、「疑ひ」と「治定」のように、相対する概念は、対として捉えられている。この「疑ひ」と「治定」、「のべ」と「つづめ」（あるいは「のべ」と「つめ」）、「おさへ」と「かかへ」、「片疑ひ」と「諸疑ひ」などの名付けには著者によるこのような研究の成果が現れていると言えよう。またその考察内容は当時の歌学において、「語学的」に文を捉えようとする傾向があったことを示しているのである。

注

（1）福井久蔵編『国語学大系――手爾波一――』白帝社、一九六四年一月（イ）、六三頁～八七頁。

（2）校訂文は、筆者が愛知文教大学に在籍中、大秦一浩先生（現大谷大学准教授）が主催した研究会で作成した校訂版を参考にした。ここに記して、変体仮名を一から教えて下さった大秦先生、そして研究会メンバーの中村さんに深く御礼を申し上げる。

(3) 賀茂真淵（一六九七―一七六九）、江戸時代の国語者、歌人。
(4) 永山勇『国語意識史の研究――上古・中古・中世――』風間書房、一九六三年三月、三一八頁〜三二〇頁。
(5) 時枝誠記『国語学史』岩波書店、一九四〇年一二月（改版　一九六六年五月）。
(6) 福井久蔵編『国語学大系――手爾波一――』白帝社、一九六四年一月(イ)。
(7) 国語学会編『国語学大辞典』東京堂出版、一九八〇年九月、一四〇頁。
(8) 竹岡正夫「「打合」研究小史――成章まで――」『香川大学国文研究』第八号、一九八三年九月、一一頁。
(9) 佐藤宣男「『手爾葉大概抄』と姉小路式Ⅰ――中世歌学におけるテニハの扱い――」『福島大学教育学部論集（人文科学）』第五五号、一九九四年三月(イ)、四頁。
(10) 馬淵和夫「四　国語史研究史」松村明編『講座国語史一　国語史総論』大修館書店、一九七七年五月。
(11) 中田祝夫　竹岡正夫『あゆひ抄新注』風間書房、一九六〇年四月。
(12) 根来司解説『手爾葉大概抄　手爾葉大概抄之抄（国立国会図書館蔵）』和泉書院、一九七九年八月(ロ)、七頁
(13) 時枝誠記『日本文法　文語篇』岩波書店、一九五四年四月、一八二頁。
(14) 佐藤宣男「『春樹顕秘増抄』におけるテニヲハの諸相Ⅰ」『福島大学教育学部論集（人文科学）』第五八号、一九九五年六月(ロ)、八頁。
(15) 中田祝夫　竹岡正夫『あゆひ抄新注』風間書房、一九六〇年四月。
(16) 中田祝夫　竹岡正夫『あゆひ抄新注』風間書房、一九六〇年四月。
(17) 佐藤宣男「『手爾葉大概抄』と姉小路式Ⅰ――中世歌学におけるテニハの扱い――」『福島大学教育学部論集（人文科学）』第五五号、一九九四年三月(イ)、七頁。
(18) 根来司解説『手爾葉大概抄　手爾葉大概抄之抄（国立国会図書館蔵）』和泉書院、一九七九年八月(ロ)。
(19) 佐藤宣男「『春樹顕秘増抄』におけるテニヲハの諸相Ⅰ」『福島大学教育学部論集（人文科学）』第五八号、一九

九五年六月（ロ）、七頁。
（20）橋本進吉「国語学の項　国語研究略史」『日本文学大辞典』新潮社、一九三二年六月～一九三五年四月、八四頁。
（21）根来司「疑と治定――「けらし」を中心として――」『国語と国文学』三四―九、一九五七年九月。
（22）佐田智明『国語意識史研究』おうふう、二〇〇四年一二月、一九七頁～二一九頁。
（23）佐藤宣男「『手爾葉大概抄』と姉小路式Ⅰ――中世歌学におけるテニハの扱い――」『福島大学教育学部論集（人文科学）』第五五号、一九九四年三月（イ）、三頁。
（24）根来司『中世文語の研究』笠間書院、一九七六年二月。
（25）「治定してはぬる」は「姉小路式」における主要な内容をなす和歌の「らん」留まりについて、歌中に制限があるものとないものの二種類があるという基準に即した記述であると思われる。
（26）伊地知鉄男ほか『日本古典文学全集五一　連歌論集能楽論集俳論集（第四版）』小学館、一九七八年十一月（初版　一九七三年七月）。
（27）伊地知鉄男編『連歌論新集』古典文庫、一九五六年一二月（ロ）。
（28）木藤才蔵校注『中世の文学　連歌論集（二）』三弥井書店、一九八二年一一月。
（29）拙稿「姉小路式」における文法意識について――『手耳葉口伝』の「はねてにはの事」を中心に――『歴史文化社会論講座紀要』第五号、京都大学大学院人間・環境学研究科歴史文化社会論講座、二〇〇八年三月（イ）、三頁。
（30）井上誠之助「解題」福井久蔵編『国語学大系――手爾波一――』白帝社、一九六四年一月、一頁～二三頁。竹岡正夫「「打合」研究小史――成章まで――」『香川大学国文研究』第八号、一九八三年九月、十頁～二四頁。

第二章　係助詞の捉え方（一）――「ぞ」「こそ」の巻

はじめに

文法的な術語として「係り」及び「結び」をはじめて用いた人物は本居宣長であり、「係結び」という熟した語を用いたのは、萩原広道[1]の『てにをは係辞弁』が最初とされている。[2]しかし、彼ら以前にも「係り結び」の事実に関する言及は見られ、中世のテニヲハ研究書を代表する『大概抄』と「姉小路式」ではつとに注目されている。特に「姉小路式」では個々のテニヲハを項目ごとに扱うなど、『大概抄』より一歩進んだ内容になっている。就中、「ぞ」・「こそ」の「結び」については「五音」という用語を用いた説明が行われている。その説明内容は、後世に行われる用言の活用研究への、過渡的な役割を果たしたものとして重要である。本章では「ぞ」・「こそ」を扱ったこの二巻を対象として、「姉小路式」の著者による係助詞の捉え方を考察することとしたい。

第一節 「ぞ」の巻について

まず、「姉小路式」の第二巻について見ていこう。この巻には「ぞ」だけではなく、清音の「そ」に関する記述も含まれており、それらが歌中もしくは句中に現れるか、歌末もしくは句末に現れるかによって分けて説明されている。そして「ぞ」の周辺的な内容として、「ぞとやの通用」と「ぞとのの通用」についても扱われており、それらが歌意を解釈する上で言い切りになっているかどうかが重要な軸となっている。第二巻の記述は次の通りである。

一ゾといふ事。此ゾの字に数多の留まりあり。五音第三の音にて押さへたり。第三の音とは、ウ・ク・ス・ツ・ヌ・フ・ム・ユ・ル・ゥ（う口伝也）
我ぞ問ふ。花ぞふ（咲イ）く。涙ぞ袖に玉はなす。波ぞたつ。きぬたをぞ打つ問ひぞ来ぬ。物をぞ思ふ。人をぞ頼む。露ぞうつれる　斯くの如く渡りて延べよつづめよ。
一上件の他に、キ・シ・ニ・ヲ（た）・ハ（る）ネ・シカ・シニ。斯くの如く留まる事あり。

　唐衣日も夕暮れに成る時は
　返へす〳〵ぞ人は恋ひしき（六）
　水の上に浮かべる舟の君ならば
　ここぞ泊まりと言はまし物を（七）

花ぞ見る。月をぞ見しに。松をぞ友と思ひしか（にイ）。君ぞ知るらむ。　吟を麗しく留むべし。留まりを用ゐ侍らぬゾの字あり。是を下字のゾと云。

人なとがめぞ。かくなせぞ。この類なり。ゾとヤと延べつづめ通ひ侍り。例へば歌に

　武蔵野の霞も知らず降る雪に
　まだ若草の妻や籠れる（八）

ゾを延べたるヤなり。この故に留まりゾに等しき物なり。又ヤをつめばゾなるべし。吟味によるべし。

　春日野に生ほる子の日の松は皆
　千代を添へつつ神ぞ引くらむ（九）

ゾとノとのてには通ひ侍り。是深き口伝。よく〳〵秘すべし。

昨日かも早苗取りしかいつの間に
稲穂そよぎて秋風の吹く（十）
折りつれば袖こそ匂へ梅の花
ありとやここに鶯の鳴く（十一）
是にて知るべし。風の吹く。鶯の鳴く。風ぞ吹く。鶯ぞ鳴く。いづれも通ひ侍り。ノといふ時は一首の中にかかへあるべし。かかへなくはゾなるべし。是深き口伝なり。秘すべし。

春きても花も匂はぬ山里は
物うかるねに鶯ぞなく（十二）
山高み人は昔の（にイ）宿ふりて
月よりさきに軒ぞかたぶく（十三）
是等の味はひ（大切なりイ）、心に染むべし。思ひ残し、言い残したる、ノのてには。是等の味はひ大切なり。

しめをきて今はと思ふ秋山の
よもぎがもとに松虫の鳴く（十四）
東路の佐野の舟橋かけてのみ

思ひ渡るを知る人のなき（十五）
これらはゾを延べたる故に、ゾの留りなるべし。秘すべし〳〵。
ゾと言ひ残すてにはあり。ゾ・カ・ヨの三つの仮名をかかひ侍り。トゾ・トカ・トヨかようの類か、又君が心ぞ・君が心よ・君が心か。又、言ひ捨つるゾあり。下字にはあらず。
この三文字はテと留らず。口伝。
　禊して結ぶ川波年ふとも
　　幾代すむべき水の流れぞ（十六）
是言ひ捨つるゾなり。

一　句中のゾ

初めに「その字にあまたの留りあり。」とある。これは句中にある「ぞ」と呼応関係をなす句末表現が種々雑多であることを提起するものである。そしてその「あまたの留り」は、「五音第三の音」と称される「う く す つ ぬ ふ む ゆ る う」の類と、「き し に を は ね しか」の一群とに分けられている。前者については「我ぞ問ふ」・「花ぞ吹く（異本に咲く）」・「涙ぞ袖に玉はなす」・「波ぞ立つ」・「きぬたをぞうつ」・「問ひぞ来ぬ」・「物をぞ思ふ」・「人をぞ頼む」・「露ぞうつれる」といった例が挙げられており、「ぞ」の後の述語が連体形で結ばれている。つまり、「第三の音」とは活用語の連体形をさすものと考えられ、今日の学校文法で行われている係り結び「ぞ」の説明に重なるところがある。[3] 一方、「第三の音」以外の「留まり」として考えられた一群は、それぞれ、形容詞の連体形の語尾「き」、過去の助動詞「き」の連体形「し」（「しに」は「し」に助詞「に」がついたもの）、同已然形「しか」、接続助詞「を」などと考えられる。「は」・「ね」については具体例はないが、おそらく「はね（撥）」のことであろう。これらのうち、「（し）に」・「しか」・「はね」については「月をぞ見しに」・「まつをぞ友と思ひしか」・「君ぞしるらん」、「き」・「を」については以下の二首がその証歌として挙げられている。

（六）　から衣日も夕暮れになるときはかへすぞ人は恋ひしき（古今　五一五）
（七）　水の上に浮かべる舟の君ならばこゝぞ泊まりと言はまし物を（古今　九二〇）

これらの説明は、ほぼ『大概抄』の

曽者宇具須津奴之通音　禰于幾志遠波志于志加羅無　以此字拘之

（根来一九七九ロ　七頁）

という記述に従ったものである。このように、「第三の音のとまり」と「第三の音のとまり」以外とに分けられているということからは、当時、結びには活用語の語尾を有するものとそうでないものとに分類する意識があったと考えられる。なお、「ぞ」に限らず、「こそ」・「にて」・「みゆ」の項目および、「の」についても同様な意識が読み取れ、いずれの箇所も『大概抄』と深い関わりをもっている点が特徴的である。

二　句末のソ

「留り持ちゐ侍らぬその字あり。」と言われるのが句末の「そ」である。ここでは具体例として「人な咎めそ」と「かくなせそ」とが挙げられており、これは〈「な」―「そ」〉もしくは〈「な」―「そな」〉のような禁止表現を指しているのであろう。「そ」が句末に現れる点に着目し、句中の「ぞ」と区別して捉えようとする著者の意図がうかがえる。

「姉小路式」において終助詞の「そ」が「ぞ」の巻の中で論じられていることについては、佐藤宣男は、文字表記の上で清濁を区別しない表現法に起因していると指摘している。[4] しかし、これまで検討してきた点からは、「そ」と「ぞ」との清濁関係というより、むしろ両者が句に現れる位置の相違または呼応関係の有無こそが「姉小路式」の著者にとっての最大の関心事であったと理解すべきであろう。そもそも「姉小路式」の著者が清濁を正しく理解した人物であったことは、第十一巻の「云ひかけてには」における清濁を伴う掛詞の記述からも明らかである。[5] 佐藤のいうような「清濁を区別しない」という次元の問題ではなく、「姉小路式」の著者は音の共通性に注目し、同じ表記のものを同じ巻で取り上げているに過ぎないのである。

三　ゾとヤの通用

「ぞ」と「や」との関係は「そとやとのべつづめ通ひ侍り。」と総括され、二首の証歌が挙げられている。

（八）　武蔵野の霞も知らず降る雪にまた若草の妻や籠れる（拾遺愚草　一六〇三）

（九）　春日野に生ふる子の日の松は皆千世をそへつつ神ぞ引くらむ（俊成五社　二〇二）

続いてこれらの証歌について説明が加えられている。最初の歌の「や」については「ぞをのべたるやなり。この故に留まりぞに等しきものなり。」とある。これに対し、二番目の歌の「ぞ」は「又やをつめばぞなるべし。」とある。「のべ」と「つめ」は「姉小路式」において頻出する用語である。しかし、この用語自体に関する具体的な説明はなく、解釈の難しい語とされてきた。本書ではこれらに「つづめ」を加え、後述で一私案を提示する。詳しくは三節に譲る。

四　ゾとノの通用

「ぞとのとてには通ひ侍り。」とは「ぞ」と「の」の通用をいうものである。これについては、「風の吹く・鶯の鳴く・風ぞ吹く・鶯ぞ鳴く　いづれも通ひ侍り。のと云ふときは一首の内かかへあるべし。かかへなくはぞなるべし。」と説明され、それぞれ次のような証歌が二首ずつ挙げられている。

（十）　昨日かも早苗取りしかいつの間に稲葉そよぎて秋風の吹く（古今　一七二）
（十一）　折りつれば袖こそ匂へ梅の花ありとやここに鶯の鳴く（古今　三二）
（十二）　春きても花もにほはぬ山ざとは物うかるねに鶯ぞなく（古今　一五）
（十三）　山たかみ人は昔のやどふりて月よりさきに軒ぞ傾く（拾遺愚草　一六九八）

この説明の趣旨は、歌に「かかへ」があれば、「の」を使うべきで、「かかへ」がない場合は、「ぞ」を用いるということであろう。しかし、「かかへ」が具体的に何を指しているのかについては明言されていない。後世の亭弁[6]はこの箇所について『歌道秘蔵録』で

一そとのとてにはかよひ侍り。是深き口伝也。

きのふかも（こそ古今こそ也）さなへとりしかいつのまに稲葉そよきて秋風の
吹く（吹ランノラン略シタル也）
折りつれは袖こそにほへ梅のはなありとやこゝにうくひすのな
く（ラン略シタル也）
△いつのまにといひ又ありとやといへるか、へ也。是にて可知。
（佐藤一九八一イ　七九頁）

と述べ、（十）の「いつの間」と（十二）の「ありとや」をそれぞれ「かかへ」と見ている。[7]「いつ」と「や」は「疑ひ」に属する表現であるため、両歌では「の」が用いられているということであろう。これに対し、（十二）・（十三）の歌は、「疑ひ」の「かかへ」を有しないため、「ぞ」になっている。亭弁の理解に従えば、「ぞ」は「疑ひ」の表現とかけ離れた存在であるということである。

ただし、「ぞ」と「の」の使い分けは、「かかへ」が唯一の決定要素となるわけではないようである。続いて「思ひ残し云ひ残したるののてにはこれらの味わひ大切也。」と述べられているのは、「切れ」か「続き」かという別の視点である。

（十四）　しめをきて今はとおもふ秋山のよもぎがもとにまつ虫のなく（新古今　一五六〇）
（十五）　あづまちのさののふな橋かけてのみ思渡るをしる人のなき（後撰　六一九）

ここで挙げられている二首の証歌には「かかへ」としての「疑ひ」の表現がないにもかかわらず、「の」が用いられ、一見前述の内容と矛盾しているかのようである。しかし、「これらはぞを延べたる故にぞの留りなるべし。」という続いての記述によると、「の」は活用語の連体形と一種の呼応関係をなすものと考えているのであろう。つまり、「ぞ」と「の」とが通用することから、「の」も「ぞ」と同様な留りをもつべきであると主張しているのである。[8]

このような〈「ぞ」—「や」〉と〈「ぞ」—「の」〉との通用に関する考え方は、『大概抄』の影響を受けたものであろう。『大概抄』には

外有能屋之替字

（根来一九七九ロ　七頁）

との文言が見られ、すでに「の」・「や」を「ぞ」の「替字」としているのである。無論、今日の文法視点からは、「の」を係り結び的には捉えがたい。が、「の」は決して「係り結び」研究と無縁のものではなく、それは本居宣長に至るまでの長き「係り結び」研究の過程を辿っても明らかである。そして、たとえば、宣長の『詞の玉緒』においては「ひも鏡」を次のように解説している。[9]

のの結びは。紐鏡の中の行の段々の辞にて。ぞ‖や‖何など、同じき事。上に出せる三転証哥の如し。但しぞ‖や‖何にくらぶれば。‖のはや、軽き故に。かの定まれる格にはづれて結ぶこともなきにあらず。左にあぐるがごとし。

（大野・大久保一九七〇　一一一頁）

つまり、宣長によれば、「の」は「ぞ」や「や」・「何」に比べて弱いものの、係り結びとなる場合もあるということである。[10] 係り結びの研究の土台は『大概抄』や「姉小路式」のような過渡的研究を経て次第に固まって

いったのである。

五　云ひ残すゾ・云ひ捨つるゾ

巻末には「思ひ残し云ひ残したるの」に因んで、「ぞと云ひ残すてには」と「云ひ捨つるぞ」が言及されている。うち、「云ひ残すぞ」については「とぞ」・「君が心ぞ」の類が挙げられている。そのほかに「か」と「よ」も、これと同一視されているようである。具体的には「とぞ」・「とか」・「とよ」や「君が心ぞ」・「君が心か」・「君が心よ」が挙げられている。これが「云ひ残すてには」と称されるところに連歌論書からの影響が考えられる。

連歌論における「切れ」の問題は、歌論の世界でも意識され、「続き」なのか「切れ」なのかについても次第に重要視されるようになったと思われる。たとえば、『大概抄』では

不云切以手尓葉所留之歌中云切也　於云切之所留焉　云切詞有定詞

（根来一九七九ロ　四頁〜五頁）

というような記述が見られる。一方、「姉小路式」では「続き」と「切れ」、即ち歌意が完結するか否かについて、「云ひ残す」と「云ひ捨つる」という語が用いられている。この「云ひ残すぞ」とは、歌末もしくは句末に置かれ、歌意解釈では「続き」を表す「ぞ」のことであり、反対に「切れ」を表すのが「云ひ捨つるぞ」である。「云ひ捨つるぞ」については「下字にはあらず。この三文字はてととまらず。口伝。」との記述があり、次の和歌（十六）が挙げられている。この箇所について福井（一九六四イ）に挙げられている諸伝本の記述を確認すると、すべて「下知」となっている。また内容からしても「下知」がふさわしく、「下字」は『手耳葉口伝』

の著者による誤写と思われる。

（十六）　禊して結ぶ川波年経とも幾代すむべき水の流れぞ（拾遺愚草　一八九六）

この記述からすると、「ぞ」は、同じく文末に置かれる「下字（知）」（〈「な」～「そ」〉あるいは〈「な」～「そね」〉の形）とは区別されるのである。歌で「ぞ」が「流る」の名詞形に付き、文末に現れていることについて、佐藤宣男は

通例ゾがもっている結びのことばを要求する機能が、この場合には「流れぞ」のゾに、それがすでに込められていて不要となっていると解するのである

（佐藤一九九四イ　四頁）

とする。[11]確かにそう考えると、この箇所での「ぞ」が「云ひ捨つるぞ」と呼ばれる理由にも納得がゆく。ただし、後述するように、この箇所の「この三文字はてととまらず。」も連歌論の記述を取り入れたものと考えられるのである。

第二節　「こそ」の巻について

「こそ」についての記述も「ぞ」の巻と同様、呼応する「おさへ」と「続き・切れ」とに関する二つの視点から述べられている。そして、巻の最後では「留めて留らぬ事」について触れられている。具体的な記述は次

の通りである。

凡そコソと言へる留
まり、第四の音にて（ぞイ）留まるべし。第四の音とは
[illegible]（江）ケ・セ・テ・ネ・ヘ・メ・江・レ・[illegible]（ヱ）
物をこそ思へ。人をこそ待て。ありとこそ
聞け。玉をこそなせ。いこそ寝られね。そ
れとこそ見め。月をこそ見れ。斯くの如く
五句のうち延べてもつづめても留まるなり。
上件のほかに
ラシ・シニ・シカ・ヲ・ヨ・キニ・ニキ・カ
　花薄我こそ下に思ひしか
穂に出て人に結ばれにけり（十七）
　霞こそ立こめけるを鈴鹿山
春になるとは如何に云ふらむ（十八）
月こそ月よ。恨みむとこそ思ひしか。
我こそ恨みはつべきに。
斯くの如く留め侍るべし。言ひ残すコソあり。
　春も過ぎ秋の来るると限り有るを

又も相見むことをのみこそ（十九）

ゾといふにもコソといふにも留めて留まらぬ事侍り（るイ）。是又深き口伝。よく〳〵秘すべし〳〵。例へば歌に

血の涙落ちてぞ流つ白川は

君が代までの名にこそ有りけれ（二〇）

斯くの如く流つのツの字に習ひあり。コソもこの扱ひ侍り。

一　コソのおさへ

「こそ」と呼応する「留り」については、まず「五音」の視点から分析され、「凡そこそと云へる留り第四の音にて留るべし。」と述べられている。「第四の音」としては「江（あ行）・け・せ・て・ね・へ・め・江（や行）・れ・ゑ」を挙げており、動詞の已然形を指している。具体例としては「物をこそ思へ」・「人をこそ待て」・「有りとこそ聞け」・「玉をこそなせ」・「いこそねられね」・「それとこそ見め」・「月をこそ見れ」が挙げられている。「斯くの如く五句の内のべてもつづめても留るなり。」との補足は、前章で述べたように、「のべ」・「つづめ」が、「こそ」が句に現れる位置に関係することをいったものである。

続いて、「第四の音」のみでなく、「らし」・「しに」・「しか」・「を」・「よ」・「きに」・「にき」・「か」なども「こそ」の留りになり得るとされている。このうち、「きに」については、「我こそ恨みはつべきに」という句を引いて、具体例が挙げられている。これは、助動詞「べし」の連体形に接続助詞「に」の付いた形である。また

「しか」の用例としては、「恨みむとこそ思ひしか」という一句と証歌（十七）とが挙げられている。このほか、証歌（十八）と「月こそつきよ」という句を引いて、「を」や「よ」といった助詞の類も挙げられている。

（十七）花すすき我こそ下に思ひしか穂に出でて人に結ばれにけり（古今　七四八）
（十八）霞こそたちこめけるを鈴鹿山春になるとはいかに言ふらむ（俊成五社　三）

「らし」・「しに」・「にき」・「か」については具体例は挙げられていないが、歌末もしくは句末表現と「こそ」とを一種の呼応関係として見なしているのであろう。実際に「第四の音」以外の「留り」と「こそ」とが呼応関係をなすかどうかはひとまず置き、「姉小路式」の著者の最大の関心はいかなる言葉が「こそ」を有する句の終わりに現れるかということにあろう。「こそ」については、すでに『大概抄』で

古曽者兄計世手之通音　志々加之手尓葉　尤之詞受下留之　雖不受持心則留也
（根来一九七九ロ　六頁）

と触れられている。完全に内容が一致するわけではないが、「留まり」という視点からの考察という点は一致している。両者とも「こそ」のとまりには、今日の品詞分類でいうところの、動詞の已然形とそれ以外のものとの二種類があるというのである。「こそ」の結びについて、「姉小路式」では「第四の音」という語が用いられているが、このような称し方は『大概抄』の「通音」という語をもとに、「姉小路式」の著者が発展させて用いたものと考えられよう。両者はともに、歌における呼応関係を法則的に捉える際に使われた用語であり、江戸期の活用研究へとつながる過渡的な用語として、日本語史研究上重要な概念のひとつと見なされよう。

二　云ひ残すコソ

これは、句末にある「こそ」が、歌意の完結を有せず、さらに何らかの意味が続いている場合を指すと理解される。

（十九）　春も過ぎ秋の来るると限りあるをまたも相見むことをのみこそ（俊成五社　五五）

この歌は通常、「こそ」の下の「思へ」が省略されたものと解される。[12]つまり、「思へ」という「第四の音」が歌に現れないということである。「思ふ」という述語が明言されないことで読み手に考える余地を与えている点が、「言ひ残す」と定義されているのである。「切れ」と「続き」に即していえば、形態的には「こそ」で締め括られているが、歌意は「こそ」で切れるのでなく、後へと続いていると考えられる。

三　留メテ留ラヌ事

巻の最後に「そといふにもこそというにも留めて留らぬ事侍り。」という説明があり、次の歌が引用されている。

（二〇）　血の涙落ちてぞたぎつ白川は君が代までの名にこそありけれ（古今　八三〇）

そして、「斯くの如くたぎつのつの字にならひあり。」との補足が施されている。「血の涙落ちてぞたぎつ」は、「たぎつ」の「つ」の字（「第三の音」）で句末を留め、「ぞ」と呼応関係をなしていると見なされる。しかし、「たぎつ」はさらに後続する「白川」を限定修飾しているため、歌意上「留らぬ」とも理解されうるのである。「留める」も「留まる」も句末について用いられることは同じであるが、歌意完結の有無という点では区別して使われていると考えられる。「留まる」が形態的にも歌意としても言い切りになるのに対し、「留め」の場合、形の上では言い切っているが、歌意は続いていることを表しているようである。これが「留めても留らぬ」と称されているのである。

第三節　「ノベ」・「ツヅメ」・「ツメ」の三者の関係について

以上述べてきたように、「ぞ」と「こそ」の巻がともに『大概抄』の影響を強く受けていることは否めない事実である。とはいえ、「姉小路式」の著者による独自の説明が全く見られないわけではない。たとえば、「のべ」・「つづめ」（「つめ」）という語による説明である。これらは「姉小路式」における重要な用語でありながら、具体的な解釈が行われておらず、それぞれの指示するところは極めて不明瞭である。直系増補本に属する『増抄』で唯一

或は一句の中につゝめても上下の句にのへてもはぬる也。

（福井一九六四イ　一二四頁）

という記述が見られ、それを参考にすれば、「のべ」と「つづめ」はともに歌中の「かかへ」と歌末の位置を示す用語で、相反する概念であることが推察される。「上下の句」が五句のうちどの句を指すのかは不明だが、少なくとも「のべ」は「つづめ」に比べ、句を隔てて歌末に遠い位置にあると考えられよう。(13)

一方、「のべ」と相対する用語として、「つづめ」とは別に、「つめ」も存在する。たとえば、第一巻の「は

ねてには」には次の記述が見られる。

又おさへつめてはぬる事。これは仮名のかかゑ変はれり。サヘ　ダニは心得あり。ゾ　オ（ヲ　筆者注）ニワ（ハ　筆者注）テ、これらの仮名にてはね（ママ）べし。

（中略）

のべてはぬる事、口伝。

「姉小路式」では「のべ」・「つづめ」・「つめ」の三者が絡み合って用いられているため、それぞれの意を確定することが困難である。このような箇所は増補本の著者たちにとっても難解で、ただそのまま踏襲するにとどまるか、曲解されるかの、いずれかであったようである。[14] 中でも、「ぞとやの通用」に関する記述は最も問題の多い部分である。

ぞとやとのべつづめかよひはべり。たとえば歌に

武蔵野の霞も知らず降る雪にまた若草の妻や籠れる（拾遺愚草　一六〇三）

ぞをのべたるやなり。この故に留りぞに等しき物なり。

又やをつめばぞなるべし。吟味によるべし。

春日野に生ふる子の日の松は皆千世をそへつつ神ぞ引くらむ（俊成五社　二〇二）

「ぞをのべたるやなり。」と「又やをつめばぞになるべし。」という記述について、大秦一浩は、「ぞ」及び「や」の通用に対する総括を述べた「ぞとやとのべつゞめかよひはべり。」という文にこだわり過ぎた誤認であると理解している。氏の論を引用すれば、

「ぞ」と「や」とが互いにノベ・ツヅメの関係にある、と誤解したために生じたものでしょう。この文に忠実に依拠するあまり、不可逆的に「ぞ」のノベが「や」であり、「や」のツヅメが「ぞ」であるとせねばならなかったのであります。

（大秦二〇〇六　三四頁）

という部分がそれである。[15] これに関連して、大秦はさらに

（増補本系列の著者たちにとって　筆者注）解釈不能であるのは、理解の及ばないわたくし側の問題ではなくして、文意不通を生ぜしめる記述側の問題である。

（大秦二〇〇六　三三頁）

と述べている。

しかし、「姉小路式」の著者による誤解とする説にはにわかには賛同しかねる。大秦は江戸期の延約説をもとに、「姉小路式」における「のべ」・「つづめ」を解釈しようとしているようである。しかし、「姉小路式」における「のべ」・「つづめ」は、中古の語源解釈原理として用いられた「のべ」・「つづめ」とだけでなく、後世の延約説におけるそれとも性質を異にするものと考えられるのである。[16]「姉小路式」における「のべ」・「つづめ」は和歌作法の説明に関して使われており、歌の修辞表現と直結する用語である。仮に「姉小路式」が実際に「口伝」を受けて執筆されたのではない偽書であるとしても、その中に見られる記述は著者自身のテニヲハ観に基づくものであることに違いはない。自らが用いた用語の意を誤解することはまず考えにくい。また、一般的に「姉小路式」は「口伝」とされている以上、こうした内容も特定の人物からの伝授を受けたものと考え

られる。この場合にも、著者がその「口伝」を書き下ろすにあたって、度々用いる「のべ」や「つづめ」などの意については当然熟知しているものと考えられよう。したがって、大秦の誤認説が問題の解決になったとは言い難い。

それでは、「のべ」・「つづめ」・「つめ」の三者の関係はどのように理解すればよいのであろうか。前述の通り、「のべ」と「つづめ」は歌中の「かかへ」と歌末の距離を示す用語である。「つづめ」は一句のうちにおさまるのに対して、「のべ」は二つ以上の句に跨っている場合を指す。これに対し、第一巻の「はねてには」における「つめばね」[17]に関する記述をも参照すると、「つめ」は非疑問系の表現を指示しているのではないかと考えられる。[18]そうであるとすれば、「つめ」の反面に立つ「のべ」は疑問系の表現を指すとも考えられるのである。問題とされる「ぞをのべたるや」と「又やをつめばぞなるべし。」という記述は、[19]端的にいえば、「ぞ」が「つめ」的であるのに対し、「や」は「のべ」的であるということである。つまり、「ぞ」は非疑問系の表現として認識されているのに対して、「や」は疑問系の表現と見なされている。ここでは「ぞ」を疑問として表現したのが「や」、逆に「や」を非疑問として表現したのが「ぞ」ということを言っているのであろう。

また、「ぞとやとのべつづめ通ひ侍り。」の箇所に関して、亨弁が「ぞ」を「治定」、「や」を「疑ひ」とする記述も証左となろう。[20]

そとやとかよふ事　くぬむるきしましらんのをさへそにもやにもある也。仍而かよふといふ也。されともそは先治定なり。やは先疑也。此故に義理は各異なり。

（佐藤一九八一イ　七九頁）

本書の仮説に基づけば、第一巻の「又押へつめてはぬる事」と「のべてはぬる事口伝」についても理解が可能である。「さえ」・「だに」・「お（を）」・「に」・「わ（は）」・「て」など非疑問系の「押へ」[21]と「らん」の呼応関係が「押へつめてはぬる事」とされているのに対し、口伝の「のべてはぬる」は、「疑ひ」の「かかへ」が歌中に現れ、句末の「らん」と呼応する場合のことを指していると思われる。「らんと疑はんには　や・か・かは・なに・なぞ・など（何の心なり）・いつ・いづく・いかに・いかなる・いかでか・いくたび・だれ・いづれ・いづこ　是等の言葉の入らずしては撥ねられ侍らぬぞ。」との文言が、巻の最初に挙げられているため、「口伝」の二字のみで示されたのであろう。

また、「思ひ残し云ひ残したるの」の箇所についての解釈も可能になる。

しめをきて今はとおもふ秋山のよもぎがもとにまつ虫のなく（新古今　一五六〇）

あづまちのさののふな橋かけてのみ思渡るをしる人のなき（後撰　六一九）

これらはぞをのべたるゆへにぞのとまりなるべし。

本文で「の」は「延ぶ」によって解釈されていることから、「の」は歌における「疑ひ」的な表現と深く関係するものと理解することができる。ただし、「の」が「延ぶ」という言葉を以て解しうるとしても、「の」自体が「疑ひの言葉」であるというわけではない。「の」を用いることは歌全体を「疑ひ」的に表現する過程の一部である。上に挙げた証歌は連体形で言い切ったものでなく、形態上、歌末に「らん」が現れていないものと理解すべきである（「の」と「らん」は呼応的に捉えられたものと理解し、「らん」によって歌全体を「疑ひ」的に表現する）。そして、これが「思ひ残し云ひ残したる「の」」と呼ばれた謂いであろう。これに対して、「ぞ」は種々の「留まり」を伴って「云い切り」の表現であると理解されていると考えられる。このように、「ぞ」と「の」は通用表現として認識されながら、また「切れ」・「続き」においては区別されているのである。

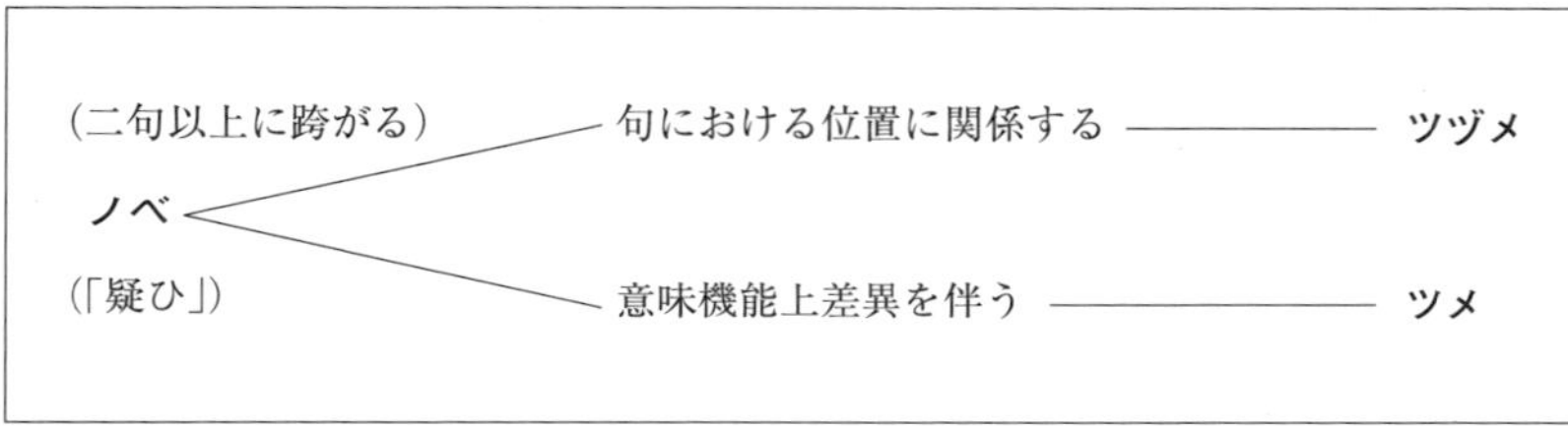

（図一）

以上の考察をまとめると、次の図（図一）のように「のべ」・「つづめ」・「つめ」の三者の関係を示すことができよう。「のべ」は句における位置に関わっているだけでなく、意味と機能の差異も絡んでいる複雑な用語なのである。

第四節　「ぞかよ」から見る連歌論との交渉

以上論じてきたように、句末の「結び」について、「ぞ」と「こそ」はともに忠実に『大概抄』の記述にしたがっている。ただし、巻の中には『大概抄』にない内容も取り入れられている。次の箇所である。

> そと云ひ残すてにはあり。そかよの三つの仮名をかゝひ侍り。とそ・とか・とよ　かやうの類か。また　君か心そ・君か心よ・君か心か。又云ひ捨つるそあり。下字（知）にはあらず。この三文字は「て」と留らず。くてん。
> みそきしてむすふかわなみとしふともいくよすむへき水のなかれそ
> これ云ひ捨つるそなり。

このように、言いきりになっているか否かにより、「姉小路式」の著者は「そ」を「云ひ残す」ものと「云ひ捨つる」ものとの二つに分けている。このうち、「云ひ捨つるぞ」について、『大概抄』の注釈書と言われる『抄之抄』には次の一文が見られる。

一又留り字不用そ二つあり　一には下知のそなり　うらみそ　かこちそのたくひ　二にはいひすつるそなり
　みそきしてむすふ川なみ年ふともいくよすむへき水の流れそ
此二のそはいひ残す詞に通音拘字もたせたるものなり　いつれも知たる事故定家卿筆したまはすと見えたり
（根来一九七九ロ　四四頁）

これによれば、〈「な」〜「そ」〉と「云ひ捨つるぞ」については定家の著とされていた『大概抄』で言及されていないということである。そして、証歌が「姉小路式」と一致することから、この箇所は宗祇が「姉小路式」を参考にしていると考えられる。(22)

一方、「云ひ残すてには」とされる「ぞかよ」も『大概抄』では触れられていない項目である。とはいえ、この箇所が「姉小路式」の著者による独自の見解であるというわけではなく、「ぞかよ」は連歌論書の影響を受けたものと考えられる。連歌論では重要な項目として「ぞかよの三字事」が受け継がれていった。(23)たとえば、『大概抄』に先行する『連歌手爾葉口伝』には次のような記述がある。(24)

一、ぞ・か・よの三字事
ぞ（のをさへ）　うき身ぞと思ふ涙に袖ぬれて
か（のをさへ）　里人の山はふるかと雪まちて
よ（のをさへ）　又よとはとむる情にいひ捨て

如此、ぞ・か・よの事は、ぞと・かと・よと云て、てとはとゞむべし、但ぞ・か・よなどは。との字無くば、てととまるべからず。

（伊地知一九五六ロ　四三頁）

このように、当時連歌では終止用法の「ぞ」・「か」・「よ」と句末の「て」との呼応が注目されていた。[25] 連歌論の「ぞかよの三字事」を上述の「姉小路式」の箇所と比較すると、その内容は完全には一致しないものの、「姉小路式」の著者が連歌論におけるこの項目に目を向けた可能性は十分考えられる。「この三文字はてと留らず」は連歌論の「ぞかよの三字事」の記述を拠り所としたものと考えられるのである。「姉小路式」の著者は連歌論書に着目し、その中で取り上げられている一部のテニヲハをテニヲハ論に応用したのであろう。そして、句における意味の完結の有無に拘った結果として、「云ひ残すぞ」と対比する「云ひ捨つるぞ」を添えたのではないか。かくして、「ぞ」と「とまり」を呼応的に捉えることについては『大概抄』の影響を受け、その一方では連歌論の記述をも取り入れることで「ぞ」の巻が出来上がったと考えられるのである。

「云ひ残すてには」として取り上げられている「とぞ」・「とか」・「とよ」は形式上句末を締めくくり、歌意解釈上それぞれのあとに「思ふ」・「問ふ」といった述語の省略と見なされる。これらが一括にされるのは一理あるのである。

立山にふり置ける雪の常夏に消ずて渡るは神ながらとぞ（万葉　四〇〇四）
君がためいはふ心のふかければひじりのみよのあとならへとぞ（後撰　一三七八）
我がやどの花橘をほととぎす来鳴かず地に散らしてむとか（万葉　一八四六）
月よめばいまだ冬なりしかすがに霞たなびく春立ちぬとか（万葉　四四九二）

わがいもこがしぬひにせよとつけしひもいとになるとも吾は解かじとよ（万葉　四四〇五）
やよやまて山郭公ことづてむわれ世中にすみわびぬとよ（古今　一五二）

「とぞ」・「とか」の「ぞ」・「か」は係助詞の句末用法として理解することができ、「結び」としての動詞連体形が現れない形である。「云ひ残すてには」の典型であるに違いない。しかし、「とよ」の場合、此島正年が

引用の「と」の下に「思ふ」「言ふ」等の動詞が省略されて「よ」が添うたもの。
（此島一九六六　四三二頁）

と指摘している通り[26]、「よ」で言い切りになっているとも解釈される。したがって、この三者を一様に「云ひ捨つるてには」として論じるのは些か的を外している。

一方、上に挙げた「みそきしてむすふ川なみ年ふ共いくよとむへき水のなかれぞ。」を読むと、一概に「云ひ捨つるぞ」とは言えないようである。宗祇の言うように、「水の流れぞ」の「ぞ」は「いひ残す詞に通音拘字もたせたるもの」であり、本来句末に現れるべき「第三の音の留まり」は音節数の関係で表れていないと解されるのである。つまり、この「ぞ」はむしろ「云ひ残すぞ」と理解されるのである。これは「姉小路式」の著者が執筆の際に、句における意味の完結の有無にこだわり過ぎたことに起因するものと考えられる。「云ひ残すぞ」の反面に立つ「云ひ捨つるぞ」を説明するにあたって、この歌の「ぞ」を「断止」のものと理解したのであろう[27]。

これらのやや不可解な記述も、連歌論の記述を和歌の理論として応用されたものと考えれば納得がゆく。また、このことは「姉小路式」の増補本系列を参考にしても一目瞭然である。『顕秘抄』はほぼ「姉小路式」の

記述をそのまま踏襲しているが、「てとまらず」の補足として次のように述べている。(28)

と文字にてをさゆれはてと留まり候
身のかきり今そとしらはかしこくて
の類なりへし。いつれも口伝

(福井一九六四イ　九六頁)

引用された用例は、一旦「ぞ」で言い切って、引用内容を提起する「と」が続くことで句末に「て」が用いられたものであろうが、明らかに連歌論のそれと一致している。つまり、この箇所は連歌論に深く関係していることを示唆しているのである。これに対し、『増抄』では概ね「姉小路式」を敷衍しているが、「ぞかよ」に関する記述は見当たらない。これは、その著者である有賀長伯がこの箇所を正そうとしたためではないかと考えられる。有賀長伯は当時の歌学に精通した人物であり、『顕秘抄』の著者が「姉小路式」をほぼ踏襲するにとどまっているのに対し、長伯は懐疑的な視点をもちつつ、「姉小路式」や『顕秘抄』を慎重に吟味し敷衍していったのである。(29) 有賀長伯はこの箇所に関して、「ぞかよ」が本来和歌に関する説明でないことを見抜いたと考えられるのである。

まとめ

馬渕和夫らによると、当時の和歌の体もしくは用語は「日常語の用語とはかなりのへだたり」が生まれており、「いわゆる係り結びの法則も、特に指摘されなくてはならない程度に乱れてきて」いた。[30]そのような背景のもと、『大概抄』や「姉小路式」で「通音」もしくは「五音」で係り結びの現象が語学的に捉えられていることは日本語史において重要な意味をもつ。とはいえ、係り結びの事実を法則的に捉えているのはテニヲハ研究書による独自の発見ではない。本章で述べたように、「姉小路式」における「ぞ」と「こそ」の記述は『大概抄』を踏襲しつつ、連歌論書の影響も受けているものと考えられるのである。

注

（1）萩原宏道（一八一五—一八六三）、江戸時代末期の歌人、国学者。
（2）仁田義雄「係結びについて」『研究資料日本文法五　助辞編（一）助詞』明治書院、一九八四年三月、一一三頁。
（3）佐藤稔「係り結びの把握 —— 中世歌学から山田孝雄まで ——」『山形女子短期大学紀要』第九号、一九七七年三月、四一頁。後述の「五音第四の音」を含み、「姉小路式」では、「ぞ」「こそ」に応ずる四段活用または四段型の活用語についてのみであり、法則的なものを把握した段階を示しているとの指摘がある。
（4）佐藤宣男「『手爾葉大概抄』と姉小路式Ｉ —— 中世歌学におけるテニハの扱い ——」『福島大学教育学部論集（人文科学）』第五五号、一九九四年三月（イ）、四頁。
（5）「「姉小路式」の巻十一に「云ひかけてには」という項目がある。それは清濁を伴う掛詞を指している。したがって、筆者は「姉小路式」の著者は明確に清濁の区別を意識していたと主張するため、本書では「清濁の区別を問わない」とする。
（6）亨弁（不詳—一七五五）、江戸時代堂上派歌人。
（7）佐藤宣男「〈翻刻〉歌道秘蔵録〈北海学園大学付属図書館北駕文庫本〉—— 亨弁のテニヲハ研究資料として ——」『藤女子大学国文学雑誌』二七、一九八一年三月（イ）。

（8）「ぞ」の留りを参考にすれば、「の」の留まりにも、「第三の音」と「第三の音」以外との二大別が存すると思われる。
（9）大野晋　大久保正『本居宣長全集（五）』筑摩書房、一九七〇年九月。
（10）角田裕美「助詞「の」の「拘ふ」の用法についての学説史――『手爾葉大概抄』から『てにをは係辞弁』まで――」『大谷女子大国文』第一六号、一九八六年三月、一九九頁～二〇五頁。
（11）佐藤宣男「『手爾葉大概抄』と姉小路式Ⅰ――中世歌学におけるテニハの扱い――」『福島大学教育学部論集（人文科学）』第五五号、一九九四年三月（イ）。
（12）佐藤宣男「『手爾葉大概抄』と姉小路式Ⅰ――中世歌学におけるテニハの扱い――」『福島大学教育学部論集（人文科学）』第五五号、一九九四年三月（イ）、一二頁。
（13）拙稿「「姉小路式」における文法意識について――『手耳葉口伝』の「はねてにはの事」を中心に――」『歴史文化社会論講座紀要』第五号、京都大学大学院人間・環境学研究科歴史文化社会論講座、二〇〇八年三月（イ）、四頁。
（14）第四巻の「口合ひのや」と第九巻の「休め」についてもこのような傾向が認められる。
（15）大秦一浩「《文藝学会公開講演会・筆録》テニヲハ研究史の一端」『文藝論叢』第六七号、大谷大学文芸学会、二〇〇六年九月。
（16）拙稿「「姉小路式」における文法意識について――『手耳葉口伝』の「はねてにはの事」を中心に――」『歴史文化社会論講座紀要』第五号、京都大学大学院人間・環境学研究科歴史文化社会論講座、二〇〇八年三月（イ）、四頁。
（17）「つめばね」を「つづめばね」とする異本が存在する。しかし、福井久蔵編『手爾波一』に挙げられている諸写本を確認すると、「つづめばね」と書き記されたものは一つもなかった。よって、本書では「つづめばね」は誤写であると理解する。

(18) 拙稿「『姉小路式』における文法意識について——『手耳葉口伝』の「はねてにはの事」を中心に——」『歴史文化社会論講座紀要』第五号、京都大学大学院人間・環境学研究科歴史文化社会論講座、二〇〇八年三月（イ）、九頁。

(19) 『手耳葉口伝』の書写によれば、異本に「やをつめばぞなるべし」を「やとつめばぞなるべし」と表記するものが存する。しかし、福井が『手爾波一』に挙げた八つの異本のうち、「と」となっているのは『姉小路式家手似葉傳』という写本のみである。「と」も「を」も表記されない一冊を除いて、残りの六つの写本はすべて「を」となっている。したがって、本書では「やとつめばぞなるべし」の「と」は「を」誤写であると考える。

(20) 佐藤宣男「〈翻刻〉歌道秘蔵録〈北海学園大学付属図書館北駕文庫本〉——亨弁のテニヲハ研究資料として——」『藤女子大学国文学雑誌』二七、一九八一年三月（イ）。

(21) 「姉小路式」ではいまだ「押へ」と「かかへ」が明確に区別されていない。この箇所の「押へ」は通常「かかへ」と呼ばれるものであると考えられる。

(22) 井上誠之助「解題」福井久蔵編『国語学大系——手爾波一——』白帝社、一九六四年一月、一六頁。『抄之抄』の記述は「姉小路式」を参考にしていたとされている。

(23) 塙保己一　太田藤四郎『連歌部（改訂　続群書類従十七下）』平文社、一九七九年四月、一一一七頁（「白髪集」の翻刻）。木藤才蔵校注『中世の文学　連歌論集（四）』三弥井書店、一九九〇年四月、一五二頁（「肖柏伝書」の翻刻）。

(24) 伊地知鉄男編『連歌論新集』古典文庫、一九五六年一二月（ロ）。

(25) 佐藤宣男「連歌における係結の実態——連歌論書における記述との比較において——」『日本文芸の系譜』笠間書院、一九九六年一〇月（イ）、二七〇頁。佐藤は論文で「終止用法のゾ・カ・ヨを用いながら句末をテと留める用法として論じられるのが常であった」と指摘している。

(26) 此島正年『国語助詞の研究——助詞史の素描——』桜楓社、一九六六年三月（再版　一九七三年一〇月）。

(27) 佐藤宣男「『手爾葉大概抄』と姉小路式Ⅰ――中世歌学におけるテニハの扱い――」『福島大学教育学部論集(人文科学)』第五五号、一九九四年三月(イ)、四頁。佐藤は「通例ゾがもっている結びのことばを要求する機能が、この場合には『流れぞ』のゾに、それがすでに込められていて不要と解されるのである」と説明している。
(28) 福井久蔵編『国語学大系――手爾波一――』白帝社、一九六四年一月(イ)。
(29) 拙稿「「姉小路式」及びその周辺に於ける「休めの類」」『日本語の研究』五―三(『国語学』通巻第二三八号)、日本語学会 二〇〇九年七月(ハ)、一一頁。「かなをやすむる事」の項目でも同じ傾向が認められる。
(30) 馬渕和夫 出雲朝子『国語学史 日本人の言語研究の歴史(新装版)』笠間書院、二〇〇七年九月(初版 一九九九年一月)、五八頁。

第三章　係助詞の捉え方（二）――「や」の巻

はじめに

前章で詳述した通り、「姉小路式」における「ぞ」と「こそ」の巻は『大概抄』の影響を強く受けていると考えられる。「姉小路式」では「そといふ事。此そのちにあまたのとまりあり。五音第三の音にておさへたり。第三の音とはうくすつぬふむゆるふ（中略）上件のほかにきしにをはねしか。かくのことくとまる事あり。」、「およそこそといへるとまり。第四の音にてとまるへし。第四の音とはゑけせてねへめ江れへ（中略）上件のほかにらししにしかをよきにきか。」という解説が施されており、これは『大概抄』における

曽者宇具須津奴之通音　祢于幾志遠波志于志加羅無以此字拘之
古曽者元計世手之通音　志々加之手尓葉　尤之詞受下留之

（根来一九七九ロ　六頁〜七頁）

といった記述に拠っているのである。一方、「ぞ」・「こそ」の巻の記述は連歌論書の影響（「ぞかよの三字事」）も受けたものと考えられる。「ぞ」・「こそ」の巻と同様、「や」の巻の場合も『大概抄』との関係が見られる一方で、連歌論をも取り入れていると思われる。そこで本章では「姉小路式」における「や」の記述を考察した上で、なぜ「や」の説明は、『大概抄』を拠り所とするだけでなく、さらに連歌論にも根拠を求めているのかを探ることにしたい。また、和歌と連歌という二つの伝統文芸における文法的な事項に関する認識と観察の融合とも言うべき現象の必然性について論じたい。

第一節　「や」の巻について

「や」の巻では、単独の「や」を分類したあと、「めや」・「やは」・「とや」といった「や」を含む複合形について言及し、最後に「やすめたるや」を挙げている。その記述は次の通りである。

一ヤの字の事。
◦口合ひのヤ　雪や・氷や此類なり。
◦呼び出だすヤ　葛城や・小初瀬や
◦疑ひのヤ　花や咲くらむ・霜やおくらむ
◦疑ひてすつるヤ　袖濡らせとや
◦願ひのヤこれは句の内にあるべし。願ひすつるに同じ。◦願ひすつるヤ

心ならばや・人とならばや・はかるや
冬河の上は氷れる我なれや
下に通よひて恋わたるらむ（二一）
おぼつかなうるまの島の人なれや
我が云ふことをきかすかほなる（にてイ）（二二）
道しあれや。暇あれや。同じく推し量りたるヤの字なり。ナレヤはナル（れ）ヤなり。アレヤはアルヤなり。メヤといふてには、歌に
世を照らす日吉と跡を垂れに（てイ）けり
心の闇をはるけざらめや（二三）
「はるけざらめや」、ハルケベシとなり。
いたづらに身は花桜さくらあさの
お（を）ふの浦波六十路こえめや（二四）
思川絶えず流るる水の泡の
うたかた人にあはで消えめや（二五）
是は同じてにはなれども、心変はれり。六十路こえやせん（人にイ）あはで消えやせむ（と言ゑ（へ）る言葉なりイ）。「やは」と云てには
老ひにける渚の松の深緑

沈める（しめつるイ）かげをよそにやはみむ（二六）
　ねのひするまがきの中の小松原
　千代をばよその物とやはみる（むイ但シムル通音也）（二七）
是はメヤと同じ心栄へなり。「沈めるかげをよそにやはみむ」、ただ我身の上となり。「千代をばよその物とやはみむ（るはムル通音）」、君が上となり。同じくヤハといふてにはもハを休め字にしてヤハと言へるとあり（同じく以下イに無し）。
　　花やは散らん夜半の嵐に
この類なり。ただ「花や散らん」までなり。ヤハのハの字を略して、ただヤと図り言へるてにはあり。ハの字を足して見侍るべし。
　秋の田のほのうへ照らす稲妻の
　光のまにも我や忘るる（はの字をここに入れてみるべしイに無し）（二八）
　行きやらぬ夢路をたどる袂には
　あまつ空なる露やおくらむ（はの字をここに入れてみるべしイに無し）（二九）
但し、「行きやらぬ」の歌は別の習い（別イ）これ（二字イに無し）あり。トヤといふてにはには、又問ひ掛けてにはと言ゑり。
　うつつにはあはぬけしきにつれなくて

見しをば夢にいひなさむとや（三〇）
朽ち果て夜の衣をかはすかな（かへす哉イ）
しほどけしとや哀れなりとや（三一）
休めたるヤの字あり。
降るや霰・射すや夕日
この類なり。是は歌には用捨あるべし。

第二節　単独の「や」に関する分類

本巻の前半では、「や」の文法的な働きまたは歌における意味の差異を基準に、「や」を八つに分類している。まず「口合ひのや」・「呼び出だすや」に続いて、「疑ひのや」と「疑ひて捨つるや」、そして「願ひのや」と「願ひ捨つるや」、「はかるや」と「をしはかりたるや」という対になる形をもつ計六分類が挙げられている。「口合ひのや」と「呼び出だすや」はともに文法的な働きから見た分類と解されるのに対して、両者に続く六分類は歌における「や」の具体的な意味に注目して分類されたものと考えられる。

一　口合ヒのヤ

ここでは「雪や氷や」という具体例があるのみで、その用法は明瞭でない。『顕秘抄』を見ても

口あひのや　雪や氷　月や花　のたくひ也

（福井一九六四イ　九八頁）

と、「姉小路式」の記述を踏襲しているのみである。『増抄』になると、

くちあひとはたとへは　花や紅葉　かつらきや高間　秋篠や外山　松島やをしま　など物を二いひあわせたる也

（福井一九六四イ　一四四頁）

という記述が見られる。また、時代は下るが、亨弁も「口合ひのや」について

△口合のや　物ヲ二ツ云時ニ遣ふ也。花や紅葉　桜や柳　されとも悪敷とりなせは甚俗に近し。初心の輩は口あひのやは斟酌せよ。

（佐藤一九八一イ　八二頁）

と説明している。[1] このような記述は、「口合ひのや」とは、同種の語とりわけ名詞を列挙する際に用いられる、並列関係を表す「や」をいったものとも考えられる。が、それには疑問も残る。なぜならば、「口合ひのや」という命名はおそらく連歌論の内容によるものであって、そこでの規定を踏襲していることが推察されるからである。その関係については、後述する。

二　呼ビ出ダスヤ

用例として挙げられている「葛城や　小初瀬や」における「や」は、初句にあって体言を受け、古歌に詠み込まれた諸国の名所や歌を詠む時の典拠とすべき枕詞・地名を提示し、詠嘆の意をこめる機能をもつ「や」と思われる。歌枕や枕詞の喚起を促すという意味合いで「呼び出だすや」と名付けているのであろう。

三　疑ヒノヤ・疑ヒ捨ツルヤ

「疑ひ」を表す係助詞の「や」は、句における位置によって二分類されている。そのうち、句中にある「や」を「疑ひのや」と名付けて、「花や咲くらん」・「霜やおくらん」といった用例を挙げている。そして、「袖濡らせとや」のように、「や」が句末にあるものは「疑ひ捨つるや」と称している。前者は句中にある「疑ひの言葉」の一つであり、「らん留まり（第一巻）」において「かかへ」として挙げられている「や」と同一のものであろう。(2) これに対し、後者「疑ひ捨つるや」は、現在でいう格助詞「と」に「や」が付くもので、「と」によって示される事柄に対する「疑ひ」を表す。「疑ひ捨つる」と称されているのは、著者が「とや」を言い切る表現として認識しているためであろう。「姉小路式」における「捨つる」とは、文における断止の機能に着目する用語であり、「残す」という語と対になっている。「袖濡らせとや」については次のような歌がある。

夕露に袖ぬらせとやひぐらしの鳴くを聞く〳〵おきて行らむ（源氏物語　四九七）

「夕露に袖ぬらせとや」とは「夕露に袖を濡らして泣けとおっしゃるのでしょうか。」という一種の問いかけである。(3) したがって、この箇所は「といふや」を省略した「とや」にあたるものと考えられる。後述する「とや思ふ」の省略である「とや」とこの「とや」とは区別され、「云ひ残すとや」を表すことになるものと思われる。

四　願ヒのヤ・願ヒ捨ツルヤ

願望の「や」も、句における位置によって、「願ひのや」と「願ひ捨つるや」との二つに分けられている。ただし、「願ひのや」には具体例がなく、「これは句のうちにあるべし。願ひ捨つるに同じ。」という割注があるのみである。これに対し、「願ひ捨つるや」については「心ならばや」・「人とならばや」という例が挙げられている。「姉小路式」の著者は「ばや」を一単位としてではなく、「や」の下位区分として捉えているのであろう。「願ひ捨つる」という命名からは、これらの「ばや」は言い切る表現として見なされていることがうかがえる。一方、「願ひのや」が言い切らない表現というわけでもない。『増抄』には

ねかひのや　ねかひすつるに同じ。句のうちにも終の句にもあるへし。しらせはや　みせはや　などいふもねかひ也。不及証歌。（福井一九六四イ　一四六頁）

とある。「しらせばや」も「みせばや」も接続助詞「ば」に助詞「や」が付く表現で、それぞれ「知らせたいものだ」・「見せたいものだ」のように、ある状態の実現を希望する意味を表す。たとえば次のような歌がある。

下もゆる嘆きをだにも知らせばや焼火神のしるしばかりに（栄花物語　五三〇）[4]

よとともに玉散る床のすが枕見せばや人に夜はのけしきを（金葉和歌集　三八七）[5]

『顕秘抄』の記述に拠れば、「願ひのや」も「願ひ捨つるや」も現在、一助詞として認識されているところの「ば

や」を指すものとなる。[6] ただし、「口伝」の内容が『顕秘抄』の時代に至っては、すでに当時の人々にとって容易に理解しがたい内容となっていた可能性も高い。[7] とりわけ、「かなをやすむる事」の巻においては明確である。[8] したがって、『顕秘抄』の記述が「姉小路式」著者の理解を反映しているとは限らない。ところで、この『顕秘抄』の記述のもととなった割注の直前で、著者は「疑ひのや」を歌に現れる位置によって二分類している。すると、「姉小路式」の著者が願望の「や」を「願ひ」と「願ひ捨つる」との二つに分けているのは、その前にある「疑ひのや」と「疑ひ捨つるや」との対応関係を意識していたからではないかとの推定が可能である。著者は歌における位置に注目し、分類の基準としたほか、意味上完結しているかどうかをも区別しようとしたのである。ただし、「疑ひ」の「や」に関する分類が意味的な完結の有無と対応しているのに対し、願望を表す「や」においてはそれらが対応していない。「願ひ捨つるに同じ。」という説明が加えられているのは、「願ひのや」と「願ひ捨つるや」がともに言い切る表現に属することを補足するためと考えられる。

五　量ルヤ・推量ルヤ

「量るや」に関しては、次の二首の歌が引用されている。

（二一）　冬河のうへはこほれる我なれやしたにかよひてこひわたるらむ（古今　五九一）

（二二）　おぼつかなうるまの島の人なれやわがいふことをきかすかほなる（千載　六五七）

続いて、著者は「道しあれや・いとまあれや　同じく推し量りたるやの字也。なれやはなるや・あれやはあるや也。」と述べている。「なれや」も「あれや」も、動詞の已然形に助詞「や」が付く形であるため、「量る」と「推し量る」は一見同一の用法と見なしてよさそうであるが、「姉小路式」の著者は両者を区別していると思われる。宗祇作とされる『分葉集』では「思ふとも恋ともあはん物なれやゆふてもたゆくとくるしたひも(古今　五〇七)」について

是はものなるやと云儀也。とがめていへる詞也。心は逢間敷物を紐のいかでとくるぞと云儀也。人に恋ひらるゝ物は紐のとくると云事あれば、かくよめり。又、とにかくに世は頼まれぬ物なれや　など云句は、物にてあるぞといふ心なり。

(木藤一九八五　二一八頁)

と解釈されている。[9] 同じく宗祇の作とされる『抄之抄』の成立が「姉小路式」からさほど隔たっていないことから、[10] 宗祇の見解は「姉小路式」とほぼ同時代のものと見てよかろう。だとすれば、やはり当時、「なれや」と「なるや」が同じだとする認識があったように思われる。佐伯梅友はこの歌について

「なれや」と言い切って反語になるものとして、問題をもたない。

(佐伯一九五八　三一頁～三七頁)

と指摘している。[11] また、佐伯は(二一)の歌についても反語として理解すべきであることを示唆している。[12]「量るや」とは、反語を表す「や」のことであろう。では、一方の「推し量るや」とは何を指すのであろうか。たとえば、その用例である「いとまあれや」については

雨ふれば小田のますらを暇あれや苗代水を空にまかせて(新古今　六七)

ももしきの大宮人は暇あれや桜かざしてけふも暮しつ(新古今　一〇四)

などの用例がある。これらは元来「あればや」と同じもので、反語の意味は伴わず、軽い疑問や詠嘆に用いられるとされている。[13] よって、「あれやはあるや」は「なれやはなるや」と形は似ているものの、反語のような強い判断を表すものではなく、一種の軽い「疑ひ」或いは詠嘆の表現として区別されているのであろう。

第三節　複合形の「や」に関する分類

巻の後半では、「めや」・「やは」・「とや」など「や」に他の語を伴う複合形のものが挙げられている。

一　メヤ

「めや」については、反語の表現と「疑ひ」の表現の二種の存在が認識されている。「姉小路式」の著者は具体的に次の三首の歌を引用して、自らの見解を加えている。

（二三）世を照らす日吉と跡を垂れにけり心の闇をはるけざらめや（俊成五社　四九九）
（二四）いたづらに身は花桜さくらあさのおふの浦波六十路こえめや（壬二　七九三）
（二五）おもひがわ絶えず流るゝ水の泡のうたがた人にあはで消えめや（後撰　五一五）

このうち、和歌（二三）について、著者は「はるけざらめや、はるけべしなり。」との補足を加えている。これは「めや」を反語の表現として説明するものであろう。また、著者は「これは同じてにはなれども、心変はれり。」として、（二四）・（二五）の歌で使われている「めや」が（二三）の「めや」の用法と異なることを論じている。(二四)の「六十路こえめや」は「六十路こえやせん」と理解し、一種の問いかけとして解釈しているのである。つまり、著者は和歌(二四)の「めや」を「疑ひ」の用法として認識しているのである。そして、和歌(二五)の「めや」も和歌(二四)の「めや」と同じく「疑ひ」の表現であるとして、著者は歌末の「あはで消えめや」を「逢はで消えやせむ」と言い換えている。ただし、(二五)の歌については

あなたへの思いゆえに絶えずに泣かれるのですが、その涙の河に浮かぶ水の泡のように儚い私にとって、あなたにお会いしないままに消えてしまうことは決してありません。

(片桐一九九九　一五一頁)

と、反語として捉える説もある。(14)

二　ヤハ

「やは」について、著者は三つの形から考察している。まずは、「ヤハはメヤと同じ心栄へなり。」といい、次の二首の歌を挙げている。

(二六)　老ひにける渚の松の深緑沈める影を余所にやはみむ(新古今　一七〇九)

(二七)　子の日するまがきの中の小松原千世をば余所のものとやはみる(新古今　七二八)

両歌に対し、著者は「沈めるかげをよそにやはみむ、ただわが身の上となり。千代をばよその物とやはみむ、君が上となり」との解釈を示している。両歌はそれぞれ

老いてしまった渚の松の新緑よ。水に沈んで映っているその影を、我が身とかかわりのないものと見ようか、いや、とてもそう見るわけにいかないことだ。

（峯村一九九五　二一四頁）

子の日をする宮中の小松原よ。その小松にあやかる千年の栄えを、宮中の外のものとみようか、みはしない。

（同右　四九五頁）

というように解することができよう。[15] これらを著者の「めやと同じ心栄へ」という記述と合わせれば、やはり（二六）と（二七）の「やは」は反語を表す表現であると考えてよかろう。

次に著者は、反語にはならずに、単なる「疑ひ」を表す「や」と同様の働きを果たす「やは」の用法があると説明している。「花やは散らむ夜半の嵐に　この類なり。ただ花や散らんまでなり。」がその具体例である。しかも、著者は「はを休め字にしてやはといへる。」というように、「やは」を「休め」の視点から解釈しようとしている。「やは」の「は」を休め字と解釈することには、『大概抄』の「略屋」からの影響がうかがえる。「略屋」とは、宗祇の『抄之抄』の解釈によれば、

字をはふくやなるやとは　置へき所にやとはかり置たるなり

秋の田の穂の上てらすいなつまの光りのまにも我やわすれし

我やは忘れしわすれはせぬなり

（根来一九七九ロ　四〇頁〜四一頁）

となっている。一方、「休め」で解釈されている「やは」に対し、「や」のみで反語を表す表現が言及され、以

下の二首の歌が引用されている。

（二八）　あきの田のほのうへてらす稲妻のひかりのまにも我やわするる（古今　五四八）

（二九）　ゆきやらぬ夢ぢをたどる袂にはあきつそらなるつゆやおくらむ（後撰　五五九）

これらの証歌に続いて著者は「やはのはの字を略してただやとばかり云へるてにはあり。はの字を足して見侍るべし。」との理解を示している。反語を表すのは（二八）・（二九）の歌にある「や」の働きではないということであろう。つまり、反語を表すのはあくまで「やは」という形によるものだということである。この点に関しては、前述した通り、「や」の根底は「疑ひ」を表すことにあるという点と一致する。

ところで、（二八）の歌は反語の表現として解釈できる[16]としても、和歌（二九）の「つゆやおくらむ」を反語として理解するには無理があろう[17]。『後撰和歌集』では

ゆきやらぬ夢ぢにまどふたもとにはあまつそらなき露ぞおきける

と詠まれる歌もあり、（二九）の歌で用いられている「や」という助詞が「ぞ」となっている[18]。つまり、この歌は必ずしも反語の表現として詠まれているわけではないのである。さらに、もとの歌とされる

夢ぢにも露やをくらん夜もすがらかよへる袖のひぢてかはかぬ（古今　五七四）

も「夢の中で通う道にも露は降り置くのでしょう。」のように、特に反語として理解されているわけではない[19]。しかも、（二九）の歌における「や」には「但しゆきやらぬの歌は別の習ひこれあり。」という著者による補足が施され、これを「反語」とは捉えていないようである。ただし、「別の習ひ」が如何なる内容なのかについ

ては言及されていない。一つの可能性として、これがただ第一巻で言及されている「疑ひのや」と「らん」との呼応関係をさしているだけとも考えられる。そうであるならば、和歌（二九）の「や」は反語として解釈可能であるほか、「疑ひのや」としても解釈できると示唆しているということである。そして、第二巻の「ぞ」と「や」の通用に関する著者の記述に基づけば、（二九）の「や」は「ぞを延べる」ものであると解することができる。つまり、「や」と「ぞ」は場合によって「相通う」ものであり、『後撰和歌集』においては「露やおきける」が「露ぞおきける」の形を取っているのである。

三　トヤ

「とや」は「問ひかけてには」として取り上げられている。「問ひかけ」とは、格助詞の「と」によって示される事柄に対して「問ひ」を示すものと考えられ、やはり「や」は基本的に「疑問表現」として位置づけられている。ここでは以下の二首の歌を挙げ、「とや」の用法を説明しているが、具体的な解釈は行われていない。

（三〇）　うつつにはあはぬけしきにつれなくてみしをば夢にいひなさむとや（俊成五社　一七六）

（三一）　くちはててよるのころもをかはすかなしほどけしとや哀れなりとや（俊成五社　七四）

この二首を参考にすれば、著者がいう「問ひかけ」とは、格助詞の「と」によって「見る」・「聞く」・「思う」・「言う」といった行為の対象となる具体的な内容が提示され、「や」によって「問ひかけ」の働きが加えられるということである。ただし、「とや」が歌末に用いられ、行為を示す以上の述語が歌に現れない場合もある。たとえば、（三〇）・（三一）の歌はともに「とや」の後に「言ふ」という述語が省略されていると考えられる。

それでは、この「問ひかけてには」としての「とや」が、前述の「疑ひ捨つるや」として挙げられている「とや」とどのような関係にあるのか。端的にいえば、両者の区別はその相反する文法的機能によるものと思われる。「姉小路式」の著者は「疑ひ捨つるや」を言い切る表現として理解する一方で、「問ひかけてには」を言い切らない表現として認識しているのである。著者がいう「問ひかけてには」は「問ひ残すや」で言い換えることが可能である。このように、この項目においても、やはり「姉小路式」の著者の歌意における「切れ」または「続き」に対する関心の高さがうかがえる。だからこそ、著者は、すでに説いた「とや」の内容について改めてこの巻で一項目を立てているのである。

付　休メのヤ

本巻の最後に挙げられているのは「休めたるやの字」である。ここでは「降るや霰」・「射すや夕日」といった用例が示されている。この「休めたるや」は、連体関係を統一させるように、割って入る間投助詞であると考えられる。この「休めたるや」という名称は、「姉小路式」の著者が「や」の文法機能について考察し、名付けたものである。

なお、「休め」は中古伝統歌学における一つの重要な概念であり、それを単独の一巻として立てたのは「姉小路式」が初めてである。ただし、「姉小路式」における「休め」の概念は、和歌作法上の修辞表現に関してであり、中古の語源解釈の原理として用いられた「休め」とは異質のものである。[20]

第四節　『大概抄』・連歌論・「姉小路式」における「や」の比較

まず、『大概抄』における「や」に関する記述を見てみよう。『大概抄』は漢文体にして全体でわずか四百数十文字のみであり、その内容の理解は甚だ難しい。そのため、宗祇作とされる本書の注釈書『抄之抄』を参考にする必要がある。[21] なお、『抄之抄』の記述にあたって宗祇は「姉小路式」の内容を参考にしていたとされている。[22]『大概抄』及び『抄之抄』における「や」の記述は次の通りである。[23]

屋字有十品　一也屋　二疑心　三手爾波　四願　五尤　六詞　七様　八推量　九残詞　十略屋也

（根来一九七九ロ　六頁）

一也屋　なりやとてなりと置く所にやと置なり。按に今俗にやすめたるやといふ是也

続千　ながれては人のためうき名取川よしや涙にしづみはつとも〔続千載一一〇四〕

二疑心　うたがひのやなり。やらん　やせん　の外にも有。

新千　人問はゞ月ゆへ落るならひぞとこたへやせまし袖のなみだを〔新千載一一四二〕

空にのみうき名やたゝん泪せく袖には月の影もやどさじ〔元能御會〕

三手爾波　はに通ふあり。のに通ふあり。とに通ふあり。ぞに通ふあり。ただてにはまでのやあり。ぞに通ふやは、うくすつの通音にて留る。

むさしのゝ霞もしらずふる雪にまだ若草のつまやこもれる〔拾遺愚草・中〕

のに通ふやは、呼だしのやといふにやあらん

新古　神がきやよるべの水も名のみして祈るちぎりのなどよとむらん〔続千載一一三八〕

はに通ふやは

名にしおふさかひやいづく明石潟なを浦遠くすめる月かな〔続古今四一〇〕

とに通ふやとは　梅や桜に　雲や霞に　といへるやなり。按に中のやといひ又はさむやといひ又数のやといふ此やなり

ただてにはまでのとは

千載　さゞ波やしがの都はあれにしをむかしながらの山ざくらかな〔千載六六〕

四願　ねがひのやとは、とはばや　見せばや　といふたぐひ也

五尤　とがむるやとは思はめや　思ひきやの類なり。按に今捨るやといふ

六詞　ことばのやとは、やと続く詞のや也。きゝしや　おもふやなり。按に今すみのやといへる此や也

七様　ためしのやとは、物によそへためしたるや也。身は露なれや　世には花なれやといふ類也。

古今　冬川の上は氷のわれなれや下にかよひて恋わたるらん〔古今五九一〕

八推量　推しはかるやとは立て煙は里なれや　野山の末も道あれやなり。

新古今　百敷の大宮人はいとまあれやさくらかざしてけふもくらしつ〔新古今一〇四〕

九残詞　残ることばのやは　めや　とや　やは　などいひて詞をのこせるやなり。

世を捨ば日よしと跡をたれてけり心のやみをはるけざらめや

十略屋　字をはぶくやなり。やはと置べき所にやとばかりをきたるなり。

古今　秋の田の穂の上をてらすいなつまの光のまにも我やわすれし〔古今五四八〕

我やはわすれしかわすれはせぬぞといふなり。

このほか、『大概抄』では「やは」について

加波屋波女屋之三同意　而飄之詞有三差別　一屋波之波休不飄　二屋波之波雖略等飄　三加波之波休詠加之一字也

（西田一九七九　一八頁～二一頁）

（根来一九七九ロ　七頁～八頁）

とも説かれている。この内容について、宗祇は次のように解釈している。

飄とはいひくたしたる詞の下にやは　かは　めや　の三の内を置は其心うちかへすなり　然るにやはのはを休てやの字はかりの所につかへはうちかへさす　花やはちらん　夜半のあらしに　なとよめらんは　はの字休めて只やはかりなり　ひるかへさす

（根来一九七九ロ　五〇頁）

只やとばかり置てはの字を略すればうちかへす事ありと也。是は前の略や也。[24]

（福井一九六四イ　五六頁）

以上のように、「やは」を含む「や」についての説明は、前述の「姉小路式」における「や」の分類とかなり一致する部分がある。「姉小路式」は『大概抄』と全く同一系統のテニヲハ秘伝書ではないものの、『大概抄』における「や」の影響を大きく受けていることは確かである。[25]

『国語学大系　手爾波二』の解題に

又連歌の学書には「七のや」(切るや・中のや・捨るや・疑のや・はのや・角のや・口合のや)と「や」を分類して居るが、之も『大概抄』や所謂「姉小路式」等の歌道の秘伝書と関係があると思はれ、歌と連歌とは規定が双方から互に影響し合ったと考へられる。

(福井一九六四イ　五頁)

という記述がある。「七のや」とは「やの七次第」のことで、連歌論における「や」の分類をさすものである。この分類は、『大概抄』に先行するとされる『連歌手爾葉口伝』にも見られ[26]、次のように説明されている[27]。

一、口合のや　月や花よるみる色のふかみ草
一、切るや　ちる花や嵐につれてまよ(が)ふらん
一、中のや　鳥かへる雲や霞の日の入て
一、はのや　いまははや問はじと月に鳥なきて
一、疑のや　思へばやからす鳴までとゞむらん
一、角のや　おもふやとあふ夜も人を(の)うたがひて
一、捨るや　返しても身のあるべしとおもひきや

(伊地知一九五六ロ　四二頁)

この「やの七次第」は『連歌諸躰秘伝抄』をはじめ、『白髪集』など、多少の異同がありながらも連歌論の中心的な内容の一つとして大いに取り上げられてきた項目である。このうち、「切るや」と「はのや」は連歌独特の分類とされ、他の五つの分類に関しては呼称は異なるが、『大概抄』においても実質的に同じ区分が行

われているという。[28] この星加の説はおおむね納得できるものであるが、「口合のや」に関しては再検討する必要があると考えられる。『大概抄』において実質的に「口合のや」が言及されているかどうかについては疑問の余地があるのである。「中のや」・「疑のや」・「すみのや」・「捨や」については、『抄之抄』に記された割注が宗祇によるものでないにしても、相当する名称が見られ、この四つの分類が存在したと理解することができる。ところが、「口合のや」に通ずる分類は見受けられないのである。そして、たとえ「口合のや」についての言及があったとしても、その内容は定かでないと言わざるを得ない。唯一関連がありそうな記述はおそらく「三手爾波」である。更に『抄之抄』を参照すれば、「とに通ふや」の内容に限定することができる。「梅や桜に雲や霞に　といへるやなり。」がそれである。

だが、一方でこの類の「や」は「中のや」（或いは「はさむや」・「数のや」）とされている。そもそも、連歌論における「口合のや」と「中のや」との分類も決して一目瞭然のものではない。それぞれの用例「月や花よみる色のふかみ草」と「鳥かへる雲や霞の日の入て」を見ても、句における位置以外形式上目立った差異は見られない。『抄之抄』にある「雲や霞に」が「やの七次第」の「中のや」の用例に近く、また「按に中のやといひ又はさむやといひ又数のやといふ此やなり。」という割注があることからも『大概抄』での「三手爾葉」の「や」は連歌論における「中のや」に関連する分類であると理解する方が妥当であろう。そうであるとすれば、一体「口合ひのや」とはいかなる分類を指すのか。また、なぜ後世（有賀長伯『増抄』・亨弁『歌道秘蔵録』）において「物ヲ二ツ云時ニ遣ふ也」と、並列助詞のように解されるのか。これらの疑念について次節で検討していきたい。

第五節　口合ひのや

享保以降の雑俳種目の一つに、言葉の洒落の手法を指す「口合」がある。『俳諧大辞典』によれば、

言語相互の音韻上の一致暗合に興ずる言語遊戯でアイウエオの五音の聴覚上の効果を利用したもので、好んで俗耳に入り易い古歌・俚諺・歌謡の類を踏まえることである。しかも、この手法のことを江戸時代中期以降、上方では口合、江戸で地口と称されていた。

（伊地知ほか一九五七　一八八頁）

という。[29] しかし、この「口合」と中世のテニヲハ研究書や連歌論書における「口合ひ」とは直接の関連はないようである。

さて、連歌論とテニヲハ論における「口合のや」は果たして同一のものを指すのであろうか。まず、『時代別国語大辞典（室町時代篇）』に拠れば、「口合のや」について

連歌の用語。口調を調える『や』の意で、初五文字の間に用いられる助詞『や』をいう。

（『時代別国語大辞典　室町時代編（二）』　七一七頁）

とある。用例としては「口合のや　月や花夜みる色のふかみ草（連歌諸体秘伝抄）」と「花やなどと五文字にをくは、くちあひのやと云ふ也（連歌教訓）」とが挙げられている。[30]

また、『日本国語大辞典』（第二版）では「俳諧で、上五文字の中にあって、口調を強めるためだけに用い、

切れ字とはなっていない『や』の字」として、用例にまず「時雨きや雲に露けき山路かな、此きやは、けりといひたるてにをはなるゆへにかなと留り候、くちあひのやにては哉とはとまり候也（連歌教訓）」を挙げている。続いて「口あひのや　水や呑む用も過て涼しきに（をだまき）」を挙げる。[31] ただし、ここで挙げられている『連歌教訓』と『をだまき』は「姉小路式」よりも後のものであり、初期の「口合」の説明とは言えない。前述したように、『連歌諸体秘伝抄』における「やの七次第」は連歌論における「口合ひのや」の古い形である。したがって、『時代別国語大辞典（室町時代篇）』の説明は参考にしてよかろう。連歌論の「やの七次第」に見られる「口合のや」は本来、連歌の初五文字にあって、口調を整える役割を担っていたと考えられる。この点においては、「口合ひのや」は初めて「中のや」と区別されるのである。

以上の分析を踏まえて、改めて『大概抄』を検討すると、そこには「口合のや」らしき記述は存しないことが分かる。すると、「姉小路式」に先行するテニヲハ秘伝書に「口合のや」という名称は存在しなかったということである。「姉小路式」に見られる「口合のや」が『大概抄』の記述に拠ったものではない。そうであれば、「姉小路式」の著者は連歌論における「や」の分類を意識していた可能性が高い。なぜならば、「姉小路式」の著者が、日増しに地位の向上を遂げつつあった連歌論において、重要な内容として扱われていた「やの七次第」に目を向けていたことが考えられるからである。著者は、本来連歌論を出典とする「口合のや」の名称を取り入れ、口調を整えるものとして、「月や花」に因んで「雪や氷や」を例として挙げたのであろう。用例として挙げるべき和歌をほぼ発見しがたいことも、「口合ひのや」が連歌の世界に由来することの証左となろう。[32]

『抄之抄』が「姉小路式」を参考にしていたことは定説となっている。したがって、宗祇も「姉小路式」に「口合のや」の項目があることは知っていたはずである。しかし、宗祇は『大概抄』を解釈しようとする時にその用語をあえて使わなかったのであろう。『抄之抄』では、割注を含めても「口合のや」に関する記述は見られない。そもそも『抄之抄』は、宗祇が『大概抄』を注釈したものであると同時に、宗祇自身のテニヲハ観が含まれた著作とされる。[33] 当時、連歌界の第一人者である宗祇が「口合のや」を理解していなかったはずがない。その宗祇がこの書で「口合のや」を取り上げなかったということは、やはり『大概抄』には「口合のや」は存在せず、また、連歌の達人でもある彼は、「口合のや」を連歌の項目と認識していたということである。宗祇は、「姉小路式」の「口合のや」に対して否定的であったとも読み取ることができる。以上の検討により、「口合のや」に関して次の二点が導かれよう。

（イ）「口合のや」は本来連歌世界の用語で、初五文字に現れ、口調を整えるものである。
（ロ）「姉小路式」には「口合のや」が見られるものの、それに先行するとされる『大概抄』には「口合のや」に関する内容は存在しなかった。

さて、それではなぜ「姉小路式」の著者が本来連歌論の項目である「口合のや」を取り入れたのかを考えなければならない。その理由の一つには、二條良基[34]によって連歌の地位が向上し、次第に和歌を凌ぐ勢力をもつようになっていたという、当時の時代背景があったと考えられる。[35] 多くの連歌論書が存在成立し、それらの中心内容の一つとして説かれていたのが「やの七次第」と呼ばれる項目である。そして、これらの書よりやや遅れて現れたのが、中世以前の歌学の伝統を受け継ぎ、テニヲハ研究を専門とする歌学書である。その代表が『大概抄』と「姉小路式」であることは言うまでもない。和歌の生存をかけ、新たに執筆されたテニヲハ秘伝書でもある「姉小路式」の著者が和歌の「や」について記述する際に、日増しに地位の向上を果たしていた連歌論の中心内容の一つである「やの七次第」に目を向けたと考えられる。

そして、もう一つの理由には、歌意が言いきりになっているか否かに対する関心が高まっていたことが挙げられる。つまり、「呼び出だすや」が言いきる表現であるの対して、「口合ひのや」は口調を整えるもので、言いきらない表現に属するものである。「姉小路式」の著者は、「呼び出だすや」と「口合ひのや」を対となる分類として説明を施しているのである。

このことは「姉小路式」以降の記述に混乱をもたらすことになるのである。そもそも連歌論、テニヲハ論の難解さとともに、秘伝性などの要素により、一部の内容が後世にとって難解な内容となり、拡大解釈や曲解をされてしまいがちであることはすでに指摘されている。(36)「口合のや」に関しても同じである。時代の隔たりに伴い、『顕秘抄』の著者はその内容について明白に理解できないまま、「姉小路式」の記述を踏襲し、また連歌の「口合のや」に見られる「月や花」をも合わせて、具体例として挙げているのである。

これに対して、『増抄』では「口合のや」について、次のような新たな記述が加えられている。

一、くちあひのや　くちあひとはたとへは、花や紅葉　かつらきや高間　秋篠や外山　松島やをしま　など物を二いひあわせたる也
（証歌を省く）
一、よひいたすや　かつらきや　をはつせや　なと、よひいたす也
（証歌を省く）
（福井一九六四イ　一四四頁）

『増抄』の著者、有賀長伯も本来連歌論の項目である「口合ひのや」を和歌の世界で理解するにあたって苦しんだようである。「花や紅葉　かつらきや高間　秋篠や外山　松島やをしま」といった内容は連歌には用いら

れない表現で、[37]和歌では一般的に歌枕とされる内容である。それらの「や」の多くは「の」と訳される。[38]つまり、長伯でさえ「姉小路式」の「口合ひのや」は本来連歌において口調を整えるものであることに気付かなかったのである。そこで「雪や氷や」という用例のみを頼りに考え、結果、「物を二いひあはせたる」というように並列を表すものと解してしまったのであろう。しかも、長伯が挙げた「口合のや」の用例が、それに続く「呼び出すや」の用例と重なっていることからは、有賀長伯が「口合ひのや」について、先達の曲解された諸論を強く意識していたことがうかがわれる。その結果、「口合のや」に関する解釈がますます本来の形からかけ離れていったのである。

佐藤宣男が亨弁のテニヲハ研究資料として取り上げた北海学園大学付属図書館北駕文庫本『歌道秘蔵録』[39]と『増抄』との関係は不明であるにしても、「口合のや」を「物ヲ二ツ云時ニ遣ふ也」という相通ずる説明を行っていることから、有賀長伯の解釈と同じであることがわかる。このように「口合のや」を並列関係として解釈することは本来の形ではない。したがって、「物ヲ二ツ云時ニ遣ふ也」のような記述を根拠として、「姉小路式」の「口合のや」を解釈することは危険である。[40]

まとめ

「や」の巻において、「姉小路式」の著者が「や」の文法的働きと歌意解釈とに注目するのみならず、「や」が歌に現れる位置という形態面にも関心を寄せていたことは明らかである。その記述が今日の視点からみて適切かどうかはさておき、当時の歌学の一傾向に、語学的に文を捉えようとする動きがあったことを示していよう。

『大概抄』をまってはじめて、「係結」的事実は「通音」を用いて言及された。その記述は「係結」の雛形であるにすぎないが、日本語史においては一大発見というべき事実である。それは当時の歌学の研究においても同様であろう。したがって、「姉小路式」が『大概抄』の「ぞ」・「こぞ」に関する記述を踏襲したことはむしろ当然のことである。

一方、「や」は連歌の中心的な内容であり、その分類は決してテニヲハ論のそれと同一の系統ではないが、前者が後者に一定の影響を与えていたことは前述の通りである。また、外部の環境的な要因として、連歌の地位が向上したことと中世のテニヲハ秘伝書の相伝が連歌師の手によるものであったことも挙げられる。そして、より根本的には、文芸における美しき表現への追求にも起因していよう。そもそも中世の詩歌文学の中枢をなす和歌と連歌は、それぞれ独自の伝統的な文芸形式をもちながらも、両者は切っても切れない関係にあり、その発生や修辞面などにおいては相通ずる点も多い。このような関係にあってこそ和歌と連歌に対する文法的な意識と観察の融合が生じ得るのである。より美しく歌を詠むため、伝統文芸の内在的な修辞を融合させる傾向が次第に強まり、その性格も表現技法から語法へと変化していった。かくして、本来それぞれの文芸形式に限られていたところの文法的な事実に対する観察が、「共通的」、ひいては「固有の文体における差を超える」というような認識を有するに至ったと考えられるのである。

注

（1）佐藤宣男「〈翻刻〉歌道秘蔵録〈北海学園大学付属図書館北駕文庫本〉——亨弁のテニヲハ研究資料として——」『藤女子大学国文学雑誌』二七、一九八一年三月（イ）。

（2）拙稿「姉小路式」における文法意識について――『手耳葉口伝』の「はねてにはの事」を中心に――『歴史文化社会論講座紀要』第五号　京都大学大学院人間・環境学研究科歴史文化社会論講座、二〇〇八年三月（イ）、三頁。

（3）阿部秋生ほか『日本古典文学全集一五　源氏物語（四）若菜下』小学館、一九七四年二月、二三九頁。

（4）山中裕ほか『新編日本古典文学全集　栄花物語（根あわせ）』、小学館、一九九九年三月、三六九頁。

（5）川村晃生　柏木由夫『新日本古典文学大系九　金葉和歌集　詞花和歌集』岩波書店、一九九〇年九月、一一〇頁。

（6）飯田晴巳「『名語記』の形容詞認識――辞書と歌学・連歌学の形容詞認識の齟齬――」『富士フェニックス論叢』第一号、一九九三年三月。「ばや」は複合形の「や」に分類されるものではないかという疑問が湧いてくるが、飯田が指摘した通り、近世までのテニヲハ単位の定め方が現在の基準と異なる点に鑑みて、「姉小路式」の著者は「ばや」を一単位として見ているのではなく、「や」の下位区分として理解しているものと思われる。

（7）大秦一浩「《文藝学会公開講演会・筆録》テニヲハ研究史の一端」『文藝論叢』第六七号、大谷大学文芸学会、二〇〇六年九月、二四頁～三四頁。

（8）この点に関しては（拙稿「「姉小路式」及びその周辺に於ける「休めの類」」『日本語の研究』五―三（『国語学』通巻第二三八号）、日本語学会、二〇〇九年七月（ハ））で詳述した。

（9）木藤才蔵校注『中世の文学　連歌論集（三）』三弥井書店、一九八五年七月。

（10）井上誠之助「解題」福井久蔵編『国語学大系――手爾波一――』白帝社、一九六四年一月、一五頁。

（11）佐伯梅友「解説四「なれや」」『日本古典文学大系八　古今和歌集』岩波書店、一九五八年七月。

（12）片野達郎　松野陽一『新日本古典文学大系一〇　千載和歌集』岩波書店、一九九三年四月、二〇二頁。（一二）の歌も『千載集』では反語として訳されている。

（13）田中裕　赤瀬信吾『新日本古典文学大系一一　新古今和歌集』岩波書店、一九九二年一月、三七頁、四七頁。

佐伯梅友「解説四「なれや」」『日本古典文学大系八　古今和歌集』岩波書店、一九五八年七月、三三頁〜三四頁。

(14) 片桐洋一『新日本古典文学大系六　後撰和歌集』岩波書店、一九九九年五月。

(15) 峯村文人『新編日本古典文学全集四三　新古今和歌集』小学館、一九九五年五月。

(16) 小沢正夫　松田成穂『新編日本古典文学全集一一　古今和歌集』小学館、一九九五年一一月、二一九頁。

(17) 佐藤宣男「『手爾葉大概抄』と姉小路式Ⅰ ── 中世歌学におけるテニハの扱い ──」『福島大学教育学部論集（人文科学）』第五五号、一九九四年三月（イ）、一頁〜一三頁。佐藤宣男「『手爾葉大概抄』と姉小路式Ⅱ ── 中世歌学におけるテニハの扱い ──」『福島大学教育学部論集（人文科学）』第五六号、一九九四年九月（ロ）、一頁〜一一頁。

(18) 片桐洋一『新日本古典文学大系六　後撰和歌集』岩波書店、一九九九年五月、一六三頁。

(19) 小島憲之　新井栄蔵『新日本古典文学大系五　古今和歌集』岩波書店、一九八九年二月、一八〇頁。

(20) 拙稿「『姉小路式』及びその周辺に於ける「休めの類」」『日本語の研究』五―三（『国語学』通巻第二三八号）、日本語学会、二〇〇九年七月（ハ）、二頁。

(21) 一般的に『抄之抄』は『大概抄』と合綴して一冊とされた伝本が多く見られる。

(22) 井上誠之助「解題」福井久蔵編『国語学大系 ── 手爾波一 ──』白帝社、一九六四年一月、一五頁。

(23) 説明の便宜上、この箇所における『抄之抄』の引用は（西田直敏『資料　日本文法研究史』桜楓社、一九七九年四月）にある校訂文を参考にし、ルビなどは私に省いた。また、歌番も筆者による。

(24) 根来（一九七九ロ）には「二屋波之波雖略等飄」の箇所がないため、福井（一九六四イ）を参照した。

(25) 星加宗一「連歌諸躰秘伝抄」『文化』八―二、東北帝国大学、一九四一年二月、一一九頁。

(26) 根上剛士「連歌てにをは書と手爾葉大概抄 ── 星加宗一論文『連歌諸躰秘伝抄』を中心として ──」『東洋大学日本語研究』第一号、一九八五年五月（ロ）、六二頁〜七九頁。

(27) 伊地知鉄男編『連歌論新集』古典文庫、一九五六年一二月（ロ）、四二頁。

（28）星加宗一「連歌諸躰秘伝抄」『文化』八―二、東北帝国大学、一九四一年二月、一一九頁。
（29）伊地知鉄男ほか『俳諧大辞典』明治書院、一九五七年七月。
（30）室町時代語辞典編修委員会『時代別国語大辞典　室町時代篇（二）』三省堂、一九八九年七月、七一七頁。
（31）日本国語大辞典第二版編集委員会『日本国語大辞典』小学館、二〇〇〇年一二月、九〇二頁。
（32）『新編国歌大観』（CD-ROM版）を調べたところ、ヒットしたのは次の一首のみである。
「すみがまの雪や氷をいそぎてもわが年さむきをの山人（草根集　冬　五七四六）」
（33）井上誠之助「解題」福井久蔵編『国語学大系――手爾波一――』白帝社、一九六四年一月、一六頁。
（34）二條良基（一三二〇―一三八八）、南北朝時代の公卿、歌人であり連歌の大成者。
（35）久松潜一「歌学史の研究――歌論を中心として――」『岩波講座　日本文学』岩波書店、一九三二年二月。西下経一「歌学史の研究」『岩波講座　日本文学』岩波書店、一九三二年二月。山田孝雄「連歌及び連歌史」『岩波講座　日本文学』岩波書店、一九三二年六月。
（36）飯田晴巳「『密傳抄』の国語史上の位置――『密傳抄』を釈して『密傳抄』の「てには」を論ず――」『富士フェニックス論叢』第二号、一九九四年三月、一九頁。
（37）勢田勝郭『連歌の新研究　索引編（七賢の部）』おうふう（桜楓社）、一九九三年二月。勢田勝郭『連歌の新研究　索引編（宗祇の部）』おうふう（桜楓社）、一九九四年二月。また、国際日本文化研究センター「連歌データベース」を使用した。
（38）片野達郎　松野陽一『新日本古典文学大系一〇　千載和歌集』岩波書店、一九九三年四月、二七頁。田中裕　赤瀬信吾『新日本古典文学大系一一　新古今和歌集』岩波書店、一九九二年一月、一七七頁。久保田淳　平田喜信『新日本古典文学大系八　後拾遺和歌集』岩波書店、一九九四年四月、二六四頁。
（39）佐藤宣男「〈翻刻〉歌道秘蔵録〈北海学園大学付属図書館北駕文庫本〉――亨弁のテニヲハ研究資料として――」『藤女子大学国文学雑誌』二七、一九八一年三月（イ）。佐藤宣男「北海学園大学付属図書館北駕文庫所蔵の『歌道秘蔵録』—亨弁（遁危子）のテニヲハ研究資料として」『山梨英和短期大学創立十五周年記念国文学論集』笠間書院、一九八一年一〇月（八）。松野陽一『江戸堂上派歌人資料　習古庵亨弁著作集』新典社、一九八〇年七月。

(40)　飯田晴巳「中世連歌論書のてにをは観 —『白髪集』『連歌手爾葉口伝』『専順法眼詞秘之事』を論じて三集の関係に及ぶ —」『国際学院埼玉短期大学研究紀要』第一一号、一九九〇年三月。「口合ひのや」について、飯田は「語呂の調子の『や』で、物を二つ言い合せる『や』」であると説明を行っているが、本章で述べたように「物を二つ言い合せる」という解釈法自体が「姉小路式」よりかなり時代が下るため、本来の用法を示すものとは限らない。

第四章　係助詞の捉え方（三）――「か」「かは」の巻

はじめに

「姉小路式」からは、著者の係助詞類に対する関心が高かったことがうかがえる。「ぞ」と「こそ」の巻に続いて、「や」と「か」に対してもそれぞれ単独の巻を立てて扱われている。「や」と「か」は古典日本語における疑問表現の中心をなす[1]。「姉小路式」の著者はこの二者を対比的に捉えつつ、「疑問」という意味と機能を軸に説明を行っている。「か」の巻に続く「かは」の巻は、厳密に言えば「か」と区別される内容であるものの、「姉小路式」における「かは」の記述は「か」の巻と密接な関連を示しており、本書では敢えて「か」と「かは」の二巻をまとめて扱うこととする。更に、前章の「や」も含めて検討し、当時、「姉小路式」の著者がどのように「か」と「や」の本領を認識していたのかについて考察することとしたい。さらに、「ぞ」と「こそ」に関する記述を取り入れ、「姉小路式」の著者はどの程度係結びの事実を法則的に把握していたのかを明らかにしたい。

第一節 「か」の巻について

「か」の巻において、著者はまず単独の「か」を取り上げ、続いて「か」または「が」を伴う複合形（「かな（がな）」・「しか（しが）」）を挙げている。これは「や」の巻における順序と一致する。[2]「か」の巻の記述は次の通りである。

一カの字の事。疑ひのカ常の如し。疑ひのヤの字に同じ。カナと言へるてにはをカと言へる事あり。歌に

心がへする物にもが片恋は
苦しき物と人に知らせん（三二）
夕月夜さすやいほり（丘辺イ）の柴の戸に
寂しくもあるか蜩の声（三三）

前の歌は「心がへする物にもかな」と言ゑ（へ）り。後の歌は「寂しくもあるかな」と詠めり。

浅緑いとよりかけて白露を
たまにもぬける春の柳か（三四） 是柳かななり
シカといふてには。

思ふどち春の山辺にうち群れて
そことも言はぬ旅寝してしが（三五）
有明の月もあかしの浦風に
波ばかりこそよると見えしか（三六）
このシカは大方過去のシのてにはなり。
シヲといふてにはにも通ひ侍り。又過去のシの字にカを休めて、シカと言へるもあり。
願ふ心に用ゆる事もあり。よく〳〵味はへ侍るべきなり。

一　カの字

著者は「疑ひのか常の如し、疑ひのやの字に同じ。」との文言を以って、「か」の注釈を始めている。「疑ひのやの字に同じ。」すなわち「か」は「疑ひ」の意をもつということである。しかし、「か」については具体例が全く挙げられていない。これは前章で同じく「疑ひ」の意をもつ「や」について詳細に説明がなされていたことも一因であろう。しかし、後述するように、当時の人々にとって、「や」よりも「か」のほうがなじみが深く、説明を多く要しなかったことにも起因していると思われる。「疑ひのか」の用例としては、次のような歌が挙げられよう。

あみのうらにふなのりすらむをとめらがたまものすそにしほみつらむか（万葉　四〇）

わがもこがいかにおもへかぬばたまのひとよもおらずいめにしみゆる（万葉　三六四七）

二　カ（ナ）・ガ（ナ）

「かなと云へるてには」とは、複合形で「かな」又は「がな」となる「か」のことを指すものと考えられる。具体例として引用されているのは次の三首である。

（三二）　心がへする物にもが片恋は苦しきものと人に知らせん（古今　五四〇）
（三三）　夕月夜さすや庵の柴の戸に寂しくもあるか蜩の声（新古今　二六九）
（三四）　浅緑糸よりかけて白露を珠にもぬける春の柳か（古今　二七）

全く同じこの三首を引用したものに中院家のテニヲハ伝書『歌道秘事口伝之事』がある。この書と「姉小路式」との関係については根上剛士の論文に詳しい。[3]『歌道秘事口伝之事』には「加文字に色々あり。」という次に示すような項目が見られる。

夕月夜さすや岡辺の柴の戸にさびしくもあるかひぐらしの声
さびしくも有哉と治定したる加文字也
浅緑糸よりかけて白露を珠にもぬける春の柳か
是も治定したる加也　皆哉と云詞也
心がへする物にもが片恋は苦しきものと人に知らせん
是は願ひたるか文字也　もかなと同前也

これを参考にすると、和歌（三三）・（三四）の「か」は詠嘆の「かな」と解されうるのに対して、和歌（三二）の「か」は実質願望の「が」と見ることができる。ただし、願望の「が」は単独で用いられることがなく、上代では「もが」・「しか」の形で表れる。そして「もがも」の形を経て、平安時代以降は「もがな」となり、和歌や散文から広がって日常的に用いられるようになったものと思われる。[4]

「かな」については、第十一巻でも言及されている。しかし、この箇所で形態的には「か」として取り上げられている点で第十一巻の「かな」とは区別される。このように、形態を重視し、句末の一字の音にのみ注意を向ける考察視点は、テニヲハ研究書の特徴である。[5] 上述の「かな」と「もがな」と同様に、個々のテニヲハを定める際に清濁を問わない[6]という点も形態を重視する姿勢の一つの表れであると言えよう。

三　シカ（シガ）

本巻の終わりでは「しか（しが）」が取り上げられ、三つの場合に分けて説明されている。

第一に、「このしかは大方過去のしのてにはなり。」とあり、次の二首の歌を挙げている。

（三五）　思ふどち春の山辺にうち群れてそことも言はぬ旅寝してしか（古今　一二六）

（三六）　有明の月もあかしの浦風に波ばかりこそよると見えしか（金葉　二一六）

「過去のし」という説明からは、過去の助動詞「き」の連体形をさすものと考えられる。しかし、実際に挙げられている証歌を確認すると、和歌（三五）の「しか」は自己願望を表す終助詞で、「て」または動詞の連用形につくものである。[7]「旅寝してしか」は「旅寝したい」という自己の願望を表している。また、和歌（三六）の「しか」は「こそ」と呼応関係をなす「留まり」の一つで、[8] 一般的には過去の助動詞「き」の已然形であるとされる。そうであるとすれば、「しか」の「し」を「過去のし」とする著者の説明は不可解に感じられるが、後述するように、これは著者が正確に「しか」の語性を捉えていたことによるのである。

第二の場合、「又過去のしの字にかを休めてしかと云へるもあり。」という。これに関しては増補本系列の記述を参考にしても有力な説明は見られない。釈然としない説明であると言わざるを得ないものの、「休め字のか」と称されている以上は、「疑ひのか」と区別されたものと見るべきである。「休め」は意味解釈上の零であり[9]、「疑ひ」の意味合いが多少とも含まれている場合、厳密には「休め」とは称しえないのである。

第三の場合は、「願ふ心に用ゆることもあり。」と述べられるものである。具体例はなく、その意味するところは辿りがたい。前述の和歌（三五）に示される願望の「しか」と区別されるのかも不明である。しかしいずれにしても、著者が願望を表す「しか（しが）」に対して高い関心を持っていることは明らかである。

第二節　「しか」の「し」は「過去のし」か

上で述べたように、「姉小路式」においては「しか」の「し」は「過去のし」と解釈されている。しかし、挙げられている証歌からは、その解釈は的が外れているようにもみえる。「姉小路式」を参考にしていたとされる宗祇でさえ、『長六文』で「しか」について「姉小路式」と同様の証歌を挙げながらも、「過去のし」とは解釈していない。こうした事実に鑑みると、宗祇はこの説明に対して否定的であったとも考えられる[10]。

この点については、増補本の系列の該当箇所を調べても今一つ有力な手掛かりは得られない。たとえば、『顕秘抄』では「姉小路式」の記述がほぼそのまま踏襲されている。

△しかと云手爾葉の事
古今下　思ふとち春の山邊に打むれてそこともいはぬ旅ねしてしか
金　秋　ありあけの月もあかしの浦かせに浪はかりこそと見えしか
古大歌所　甲斐かねはさやにも見しかけヽれなくよこほりふせる小夜の中山
此等のしかの字に、かをやすめて、しかといへるもあり
（福井一九六四イ　一〇一頁〜一〇二頁）

また、『増抄』では「か」について「姉小路式」とは違う説明が行われており、「しか」の「し」を「過去のし」とする記述は全く見当たらない。[11]ここで注目したいのは、なぜ『増抄』が「姉小路式」の増補本系列でありながら、「か」については異なった説明を施したのかについてである。『増抄』の著者、有賀長伯は、歌道に精通した人物であった。彼は『顕秘抄』の著者と違い、「姉小路式」の記述を単に踏襲するにとどまらず、自らのテニヲハ観を取り入れながら増補を行っていたとされている。[12]この点を踏まえると、『増抄』で「しか」の「し」について「過去のし」と説明されていないということは、長伯が先達の教示を無視したのではなく、彼自身のテニヲハ観にしたがって、それを改めたものと考えられよう。

ところで、「しか」については亭弁による『歌道秘蔵録』に、次のような記述が見られる。[13]

此しかは大かた過去の云々　光広卿御書入のごとく願かなの略也。しの字と（は?）〔佐藤宣男氏注〕過去しにあらす。助字也。其外ニハしかは多くはこそのうけに用るてには也。
（佐藤一九八一イ　八五頁）

これによれば、亨弁も「過去のし」という説明を疑問視していることは疑う余地もない。

つまり、「姉小路式」における「しか」の説明に対し、後世のテニヲハ研究書の多くは否定的であると考えられるのである。

しかし、一概に「姉小路式」における説明が誤りとして斥けられるべきものでもない。なぜならば、今日の研究でも「しか」の「し」を過去の助動詞「き」の連体形とする説は広く支持されているからである。[14] たとえば、森田良行は「しか」について次のように述べている。[15]

「もが」系統が体言や連用語などの状態性を受けるのに対し、「しか」系統は動詞や助動詞の連用形について、その動作性（「あり」の場合は状態性）を受け、自己の行為の願望を表わす。（中略）助動詞は完了「つ」「ぬ」で、「てしかな」「にしかな」の連語を作り、それによって願望の意味を強める。（中略）きわめて積極的な願望でテンスの弱い未然形を受ける「ばや」の消極的願望とは対照的である。この点から考えても、「しか」の語源を係助詞の「し」と「か」の複合と見る説よりは、回想「き」の連体形「し」＋係助詞「か」、もしくは已然形「しか」の意味の転化ととるほうが、「しか」の語性として自然であろう。

（森田一九七〇　一一一頁）

つまり、「しか」の「し」を「過去のし」とする説明は「しか」の語性という点からは一理あると考えられるのである。

さて、以上一、二節の検討を通して「か」の巻全体を見通すと、以下の二点が評価されよう。

（イ）「もがな」と「てしか」が「か」の巻で扱われているのは、「もがな」と「てしか」の語性を正しく捉えていたためである。

（ロ）「てしか」の「し」を「過去のし」とする説明は、理に適った一つの解釈である。

第三節　「かは」の巻について

本巻では冒頭に「かはといふてには、やはといふてにはに通じ侍り。」と述べられており、前巻で「か」と「や」とが対比的に捉えられていることと軌を一にする。「かは」の説明は「やは」の区分と類似した基準を有するものと考えられる。ただし、「やは」が「や」の巻の中で論じられているのに対し、「かは」については「か」とは別に単独の一巻があてられている。この点について、第一巻「はねてには」の記述を考えると、「姉小路式」全体においてこの挙げ方は一貫したものと見るべきである。第一巻には句末の「らん」と呼応する「言葉」について、「らんと疑はんには　や・か・かは・なに・なぞ・など（何の心なり）・いつ・いづく・いかに・いかなる・いかでか・いくたび・だれ・いづれ・いづこ　是等の言葉の入らずしては撥ねられ侍らぬぞ。」との一文がある。ここで、疑問系の「言葉」として「や」・「か」・「かは」の三者が挙げられているのに対して、「やは」は取り上げられていない。そして「やは」は「や」の巻で「や」と一括して説明されている。つまり、「か」と「かは」は別々のテニヲハとして認識されている反面、「やは」は「や」の延長線にあるものと理解されていたようである。

さて、「かは」に関する説明は次の通りである。

カハといふてには、ヤハといふてにはに通じ侍り。

今日のみと春を思はぬ時（年イ）だにも

たつことやすき花のかげかは（三七）

明石潟いろなき人の袖を見よ

すずろに（心ならずナリ）月は宿るものかは（三八）

カハといふにもハの字を休めてにはに詠む

事。例へば

いかならむ岩尾の中にすまばかは

世のうきことの聞こゑ（え）来ざらむ（三九）

あふひ草照る日は神の心かは

影さす（るイ）方にまづなびくらん（四〇）

カと言ひてカハに用ゆる事もあり。ヤの字

の沙汰の如し。休めてにはに用ゆるカ。

ほととぎす今朝のあさけに鳴きつるか（はイ）

君聞くらんか朝寝（あさゐ）やすらん（四一）

最初の「かはといふてにはやはといふてにはに通じ侍り。」という説明の本質は、「やは」と同様、やはり「かは」も反語表現と「疑ひ」の表現との二つに分類されるということである。

一　反語のカハ

証歌として（三七）・（三八）の歌が挙げられている。

（三七）　けふのみと春を思はぬ時だにもたつことやすき花のかげかは（古今　一三四）

（三八）　明石潟いろなき人の袖を見よすずろに月は宿るものかは（新古今　一五五八）

和歌（三七）は現代の注釈書では「今日だけで終わるのだと春を思わない時でさえも立ち去り難い花の影」なのに、「まして、今日は春の終わりであるので立ち去り難いことだ。」という意味で解釈される。[16]続く和歌（三八）は「心なしと見える海人の袖がまことあかいのは、ぬれた袖に月が映るから」だが、「月とて決してむやみに映るものではない。」と訳される。[17]いずれの歌でも「かは」は反語を表すものと理解される。

二　疑ひのカハ

「かはといふにも、はの字を休めてには」とは、「かは」とありながら「か」のような働きをするということである。「は」文字は形の上では「か」文字と並んでいるが、「意義に変化を来さない」ものと考えられる。[18]「かは」に「疑ひ」の意味機能が含まれるのは、実質「か」文字によるものと見なければならない。「疑ひのやは」と同じ観点に立つものと言えよう。[19]具体例として引用されているのは次の二首である。

（三九）　いかならむ巌の中にすまばかは世のうきことの聞こゑ来ざらむ（古今　九五二）

（四〇）　あふひ草照る日は神の心かはかげさすかたにまづなびくらん（千載　一四六）

和歌（三九）ではまず「いったいどれほどの険しい岩山の中に隠れ住んでみたなら」と一旦提起を行い、「世の中のつらいことが聞こえてこないで済むものであろうか。」と尋ねるのである。[20]これに対し、和歌（四〇）は「葵草を照らす日差しは神の心なのだろうか。」の如く疑問を抱いている。[21]二箇所の「かは」はともに「疑ひのか」と同じ働きを果たしていると解されよう。この点において、この箇所の「かは」は第一巻で「らん留まり」の「おさへ」とされた「かは」と同一のものと考えられる。[22]

三　ハの現れぬカハ

歌に「か」文字のみで反語を表すものがあるとして、「かと云ひて、かはに用ひる事もあり。やの字の沙汰の如し。」との補足が行われている。これは、「や」文字だけで反語に用いることがあるという説明と同じ発想であるため、[23]証歌が挙げられなかったのであろう。たとえば、以下の歌を挙げることができる。

こころなきとりにぞありけるほととぎすものもふときになくべきものか（万葉　三七八四）

かくてのみやむべき物かちはやぶる賀茂の社の万世を見む（後撰　一一三一）

四　休メテニハに用ゆるカ

「休めてにはに用ゆるか」に関しては次の歌が引かれているだけで、内容は不明瞭である。

（四一）　ほととぎす今朝のあさけに鳴きつるは君聞くらんか朝ゐやすらん（万葉　一九四九）

『手耳葉口伝』に挙げられている書写では、「か」を伴うものとして「鳴きつるか」と「君聞くらんか」との二つがある。しかし、「姉小路式」の諸写本を確認したところ、前者についてすべて「鳴きつるは」となっている。[24]また、万葉集の本文も諸本「波」となっているため、前者の「か」は誤写であると思われる。よって、「休めてには」の「か」は後者の「君聞くらんか」を指すと考えるのが妥当である。しかし、この「か」について、後世の亭弁はこれに対して否定的のようである。

君きくらんか　此か文字休てにははきこえす。君はきくかと云疑成へし。

（佐藤一九八一イ　八六頁）

亭弁は後者の「か」を「疑ひのか」と理解しているのである。「疑ひ」の意味を有すれば、休めとは理解されないということは先に述べた通りである。[25]

「姉小路式」に先行する『大概抄』には「か」を休め概念とする記述がなく、[26]前巻の「又過去のしの字にかを休めてしかと云へるもあり。」という記述を含め、「姉小路式」の著者は「か」を「休め」として説明することに力を注いだようである。それまで「姉小路式」の著者ほど休め概念に高い関心を持つ人物はおらず、「休め」の類を一巻として説かれたのがこの書を嚆矢とする。しかし、著者がこれほどに「休め」に注目してこの巻を説明した最も大きな理由は、「や」の巻の終わりに「やすめたるや」が挙げられていることに起因すると考えられる。つまり、「休めてにはに用ゆるか」は、著者が「か（かは）」と「や（やは）」とを対比的に捉えることにこだわった結果である、と考えるべきであろう。

第四節　「疑ひ」か「問ひ」か――「姉小路式」の「や」と「か」

古典日本語の疑問表現において、「か」と「や」は使い分けられていたとされ[27]、富士谷成章による古代語の「か」と「や」の異なりを区別する説は有名である[28]。

〔や〕〔か〕二つながら里言に、「カ」に当てたるに惑ふ人多し。（中略）すべて、里言に「カ」と言ふに、「思ふカ」「問ふカ」の二つあり。「思ふカ」は〔か〕に当たり、「問ふカ」は〔や〕に当たれり。たとへば人の子を、男の子か女子かと言ふは「思ふカ」なり。また、人に子はあるかなきかと言ふは「問ふカ」なり。とかく思はれて定めかねたるを思ふといふ。むげにしらぬ事をば問ふといふ。（中略）疑の挿頭を受くるに、〔か〕は上に詠みて下に読まず。〔や〕は下に詠みて上に詠まず。勢同じからねばなり。

（中田・竹岡一九六〇　一二六頁～一二七頁）

しかし、両者の歴史的変遷を辿ってみると、成章による区分のまま全く変化がなかったとは言えない。特に、「姉小路式」が成立したとされる中世は日本語史において、最も言葉の変動が激しかった時期であり、「か」と「や」についても一定の変化はあったと思われる[29]。そうしてみると、「姉小路式」における「か」および「や」に関する説明が疑問表現の通史においてどのような位置にあるのかということは大変興味深い。「姉小路式」の成立背景には、当時話し言葉と書き言葉との隔たりが広がったあまり、口伝などを通じて新たに個々の用法を示さなければならないほどであったことがある。「姉小路式」の記述がより古い時代の用法を示したものなのか、それともその時代の使い方を指示しているのかについても研究の価値はあろう。ただし、「姉小路式」は口伝の性格を有し、記述は極めて断片的であると言わざるを得ないため、「や」と「か」が区別されていたどうかを判別することは容易ではない。本書では限られた記述を通して推察を行うに留めたい。

前述の通り、「姉小路式」において「か」は「や」と対比的に捉えられて提起されている。しかし、具体的な記述としては「疑ひのか常の如し、疑ひのやの字に同じ。」とあるのみである。そこでまず疑問表現とされる「や」に関する記述を見ると、次の三箇所が挙げられる。

（ハ）疑ひのや　花や咲くらむ　霜や置くらん

（ニ）疑すつるや　袖濡らせとや

夕露に袖ぬらせとやひぐらしの鳴くを聞く〳〵おきて行らむ（源氏物語　四九七）（この証歌は筆者注）

（ホ）とやといふてには。又問ひかけてにはといゑり。

うつつにはあはぬけしきにつれなくてみしをば夢にいひなさむとや（俊成五社　一七六）

くちはててよるのころもをかはすかなしほどけしとや哀れなりとや（俊成五社　七四）

中でも（ニ）・（ホ）を見ると、「とや」は「疑ひ捨つるや」と「問ひかけてには」の二つに分けられている。つまり、少なくとも「や」について「疑ひ」と「問ひ」の二通りが認識されていたということである。

「疑ひ」に関してだけではなく、「休めたるやの字」に「休めてにはに用ゆるか」が対応していることを考えあわせると、「や」・「か」に関わる個々の項目はほぼ完全に重なっている。唯一、「問ひかけてには」の「とや」に対応する「とか」がこれらの巻では見られない。ただし、「とか」に関しては「ぞ」の巻（第二巻）に次のような記述がある。

そと云ひ残すてにはあり。そかよの三つの仮名をか、ひ（筆者注：「仮名のかよひ」のことか）侍り。とそ・とか・とよ　かやうの類か。また　君かこ、ろそ・君か心よ・君か心か。又云ひ捨つるそあり。下字（下知）にはあらず。この三文字は「て」と留らず。くてん。

この記述が連歌論書の「ぞかよの三字事」と深く関わっていることはひとまず置くとして、「とか」が「とぞ」・「とよ」と対等的に理解されていることは明白である。著者はあれほど「か」と「や」を相通ずるものとして扱ったにも拘らず、この箇所においては「とや」に触れていない。具体例も挙げられておらず、「云ひ残すてには」としての「とか」が何を指しているのかについては断言できない。おそらく「とか」に続く行為を表す述語が省略されていることから、「云ひ残すてには」として扱われているのであろう。

一方、「問ひかけてには」の「とや」は格助詞の「と」によって「見る」・「聞く」・「思う」・「言う」など具体的な行為を提示し、そして「や」によって「問ひかけ」の働きを表示するものと考えられる。行為を示す行為系の述語が歌に現れない場合、結果として「とや」が句末に用いられるようになる。そのことから、「とや」は言い切らない表現に属するものと認識されたのであろう。「問ひかけてには」の「とや」とは「問ひ残すとや」とも言い換えられよう。要するに、上述の「とか」と「とや」は実に文の構成において同じ形を取っているのである。とはいえ、著者は特に「とか」を「とや」の如く「問ひかけてには」とは称しておらず、直ちに「か」を「問ひ」と認識していたとは言いがたい。

このほか、「やは」と「かは」も、「や」と「か」の関係と同様、対比して述べられている。たとえば、「やは」は「反語のやは」・「疑ひのやは」・「反語のや（本質は「やは」と解されるもの）」の三つに分けられているのに対して、(30)「かは」も「反語のかは」・「疑ひのかは」・「反語のか（本質は「かは」と解されるもの）」と三分類されている。こうした区分がなされているということは、著者が「か」と「や」のもつ文法機能を同一視していたということである。

しかし、もし単なる文法機能の類似により対比的な見地を示すのであれば、「か」と「や」の巻の順番を変えても差し支えないだろうと思われるが、なぜ「や」の巻は「か」の巻に先行しなければならなかったのか。つまり、「か」を先の巻として詳しく述べ、「や」については略述の形をとっても構わないはずであるが、なぜそういうふうにはならなかったのであろうか。これについて、井上誠之助は

「姉小路式」以来「か」は余り重要視されず、説かれることも少なく、「か」が「や」に属する如く考えられたところに原因があったのではなかろうか。（井上一九六二　一二頁）

と分析している。[31] しかし、これはテニヲハ研究書の記述に関する傾向に過ぎず、根本的な理由とはならない。そもそも「や」と「か」の関係は、井上のいう「かがやに属する」といった理由によるものではなく、文法機能において類似性が認められ、対比的に捉えられているだけのことと考えるべきである。当時日常の口語と文語とに大きな隔たりが生じたため[32]、著者自身の「や」に対する理解や認識が反映されたものであろう。日常さほど使われない歌の表現の使い方を正しく示すために書かれたのが、「姉小路式」のようなテニヲハ研究書である。言葉の歴史の変遷を踏まえ、「姉小路式」における「か」と「や」の記述に限定していえば、「か」は「や」より当時の人々にとってなじみ深かったため、「か」より「や」についてより詳しく述べることになったのであろう。その根拠の一つとして、宗祇作とされる『長六文』の記述が挙げられる。[33] そこには

疑ひのかをば安き事侯間しるし侍らず。

（伊地知一九五六イ　三七頁）

という文言が確認できる。宗祇は、「姉小路式」の記述を参考にしながら、『大概抄』に注を施したと思われることから、一般的に「姉小路式」の成立時期は宗祇が生存した時代とさほど離れていないとされている。(34) したがって、この『長六文』の記述は「姉小路式」における言語使用の背景を反映するものと考えられ、この記述からもわかるように、「や」の巻に「か」の巻が続くという順番は、著者による恣意的なものではなく、言語使用の背景やその認識に基づくものと見なければならないのである。

以上のように「姉小路式」において「や」と「か」の区別は全く読み取れないわけではないが、基本的には著者は両者を極めて類似する表現として扱ったものと考えられる。それは、「姉小路式」が和歌作法の啓蒙書であり、日本語学史研究においては過渡的な書にすぎないことに起因する。「姉小路式」は、前述の富士谷成章による『あゆひ抄』とは異なり、語学研究を目的とする著作ではなかったのである。

第五節　「こそ」・「ぞ」の記述と比較して ―― 係結びの観点から

「姉小路式」においては、「係結び」という用語は使われていないものの、係結びの事実が法則的に捉えられていたことは日本語学史上見逃せない事実である。「姉小路式」の著者は係結びの法則的な事実に言及するにあたって「五音」という用語を用いている。そもそも「五音」とは悉曇学に由来し、中古以前までは歌語解釈の一原理として応用されていた。[35] そして、中世に入り、「五音」は和歌の文中表現と呼応する文末表現の説明に取り入れられるようになる。「五音」は『大概抄』の「通音」にも多少通ずるものであるが、「姉小路式」の著者によって「五音の第○の音」と発展せしめた。この知見は、直接ではないにしても、後世の活用研究を促したことは疑う余地もない事実であろう。「ぞ」・「こそ」の説明で用いられている「第三の音」・「第四の音」はそれぞれ現在でいう「連体形」と「已然形」と矛盾しない。「五音の第○の音」は活用形研究において過渡的な役割を果たした用語と見るべきである。

「ぞ」・「こそ」が「通音」や「五音」で法則的に見出されているのに対し、同じく係助詞とされる「か」・「や」については特に法則的な捉え方はなされていない。[36] 上で述べてきた通り、両者はともに、文脈上に顕現する具体的な意味について細かく区分が行われているのみである。しかし、著者は「か」と「や」の係助詞としての機能に全く気付かなかったわけではあるまい。第一巻である「はねてにはの事」の冒頭には次のような記述が見られる。

らんと疑はんには　や・か・かは・なに・なぞ・など（何の心なり）・いつ・いづく・いかに・いかなる・いかでか・いくたび・だれ・いづれ・いづこ　是等の言葉の入らずしては撥ねられ侍らぬぞ。

「や」と「か」は明らかにここで「らん」と呼応的に捉えられている。このような捉え方は両者に対する係助詞性についての認識の第一歩と見ることができる。[37] 著者は、句中に現れる「ぞ」と「こそ」についてはそれぞれ句末に活用語の連体形と已然形を要求すると認識しているのに対し、同じく呼応的な視点を有する句中の「か」と「や」の場合、句末に置かれる「らん」のほうに着目している。このように初期のテニヲハ秘伝書でも個々の係助詞の語性について、把握の仕方などの差はある。しかし、それらが文末の表現（形態）と呼応関係を成すことについて意識されていたことは否めない事実であろう。[38]

では、なぜこのような差が生じてしまったのか。一つには恐らく「姉小路式」が『大概抄』の影響を強く受けていたことあげられる。『大概抄』では「ぞ」・「こそ」の「かかへ」が「通音」で説明されているのに対し、「や」「か」はそれぞれ「屋宇有十品一也屋　一疑心　三手爾波　四願　五尤　六詞　七様　八推量　九残詞　十略屋也」・「加字有二品之別　一疑　二哉」と述べられているからである。無論、「や」・「か」について、「姉小路式」の著者が『大概抄』の記述を踏襲するにとどまることなく、「疑ひの言葉―らん」と呼応的に捉えたことで、両書は相違を示している。もう一つには、「姉小路式」には連歌論書の影響も認められるためではなかろうか。というのは、早くも『大概抄』に先行するとされる『連歌諸躰秘伝抄』に以下の記述が見られるからである。[39]

一、みだれてには

さぞ　　　山里もさぞうかるらん秋のくれ
いかなれば　身のために世はいかなればうかるらん
などか　　つらき身の老までなどか残るらん
いかでか　月の夜も人はいかでかこざるらん
たが　　　旅人はたが里までとそぐらむ
いつを　　人はさていつを限りと思ふらん
たれをか　とはぬ夜は誰をか友と明すらむ
や　　　　思はぬやうき名にたててこざるらん

いつまで　来ぬ人はさていつまでと待たるらむ
なに、か　おぼえずよ人は何にかかはるらむ
右、一句の中にかやうのことばを入候はでは、らんとはねまじく候。他准之。

（木藤一九八二　五一五頁）

連歌では付様に関する視点からつとに「らん」は疑問の表現と呼応的に捉えられていたということになる。「姉小路式」の著者は連歌論書におけるこのような記述に目を向けたのであろう。全体をまとめると、「姉小路式」における係助詞「ぞ」・「こそ」・「か」・「や」に対する捉え方は上述のような両側面の要素が互いに作用し合った結果であると言えよう。

因みに「姉小路式」では今の文法範疇において係結びとされない「の」についても、係結び的に取り上げている。これは、当時の係結び現象に対する捉え方を忠実に反映した重要な記述である。そもそも日本語学研究史において、「の」は決して「係結び」研究と無縁ではなかった。本居宣長までの長い「係結び研究」の過程を見てもわかるように、長い間「の」は「係結び」的に説かれていたと考えられる。ただし、「姉小路式」の記述は『大概抄』の内容を受け継いだものであり、著者は「の」が係助詞でないことを見抜けなかったのは時代の限界を示してもいよう。それゆえ、「姉小路式」の説明はやはり未熟な点が多いといえる(40)。が、このような執行錯誤の考察がなければ、近世における係結びの研究、特に本居宣長の研究も、より時間を要したかあるいは、彼の手によって飛躍的な係結び研究の発展が見られなかった可能性さえある。この点において「姉小路式」は評価されるべき著作と言えよう。

まとめ

従来の研究では係結びの事実が法則的に捉えられることについて、『大概抄』や「姉小路式」といった初期のテニヲハ秘伝書を文献的な初出とするのは一般的であった。しかし、本書で論じた通り、テニヲハ研究書に限らず、連歌論書において係結びの事実に強い関心が寄せられていたことは否めない事実である。[41] 連歌論では付合の問題をはじめ、前句と後句の付様が重要視され、呼応的な観点が次第に定着するようになったと考えられる。それが和歌において文中と文末の表現同士が呼応的に捉えられることにも影響を与えたのであろう。『大概抄』と「姉小路式」における「そ」・「こそ」に関する法則的な捉え方をはじめとして、「や」・「か」を含む記述にも早期の連歌論書からの影響がうかがえるのである。

注

（1） 山口堯二『日本語疑問表現通史』明治書院、一九九〇年一月。阪倉篤義『日本語表現の流れ（岩波セミナーブックス四五）』岩波書店、一九九三年二月。日本語の「疑問表現」を「疑い」と「問い」とに区別しつつ、また両者を合わせて疑問表現として考えるという見方が一般的に行われている。

（2） 「や」についても単独の「や」と複合形の「や」とに分けられている。

（3） 根上剛士「姉小路式の研究（一）――『歌道秘事口伝之事』との関係――」『埼玉大学紀要（人文・社会）』三八―一、一九八九三月。根上剛士「「姉小路式」とは何か」テニハ研究会編『テニハ秘伝の研究』勉誠出版、二〇〇三年二月。

（4）森田良行「な〜そ・な（禁止）・ばや・なむ・な・ね・に・が・がな・がも（希望）「日本語における助詞の機能と解釈」『解釈と鑑賞』第四四二号、一九七〇年一一月、一一〇頁。
（5）佐藤稔「係り結びの把握 ―― 中世歌学から山田孝雄まで ――」『山形女子短期大学紀要』第九号、一九七七年三月、三九頁。
（6）拙稿「「姉小路式」における係助詞の捉え方 ――「ぞ」「こそ」の巻を中心として ――」『歴史文化社会論講座紀要』第六号、京都大学大学院人間・環境学研究科　二〇〇九年三月（イ）、一頁〜一二頁。
（7）小沢正夫　松田成穂『新編日本古典文学全集一一　古今和歌集』小学館、一九九五年一一月、七三頁。
（8）「そといふ事此そのちにあまたのとまりあり五音第三の音にておさへたり（中略）一上件のほかに　きしにをはねしか　かくのことくとまる事あり」
（9）内田賢徳「中・近世日本文法学の再評価と体系化」『平成八年度科学研究費補助金基盤研究（C）（二）研究成果報告書』、一九九七年三月、二七頁。拙稿「「姉小路式」及びその周辺に於ける「休めの類」」『日本語の研究』五―三（『国語学』通巻第二三八号）、日本語学会　二〇〇九年七月（八）、一頁〜一五頁。
（10）井上誠之助「解題」福井久蔵編『国語学大系 ―― 手爾波一 ――』白帝社、一九六四年一月、一六頁。
（11）福井久蔵編『国語学大系 ―― 手爾波一 ――』白帝社、一九六四年一月（イ）、一三一頁。
（12）このような傾向は、「や」と「休め」に関する増補でも認められる。
（13）佐藤宣男「〈翻刻〉歌道秘蔵録〈北海学園大学付属図書館北駕文庫本〉 ―― 亨弁のテニヲハ研究資料として ――」『藤女子大学国文学雑誌』二七、一九八一年三月（イ）。
（14）武田祐吉「しか・てしか考」『国語と国文学』八―七、一九三一年七月。此島正年『国語助詞の研究 ―― 助詞史の素描 ――』桜楓社、一九六六年三月（再版　一九七三年一〇月）、三八九頁。
（15）森田良行「な〜そ・な（禁止）・ばや・なむ・な・ね・に・が・がな・がも（希望）「日本語における助詞の機能と解釈」『解釈と鑑賞』第四四二号、一九七〇年一一月。

(16) 小島憲之　新井栄蔵『新日本古典文学大系五　古今和歌集』岩波書店、一九八九年二月、五五頁。
(17) 田中裕　赤瀬信吾『新日本古典文学大系一一　新古今和歌集』岩波書店、一九九二年一月、四五四頁。
(18) 永山勇『国語意識史の研究――上古・中古・中世――』風間書房、一九六三年三月、三六三頁。「意義に変化を来さない」は永山勇による「休め」の定義である。
(19) 拙稿「「姉小路式」の「や」の巻について」『日中言語研究と日本語教育』創刊号、好文出版、二〇〇八年一〇月（ロ）、七四頁。
(20) 小島憲之　新井栄蔵『新日本古典文学大系五　古今和歌集』岩波書店、一九八九年二月、二八六頁。
(21) 片野達郎　松野陽一『新日本古典文学大系一〇　千載和歌集』岩波書店、一九九三年四月、五三頁。
(22) 拙稿「姉小路式」における文法意識について――『手耳葉口伝』の「はねてにはの事」を中心に――『歴史文化社会論講座紀要』第五号、京都大学大学院人間・環境学研究科歴史文化社会論講座　二〇〇八年三月（イ）、一頁〜一一頁。
(23) 「や」の巻で「あきの田のほのうへてらす稲妻のひかりのまにも我やわするる（古今　五四八）」が挙げられている。
(24) 福井久蔵編『国語学大系――手爾波一――』白帝社、一九六四年一月（イ）、七六頁。
(25) 初期のテニヲハ秘伝書で「疑ひのらん」を確認することができる。「君きくらんか」は意味上「君きくらん」と同じであるとも考えられ、「か」がなくても「疑ひ」を表せると理解されたのであろう。つまり、「か」は音節数を合わせるため置かれた詞であると認識されたのかもしれない。ただし、「か」に疑いの意味を有すれば、厳密な意味では、「休めてには」とはならない。
(26) 根来司解説『手爾葉大概抄　手爾葉大概抄之抄（国立国会図書館蔵）』和泉書院、一九七九年八月（ロ）、七頁。「加字有二品之別　一疑　二哉」
(27) 松尾捨治郎『國語法論攷』文学社、一九三六年九月、四八四頁。一方、「か」と「や」の別を疑う説もある。

たとえば、松尾捨治郎がその立場を採っている。

(28) 中田祝夫　竹岡正夫『あゆひ抄新注』風間書房、一九六〇年四月。

(29) 石井文夫「中世の疑問助詞「や」について」『未定稿』第三号、未定稿の会（東京教育大学文学会）、一九五六年一一月、二七頁。上代から中世にかけて、文中に疑問の助詞がある場合、「や」が「か」に侵入していき、文末に疑問の助詞が現れる場合、その関係は逆であるという。

(30) 拙稿「「姉小路式」及びその周辺に於ける「休めの類」」『日本語の研究』五―三（『国語学』通巻第二三八号）、日本語学会　二〇〇九年七月（八）、七四頁。

(31) 井上誠之助「係り結び研究史稿（第一期）」『研究』第二六号、神戸大学、一九六二年三月。

(32) 馬渕和夫　出雲朝子『国語学史　日本人の言語研究の歴史（新装版）』笠間書院、二〇〇七年九月（初版　一九九九年一月）、五八頁。

(33) 伊地知鉄男編『連歌論集（下）』岩波文庫、一九五六年四月（イ）。

(34) 井上誠之助「解題」福井久蔵編『国語学大系――手爾波一――』白帝社、一九六四年一月、一五頁～一六頁。

(35) 永山勇『国語意識史の研究――上古・中古・中世――』風間書房、一九六三年三月、二六二頁～二七〇頁。
亀井孝ほか「四　移りゆく古代語」『日本語の歴史』平凡社、一九六四年七月（第二版　一九七六年八月）。

(36) この傾向はかなり後世まで続いた。江戸に入り、漸く雀部信頬著『氏邇乎波義貫鈔』に「加と上におきて下五音の第三の音にてとまる有。」（福井久蔵編『国語学大系――手爾波一――』白帝社、一九六四年一月、一七八頁）が見られるようになった。

(37) 多くの疑問詞や副助詞と「らん」の呼応関係も挙げられていることから、厳密にいえば、「か」・「や」の係助詞性について触れたとは言えないが、一つのステップとして理解することは可能であろう。

(38) 「なむ」は基本的に歌で用いられないため、言及されていない。また、「は」「も」については近世の研究を俟たなければならないことは周知の通りである。

(39) 星加宗一「連歌諸躰秘伝抄」『文化』八―二、東北帝国大学、一九四一年二月、一三一頁。木藤才蔵校注『中世の文学　連歌論集(二)』三弥井書店、一九八二年一一月、一〇三頁。根上剛士「連歌てにをは書と手爾葉大概抄――星加宗一論文『連歌諸躰秘伝抄』を中心として――」『東洋大学日本語研究』第一号、一九八五年五月(ロ)、一四一頁。宗祇を祖述とする写本もあるが、一般的に宗祇の真作とは考えられず、『大概抄』の成立より早いとされている。

(40) 佐藤喜代治「係り結び」『解釈と鑑賞』二八―七、一九六三年六月、七六頁。「の」は主語を示す助詞であって、後に必ず述語が来るのは当然であるが、述語を要求するのは実は主語であって、主語の付属成分としての「の」ではない。つまり、「の」は陳述の成分に関するものであり、陳述のしかたに関するものではない。

(41) 『連歌諸躰秘伝抄』(宗祇の奥書を持つが、『大概抄』に先行するとされている)では「むかひてには」「かかへてには」「さゝへてには」と称される内容に、係り結び的な視点が認められる。また、心敬作とされる『馬上集』でも「こそと有句。とまりはかならすけれと留まり侍るへき句なれ共。」とある。

第五章　「姉小路式」及びその周辺に於ける「休めの類」

はじめに

本章は「姉小路式」及びその増補本系列の記述を研究対象とし、中に見られる中世の「休めの類」について考察するものである。

永山勇によれば、平安時代の末期に興隆を見た歌学書には、歌語や古歌詞の釈義ないし語源考究の一原理として、添音・略音というべき意識が発生していたという[1]。中でも、添音の一部に関して、現在でいう接頭語・接尾語及び助詞の一部を説くために、「やすめことば」・「やすめじ」・「たすけことば」・「たすけじ」・「語のたすけ」・「語助」など種々の名称が使われており、これが「テニヲハ類識別観の発生を促す上に相当に役立った」とのことである。本章では記述の便宜上、これらの諸名称をまとめて「休めの類」と称する。

しかし、永山による「休めの類」の研究は平安末期の歌学書を中心としており、中世以降に関しては、文献とその記述の紹介にとどまり、中世以降の「休めの類」の性格及び変遷に立ち入って示したものとは言い難い。[2] したがって、永山による「休めの類」の定義は中古の特徴のみを捉えたものであるため、本章ではまず、中世以降の「休めの類」を再定義する必要があることを示す。そして、研究資料としてなぜ「姉小路式」を用いたのかについて理由を提示した上で、その具体的な記述を考察する。続いて、「姉小路式」を境に、それ以前とそれ以降との二つに分けて、「休めの類」の語史における流れを見る。更に、「休めの類」と隣合わせの概念について考察し、これらの概念に関する史的変遷を辿る。

第一節　永山の「休めの類」を中心に

永山は中古（とりわけ平安末期）の歌学書の記述を基に、「休めの類」について次のように分析している。

一種の複合詞の構成要素中には、語の頭・腹・尾に付加された成分があって、そのうち、語頭につくものには、褒美する意のもの、あるいは、狭い、小さい、幼い意などの如き意味を示すものがあり、あるいは時には全く意義の変化を来さないものもある。この意義変化を生じない接頭語と、語の中間または、末尾に付加された（これもまた意味変化を起こさない）造語成分（それは、間投助詞または接尾語のある種のものである）とを目して「休め詞」「助け詞」などと呼んだもの。

（永山一九六三　三六三頁）

永山の考察をまとめると、[3] 以下の三点が言える。

（イ）「休めの類」に関する様々な名称は大きく「休め」と「助け」の二つに分けられる。そして、両者は同じ実質に対する異名である。(4)

（ロ）「休めの類」は、語もしくは文節における非主要部を分析摘出したものを指す。

（ハ）「休めの類」は語または文節において、補助的・従属的位置にたち、付加されても特に新しい意義の変化を来さない。

このような永山の「休めの類」は歌語及び古語の解釈や語源の説明などから発生したもので、その発生及び中古における史的展開を明らかにしたものと評価できよう。また、中古の「休めの類」に関しては永山による語義構成上の考察は納得のできる分析である。(5)

しかし、上で触れた通り、「休めの類」に関する用語は中世に入ってもテニヲハ研究書によって受け継がれていったのである。特にテニヲハ研究書の発生は、個々のテニヲハが歌の表現力を支配するもので、その重要性が意識されたためと考えられる。そのため、テニヲハ研究書における「休めの類」の言及対象の範囲が語もしくは文節から、句ひいては歌全体へと変わったのである。したがって、テニヲハの研究書で同じく「休めの類」が用いられているとはいえ、その指示する内実が中古のそれと一様であるとは言い切れない。

本章では中世の「休めの類」に関して、その概念の指示する対象の範囲の変化を踏まえ、その背後に進行していた当時の日本人の和歌に対する接し方の変化を捉えた考察が必要であると考える。

本章では「姉小路式」と呼ばれる一群の諸写本及びその増補本、さらに増補本の増補本を中心資料として扱う。増補本とは、「姉小路式」の内容に幾分増補、訂正を加えた『顕秘抄』である。そして、この『顕秘抄』の増補本が『増抄』である。また、「姉小路式」とは別の系統で、最初のテニヲハ秘伝書として知られる『大概抄』がある。さらにこれに注を施したものに宗祇の『抄之抄』がある。これらの書は、中世歌学の世界で、一般歌学書とは別に一大勢力をなしている。特に『大概抄』(『抄之抄』を含む)と「姉小路式」はテニヲハ研究書を代表するもので、江戸期の国語学研究にも大きな影響を与えたことは周知の通りである。一方、『顕秘抄』の成立と深い関わりをもつ歌学書として(とりわけ本章の研究対象である「休めの類」に関して)、『悦目抄』が挙げられる。[6]以上の諸書は同じ系統のものであるとは言えないが、諸書における「休めの類」が相互に影響しあった点から、敢えてこれらを一系列とし、中に見られる「休めの類」を考察対象としたい。これらの書の成立もほぼ中世全体にわたっているため、中世の歌学、特にテニヲハ研究書に見られる「休めの類」を考察するに足るものであると考えられる。

第二節 「姉小路式」の「休めの類」をめぐって

前述の通り、「姉小路式」で「仮名を休むる事[7]」という項目がたてられたことは中世における「休めの類」の研究にとって看過できない事実である。具体的な記述は次の通りである。

一仮名を休むる事。
シモ・カモ・ヤモ・ハシ・ミチシアラバ
の類なり。
ヲ(おイ)ニ・ヲ(おイ)テ・ヲ(おイ)ト休むる事(なりイ)

シモ・今ハシモ・カモ・ダレヲカモ・又（みて）
ミラク・コフラク・タチテミ・ヰテミ・フリミ・
フラズミなど休めたる事、今の世に
用捨あり。餘是に准ず。

「姉小路式」の諸写本の内容はほぼ同様であるとはいえ、具体例を書写する順番及びそれに付された表記記号などによって、解読する際にずれが生じかねない。したがって、「姉小路式」における「休めの類」に関する具体的な内容を特定する必要がある。諸写本における書き順や合点の付し方の相違を表（表一）にまとめた。『姉小路家手似葉傳』およびaからgまでの諸伝本の翻刻は福井（一九六四イ）によった。また、『天仁遠波十三ヶ条口伝』については根来（一九七七）を参考にした[8]。

次表（表一）をもとにした校合結果の一つとして、「はし（は・し）」と「をに・をて・をと（を・にを・てを）」の二箇所に大きな相違が見られる、ということが挙げられる。「休めの類」を考察する前に、これらの箇所における「やすむるかな」が一体何を指しているのか、どちらの分け方に従うべきなのかを定めなければならない。

まず「はし（は・し）」について、『姉ヶ小路てには抄外二篇』の記述を手掛かりに[9]、その指している内容を明らかにしたい。この書に記載されている「姉小路式」の内容は「疏水会所蔵の写本で之に諸書を以て校訂を加へ」たものとされており[10]、「仮名を休むる事」の項には次のように示されている。

一、かなをやすむる事
しも、かも、やも、く、し、を、

（表一）

手耳葉口伝	姉小路手似葉傳	天仁於葉之事 a	手爾尾葉抄 b	手爾尾葉抄 c	手爾遠者之大事 d	歌道秘蔵録 e	歌道秘蔵録 f	歌道秘蔵録 g	天仁遠波十三ヶ条口伝
しも	しも	しも	しも	しも	しも	しも	しも	しも	しも
かも	かも	かも	かも	かも	かも	かも	かも	かも	かも
やも	やも	やも	やも	やも	やも	やも	やも	やも	やも
はし	はし	はし	は	は	（ナシ）	はし	は	（ナシ）	は
			し	し			し		し
みちしあらは	みちあらは	（ナシ）	（ナシ）	（ナシ）	みちあらは	みちあらは	みちあらは	みちあらは	みちあらは
のたくひなり	の類也	（ナシ）	（ナシ）	（ナシ）	此類也	の類也	の類也	の類也	のたくひなり
を（おイ）に	お	（ナシ）	（ナシ）	（ナシ）	を	を	を	を	を
	にを	にを	にを	にを	にを	にを	にを	にを	にを
を（おイ）て	てを	てを	てを	てを	てを	てを	てを	てを	てを
を（おイ）と	と	と	と	と	と	と	と	と	と
やすむる	やすむる	やすむる	やすむる	やすむる	やすむる	やすむる	やすむる	やすむる	やすむる
事（なりイ）	なり	なり	なり	なり	なり	なり	なり	なり	なり
しも	しも	しもは	（ナシ）	（ナシ）	しも	しも	しも	しも	しも
いまはしも	今はしも	今はしも	今はしも	今はしも	今はしも	今はしも	今はしも	今はしも	今はしも
かも	かも	かもは	（ナシ）	（ナシ）	かも	かも	かも	かも	かも
たれをかも	たれをかも	たれをかもの類なり	たれをかもの類なり	たれをかも	たれをかも	たれをかも	たれをかも	たれをかも	たれをかも
また（又）	（ナシ）	（ナシ）	又	又	又	（ナシ）	（ナシ）	（ナシ）	又
見て	（ナシ）	（ナシ）	（ナシ）	（ナシ）	（ナシ）	（ナシ）	（ナシ）	（ナシ）	
見らく	見らく	見らく	見らく	見らく	見らく	見らく	見らく	見らく	見らく
こふらく	こふらく	こふらく	こふらく	こふらく	こふらく	こふらく	こふらく	こふらく	こふらく
ふりみ	ふりみ	ふりみ	ふりみ	ふりみ	ふりみ	ふりみ	ふりみ	ふりみ	ふりみ
ふらすみ	ふらすみ	ふらすみ	ふらすみ	ふらすみ	ふらすみ	ふらすみ	ふらすみ	ふらすみ	ふらすみ
なと	なと	なと	なと	（ナシ）	なと	なと	なと	なと	なと
やすめたる	休めたる	休むる	休る	この類なり	休めたる	休めたる	休めたる	休めたる	休めたる
事	事	事	事	（ナシ）	事	事	事	事	事
いまの世に	今の世は	今の世に	今の世に	今の世に	今の世には	今の世に	今の世に	今の世に	今の世に
用捨	用捨	用捨	用捨	用捨	心をつかふへし	用捨	用捨	用捨	ようしや
あり	あり	あり	あるへし	あるへし	（ナシ）	あり	あり	あり	あり
餘	餘	餘	餘	餘	（ナシ）	餘	餘	餘	余
これにしゅんす	是に準す	是に準す	是（に）準／準す	是（に）準／準す	（ナシ）	是（に）準／準す	是に準す	是（に）準／準す	准之

しもは、今はしも、かもは、たれをかも、みらく、こふらく、立てみ、居てみ、ふりみ、ふらすみ、みちし
あれは、にを、てを、とやすむる也
但、ふりみ、ふらすみなどやすむる事、今の世に用捨有、準之

（三沢諄治郎一九三六　一二一頁）

これを見てわかるように、「は」に関する記述はない。一方、「し」が単独で挙げられている。このことは、この書が諸写本を以って校訂されたことに鑑みれば、単独の「し」を「休めの類」とすることが不可能ではない、ということを示唆している。たとえば、テニヲハ研究書や連歌論書を調査すると、『長六文』で間投助詞の「し」を「休めの類」とした例が見られる。

一、いつしかと云言葉に、
早小鹿の入野の薄初尾花いつしかいもが手枕にせん
いつしかも摘て我みん紫の根にかよひたる野辺の若草
いづれもいつかと云心也。し文字は休め字也。

（伊地知一九五六イ　九六頁）

一方、『手耳葉口伝』では、「は」について「仮名を休むる事」という項目以外、明らかに「休めの類」として二箇所にわたって言及されている。

同じくやはといふてにはもはを休め字にしてやはと言へるとあり。
かと言ひてかはに用ゆる事もあり。やの字の沙汰の如し。休めてにはに用ゆるか。

この二箇所はともに『大概抄』の影響を受けたものと考えられる。[11]以上の二点に加え、表（表一）に見られる多くの写本は、「は」と「し」を分けて記していることを考え合せれば、「は」と「し」は別々の「休めの類」と見るのが妥当であろう。

続いて『手耳葉口伝』を除き、他写本ではいずれも「にを・てを」となっている。どちらが原形であるのかを考える前に、まずは以下の歌を挙げ、分析を加えることとする。

恋しくはしたにをおもへ紫の根摺の衣色に出づなゆめ（古今　六五二）
萩が花ちるらむ小野の露霜にぬれてをゆかん小夜はふくとも（古今　二二四）
立とまり見てをわたらむもみぢ葉は雨と降るとも水はまさらじ（古今　三〇五）
終夜見てを明かさむ秋の月今宵の空に雲なからなん（拾遺集　一七七）
露けくて我が衣手は濡れぬとも折てを行かん秋萩の花（拾遺集　一八二）
雨もこそは頼まばもらめ頼まずは思はぬ人と見てをやみなん（新古今　一〇三九）

実際に勅撰和歌集のこれらの歌における「を」はいずれも語調を整える強調表現と解釈されうる。[12]この箇所では、「をに　をて　をと　やすむる」より「を　にを　てを　とやすむる」と理解したほうが妥当であろう。すなわち、まずは「を」が「休めの類」であることを標出し、具体例として「にを」・「てを」を挙げたのであろう。そうすれば、「し、みちしあらは」・「しも、いまはしも」・「かも、たれをかも」といった箇所の挙げ方とも一致することになる。つまり、『手耳葉口伝』が他写本と相違を見せているのは、書写者の誤写によるものであろう。このことも現在定説とされる根上剛士氏の『手耳葉口伝』原形否定説の証左になろう。[13]

ここでなお疑念を生じさせる所が一点ある。上で取り上げた諸伝本では「やも」が一語として挙げられている点である。佐藤（一九九四イ）でも「やも」と翻刻され、指す内容については触れられていない。[14]しかし、やはり「やも」を「や」と「も」に分けて見るべきではないのか。まず、三代集において「やも」を調べると、

山科のをとはの滝のをとにだに人のしるべくわがこひめやも（古今　一一〇九）
長月の在明の月の有つゝも君し来まさば我恋ひめやも（拾遺集　七九五）

のように、「めやも」の用法しか見られない。これは「めや＋も」と解されるため、[15]「やも」一語として「休めの類」であるとは考えられない。勅撰集を重んじる「姉小路式」の著者が、[16]三代集において全く見られない「休めの類」の「やも」を「仮名を休むる事」の項目に入れるとは到底考えられない。しかも、「や」についてはすでに「休めたるやの字あり。」と述べられており、著者が「や」を「休めの類」として認識していたことは明らかである。一方、『大概抄』と『抄之抄』には「休めの類」の「も」に関する記述が見られる。

毛有二　一休　（根来一九七九ロ　五一頁）

加毛有二　一毛休詠疑之心　（同右　五二頁）

『抄之抄』は、一般的に宗祇が「姉小路式」の影響を受けながら注したものといわれている。[17]このことを考えれば、両書の中間に立つ「姉小路式」において、「休めの類」としての「も」があっても不思議ではなかろう。『手耳葉口伝』の「仮名を休むる事」は典型的な「姉小路式」の内容とほぼ一致しながらも、細かい箇所に

おいては内容を校訂する必要がある。相違を見せる箇所を校訂した結果は次のようにまとめることができよう。
(ニ)「はし」ではなく、「は」と「し」との二つに分けて見るべきである。
(ホ)「をに　をて　をと　やすむる」は「を　にを　てを　とやすむる」を誤ったものである。
(へ)「やも」を一語と考えず、「や」と「も」の二語と理解すべきである。

第三節　初期のテニヲハ秘伝書における「休めの類」と伝統歌学の関係

永山(一九六三)によれば、中古の「休めの類」の中には接頭語・接尾語・助詞の類が多かった。一方、「姉小路式」を代表とする中世の「休めの類」では助詞類及び語尾が中心的に論じられていた。上で校訂した「姉小路式」における個々の「休めの類」をもとに、『大概抄』および『抄之抄』に見られるそれと合わせて表(表二)にまとめた。

次表(表二)のうち、「やは」・「かは」・「や」・「か」の四つは「仮名を休むる事」という項目外のものである。とりわけ、前三者の記述は、「姉小路式」が『大概抄』および『抄之抄』と深い関わりのあることを物語っている。「か」の内容のみが「姉小路式」独自の見解を見せているが、なお内容上問題が残っている。第四章で述べた通り、『手耳葉口伝』に挙げられている書写では、「か」を伴うものとして「鳴きつるか」と「君聞くらんか」との二つがある。しかし、「姉小路式」の諸写本(福井一九六四イ)を確認したところ、前者はすべて「鳴きつるは」となっている。また、万葉集の本文でも「波」となっているため、前者の「か」は「は」の誤写で

（表二）

	手耳葉口伝	手爾葉大概抄	手爾葉大概抄之抄
やは	やはといふてにはもはをやすめぢしてやはといへるとあり	屋波之波休不瓢	然るにやはのはを休て　やの字ばかりの所につかへばうちかへさず　はなやはちらん夜半の嵐になどよめんは　はの字休て只やばかりなり
かは	かはといふにもはのぢをばやすめてにはによむ事	加波之波休詠加之一字	かはのはを休て只かの心によむありとぞ　然ればうちかへさず　いかならん岩間の中にすめばかは物うき事の聞へざらなん　あふひ草てれるは神の心かは影さすかたに咲なびくらん
や	やすめたるやのぢあり　ふるやあられ　さすやゆふひ	（ナシ）	なりやとて、なりとおく所にや置なり（割り注：按に今俗にやすめたるやと云　是なり　流れては人のためうき名取川よしや涙にしづみはつとも
か	過去のしのぢに　かをやすめてしかといへるもあり	（ナシ）	（ナシ）
	やすめてにはにもちゆるか　ほとゝぎすけさのあさけになきつるかきみきくらんかあさゐやすらん	（ナシ）	（ナシ）
しも	しも	（ナシ）	誰をしも
かも	かも	加毛有二　一毛休詠疑之心	誰をかも　はるゝ夜の星か川邊の蛍かも我すむかたのあまのたく火か
や	や	（ナシ）	（上の「や」を参考）
も	も	毛有二　一休	休めもは誰をしも　誰をかも　只もの一字を於いてやすむるもあり
は	は	（屋波・加波）	（上の「やは」「かは」を参考）
し	みちしあらば	（ナシ）	（ナシ）
を	にを　てを	（ナシ）	（ナシ）
しも	いまはしも	（ナシ）	（上の「しも」を参考）
かも	たれをかも	（ナシ）	（上の「かも」を参考）
く	みらく　こふらく	（ナシ）	（ナシ）
み	たちてみゐてみ　ふりみふらずみ	（ナシ）	（ナシ）

あることが明らかである。よって、「休めてにはに用ゆるか」は後者の「君聞くらんか」を指すと考えるのが妥当であろう。しかし、後世の亨弁は後者の「か」に対しても否定的である。[18]

君きくらんか　此か文字休てにははきこえす。
君はきくかと云疑成へし。

（佐藤一九八一八　八六頁）

亨弁のように「か」を「疑ひのか」として解釈すれば、「休めの類」とは理解されないということは言うまでもない。[19]「姉小路式」で「休めてにはに用ゆるか」の項目がたてられているのは、おそらく「や」の巻の終わりに「やすめたるや」が挙げられていることに起因するのだろう。「休めてにはに用ゆるか」は、著者が「か（かは）」と「や（やは）」とを対比的に捉えることにこだわり過ぎた結果である、と考えられる。

一方、「やは」・「かは」・「や」・「か」の四者を除いたものは「仮名を休むる事」という項目にまとめられていることから、当時、和歌作法において「休めの類」が重要事項として認識されていたことがうかがえる。「仮名を休むる事」はその内容から、「しも」・「かも」・「や」・「も」・「は」・「し」・「を」といった助詞の類と接尾語の「く」・「み」との二組に分けることができる。これらを上述の永山が挙げている中古の「休めの類」の具体例と比較すると、「姉小路式」では接頭語の項が全く見られず、接尾語類の中心であった「ろ」もなく、新たに「く」と「み」が注目されている。

また、「やは」・「かは」・「や」・「か」を含め、「姉小路式」では助詞類に関する記述が極めて多い。つまり、中古の一般歌学書は難解な歌語を解釈するため、多くの接頭語や接尾語に触れていたのに対し、中世のテニヲハ研究書は詠作の際に重要視される助詞類により関心を注いでいたのである。「姉小路式」における「休めの類」に助詞類が圧倒的に多いのもこのためであろう。

「休めの類」を一巻としてたてたのが「姉小路式」をもって嚆矢とするとはいえ、言及されている個々の対象のすべてが著者による独自の見解であるとは限らない。これらの多くはすでに「姉小路式」に先行する歌学書に「休めの類」として挙げられている。ここで関連する記述の一部及びその出典を挙げる。

「や」について、藤原範兼は『和歌童蒙抄』で

ごとし。

やはたゞおける文字也。かもじはもじのたらぬ処におく、歌のならひなり。あつぶすまなごやがしたと云が

（『日本歌学大系』別巻一　二九九頁）

と述べている。勿論この「や」は永山（一九六三）がいうように、直ちに「「ただおける文字也」とはいえない。」（三〇六頁）と思われるが、範兼が「や」の用法を意識していたことは否めない事実である。

「も」に関しては、まず藤原清輔が『和歌初学抄』で

かも、カ也。ゾ也。シ也。モノ字ハ助字也。ぞも　同。しも　同。

（『古辞書研究資料叢刊』一六九頁）

と説明している。そして、藤原定家の『和歌色葉』には

べらはべき也。べにはべき也。かもはか也。ぞもはぞ也。やもはや也。しもはも也。もの字は助の字なるべし。

（『日本歌学大系』第三巻　一五七頁）

とある。

「は」については『大概抄』の

屋波之波休不飄

加波之波休詠加之一字

（根来一九七九ロ　七頁～八頁）

が「姉小路式」に影響を与えたと思われる。

「し」の記述を見ると、顕昭の『拾遺抄注』には

カクシコソトハカクコソト云フナリ。

（『日本歌学大系』別巻四　四一一頁）

とある。また、藤原定家の『和歌色葉』にも

名にしおはゞ、思しとけば、このし字は詞をたらさむとする助の字也。人しなければ、風しふかねばも同じ心也。かかる異名詞はやうやうにあれどあまりにことしげければ少々を申なり。

（『日本歌学大系』第三巻　一五七頁）

といった記述が見られる。

「を」は藤原範兼の『和歌童蒙抄』に

まをごもはまこもを云也。をもじはたゞいひくはへたる也。これつねのこと也。
（『日本歌学大系』別巻一　二五五頁）

とある。藤原範兼はまた、『奥義抄』において、

としのをは万葉集には年緒とかけり。たゞ年といふこと也。緒は詞字也。
（『日本歌学大系』第一巻　三二一頁）

という注釈を施している。

これらに対して、「く」と「み」は著者が独自に挙げている項目である。「く」に関する古い記述としては、源俊頼の『俊頼髄脳』が挙げられる。

桜花ちりかひくもれ老らくのこむといふなる道まがふがに　老いぬといへる事を文字たらさむとていへることばなり。
（『日本歌学大系』第一巻　一八五頁）

と彼は自分の理解を綴っている。また、藤原清輔が『奥義抄』で

いつしかとまたくこころをはぎにあげてあまのかはらをけふやわたらむ（中略）又見らくすくなくこふらくなどよめり。又きくといはむとてもきかくなどよめり。さればまたくともなどかよまざらむ。
（『日本歌学大系』第一巻　三四二頁）

と述べていることから、これらの記述が「姉小路式」における「仮名を休むる事」の「く」に影響を与えたのではないかと推察できる。本来「く」は中古における「延約」の概念とすべきものであるが[20]、「姉小路式」に至っては「休めの類」として理解されてしまったということである。「延約」という概念は言葉そのものを形態上伸ばしたり、縮めたりするもので、形態上の変化を示す命名であるといえよう。和歌の作法上音節数を調整するために、ある語成分が加えられるという点では、「延」と「休めの類」とは一致している。ただし、「休めの類」の場合は加音されても新たな意味をもたらさないという点で、「延」の場合と区別される。とはいえ、両者ともに和歌を詠む際に三一という音節数に合わせる手法となり得ることは疑う余地もない。このような類似点があるからこそ「休めの類」に「く」の混入が生じたのではないかと考えられる。

また、中古の歌学書に「ろ」のような接尾語を「休めの類」として説明する記述が少なくないということも「く」が「休めの類」に区分された一因であると考えられよう。たとえば、『袖中抄』には次の一節がある[21]。

ヤソ嶋ハナニハニツドヒフナカザリアカセンヒロヲミモヒトモガナ（万葉　四三二九）
是ハ相模防人哥也　日本国ハ八十ナケレド如此詠ゼリ
ヒロハ日也　路ハヤスメ詞也

（橋本・後藤一九八五　四三〇頁）

この歌で「ろ」は句にあっても実質的な語義を来さないと認識され、和歌の定型音節数に合わせるために用いられたものとされたのである。この「ろ」は上代特有の用法で、特に中古の歌学書で「休めの類」として多く取り上げられている[22]。『時代別国語大辞典　上代篇』においては[23]

名詞の下につき語調を整え、親愛の意を添える接尾語で、体言を構成する接尾語ないし形式名詞と考えられる点がある。

（『時代別国語大辞典　上代篇』八一〇頁）

と説明されている。また、「く」は「ク語法」や「カ行延言」と呼ばれる上代語に特有の語法であり、[24]活用語に付くことでその語を名詞化する働きは「ろ」が体言を構成する働きと似ている。前述の『俊頼髄脳』で「桜花ちりかひくもれ老らくのこむといふなる道まがふがに」という歌に対し、源俊頼が「老いぬといへる事を文字たらさむとていへることばなり」と言っていることも考えあわせると、「く」も詠歌上の音節数に関係しているものと思われる。これも「く」と「ろ」とが相通ずる点として理解されよう。以上の類似からして「姉小路式」の著者は「く」を「休めの類」として認識していたのではないか。

他方、「み」を「休めの類」的に解釈する文献資料は見当たらないが、「く」と同様に歌に特有の表現として目を向けられ、「休めの類」であると理解されることとなったのであろう。中古の歌学書では接尾語の類も「休めの類」として論じられていることに鑑みれば、接尾語である「み」が中世においても「休めの類」の枠組みの中で論じられたことは、考えられないことではない。というのは、この表現は古く『後撰和歌集』に見られるが、[25]これはすでに「姉小路式」の著者にとっては古語であり、注釈を要するものであったと考えられるからである。時の隔たりに伴い、当時すでに注釈を加えなければならないほどであったに違いない。そして、著者は、「み」を歌意に影響を与えないものとして認識したため、「かなを休むる」の項で取り上げたのであろう。

第四節　テニヲハ研究書における「休めの類」の流れ

中世に入ると、「休めの類」に対する関心が高まり、「姉小路式」に至っては、「仮名を休むる事」といった項目まで立てられていた。ただし、上述の通り、中に見られる個々の内容は中古の一般歌学書の伝統を受け継ぐもの、もしくは『大概抄』の影響を受けたものとしか考えられない。また、これがさらに『抄之抄』に影響を与えたことは周知の通りである。以下、本章の研究対象となる諸書における「休めの類」の項目を表（表三）にまとめ、特に「姉小路式」系列における「休めの類」の流れを考察することとしたい。

「姉小路式」に至って初めて「休めの類」の項目がたてられたとはいえ、「仮名を休むる事」の項における個々の内容は先達の影響を受けていたものが殆どであり、全てが著者による独自な見解とは限らない。とりわけ目立ったのは、著者が接尾語の「く」と「み」を「休めの類」の枠に帰していることである。当時のテニヲハとは助詞類のほか、接尾語など種々の品詞を含むものであったため、テニヲハ秘伝書である「姉小路式」においてこのような区分が見られるのはむしろ当然のことである。当時、著者が中古の語源解釈用の一概念を中世の和歌修辞表現法に応用しようとしたことに起因するのであろう。このような一種の混同ともいうべきものが生じたことに、さらに口伝ということが加わり、後代になればなるほど理解が出来なくなったと考えられる。その結果、「休めの類」とは言いがたい内容まで「休めの類」として拡大解釈される結果となったのであろう。しかも、この流れは「姉小路式」の「休めの類」に限ったことではないようである。(26) そのために、増補本系列については、複数の文献の先人説を掻き集めた感が払拭できない。その根源はすでに「姉小路式」の時代から存していたと考えなければならない。ただし、「姉小路式」の「仮名を休むる事」における助詞類の記述はおおおむね当を得ており、「姉小路式」の著者が中古伝統歌学の内容を単に敷衍していただけでなく、選別を行っていたようにも考えられる。

一方、表（表三）を参考にすれば、福井（一九六四イ）の指摘の通り、『顕秘抄』は「姉小路式」及び『大概抄』（『抄之抄』を含む）の「休めの類」を取り入れ、更に『悦目抄』のそれを書き綴ったかのように見える。たとえば、本来『悦目抄』では「やさしきかな」として挙げられていたはずの「し」・「も」・「よ」・「の」・「や」・

（表三）

		異本悦目抄	悦目抄	大概抄	抄之抄	手耳葉口伝	顕秘抄	増抄
み・き		助	助				助	通ふ／助
は・も		助	助				助	×
む・し		助	助				助	×
し	し	休	休			休	休	休
	とし	休	休				休	×
	はし						△休	×
	をし						△休	×
つ			休				休	休
み①言み			助			×	×	×
やしてよ			助			×	×	×
しもよのやみむ		×	×			×	△休	かよふ
や				×	△休	休	休	休
は	は					休	×	添／休
	やは			休	休	休	休	休
	かは			休	休	休	休	休
も	も			休	休	×	×	休
	しも				休	休	休	休
	やも					休	休	
	かも			休	休	休	休	休
か	か					休	休	
	しか					休	休	
を	を					休	×	通ふ／休
	にを					休	休	
	てを					休	休	
く						休	休	
み②降りみ						休	休	休
み・こそ							△休	
かし								休
な		×	×					休
まく								休／通用
にき								添
てき								添
て								休
て（し）								休
め（る）	め（り）							休
	め（る）							休
	める							休
はや								休

「み」・「む」を『顕秘抄』の著者は「休め字」として説明している。これは『顕秘抄』の著者が『悦目抄』(『異本悦目抄』ではない)を手に入れ、その内容を読み間違えたためと考えられる。おそらくこの著者の誤読は『悦目抄』では「し」・「も」・「よ」・「の」・「や」・「み」・「む」の後に「休め字」の内容が続く形で書かれていたことによるのであろう。『顕秘抄』の著者が未詳であることを考えあわせると、その著者は歌学に抜きん出た人物ではなく、先人の記述を完全に理解することもなく、ただ諸説をまとめて取り上げるのみに終わってしまったのではないかと推測される[27]。

これに対し、『増抄』の著者は有賀長伯であることが知られており、ほかに『和歌八重垣』を著すなど、和歌に詳しい人物であったことは明らかである[28]。とりわけ、長伯が「かかへ」・「おさへ」を係結に近い視点から説明を行った点は日本語学史において重要な意義をもつ[29]。しかし、そのような彼をもってしても『顕秘抄』を経てますます難解な内容となった「休めの類」の記述の解釈にあたっては、理解の限界を突破できないまま曲解してしまったのである。ただし、彼は『顕秘抄』で「休字」とされていた「し」・「も」・「よ」・「の」・「や」・「み」・「む」を「休めの類」から外しており、正確さを保たせた点は評価してよかろう。

第五節　「休めの類」と「魂入れべきてには」

本節では中古と中世に分けて、「休めの類」とその周囲に立つ概念を考察する。まず、中古の「休めの類」について、永山(一九六三)では次の図(図一)を示している。

これを参考にすると、中古の「休めの類」は孤立した範疇でないことが分かる。前述の通り、ある言葉が「休

- 複合詞中の付加成分
  - 語順に付くもの
    - ある意味を添えるもの（褒美、狭い、小さい、幼いなど）
    - 格別の意味がないもの ……………… 休め詞（助け詞）
  - 語中に付くもの ……………… 休め詞（助け詞）（間投助詞）
  - 語末に付くもの ……………… 休め詞（助け詞）（ある種の接尾語）

（図一）

（永山一九六三　三六四頁）

めの類」であるかどうかは、語構造に新たな意味をもたらすかどうかという基準による。この基準に従えば、語頭に付くもののうち、「ある意味を添えるもの」は「休めの類」に含まれず、それに隣接する概念として区分されるのである。記述の便宜上、ここで永山による中古の「休めの類」を「休めの類A」と称する。すると、「ある意味を添える」接頭語の一部は、「休めの類A」の隣にたつものと理解することができる。

一方で中世の「休めの類」は、中古のそれが歌語や古語解釈に用いられた用語であったのに対し、和歌作法における表現上の一原理として応用されたものと考えられ、厳密にいえば、中世の「休めの類」は中古のそれと区別されるべきである。そこで中古の「休めの類A」と区別するために、中世の「休めの類」を「休めの類B」と名付ける。

「姉小路式」の記述を手掛かりに中世の「休めの類B」に隣接する内容を考えると、同じく和歌修辞表現として挙げられている「魂を入れべきてには」の項目が目に付く[30]。ただし、そこには

> 魂を入れべきてには　ただ　猶　だに　さえ　など　いとど　かやうの所
> 言葉先達の詠ずるところを味はへ知るべし。何れも秘すべし。

との文言があるのみで、証歌の具体例は示されていない。わずかに副助詞の「だに」・「さへ」や「ただ」・「なほ」・「など」・「いとど」といった副詞をさ

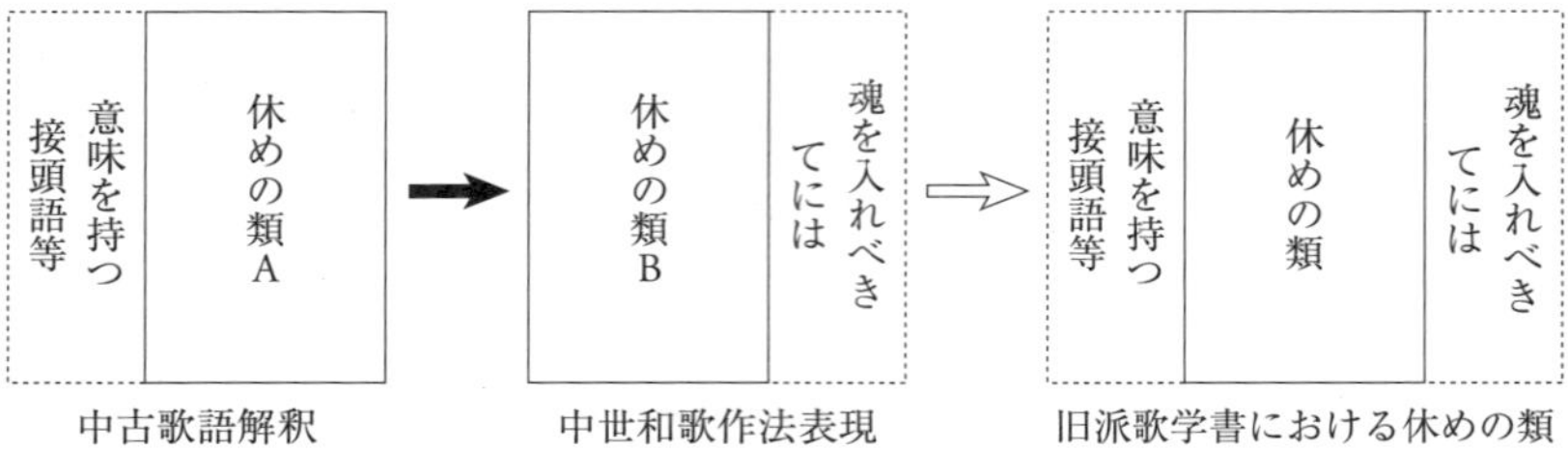

（図二）

すものとして記されているにすぎない。しかし、これらの表現と「休めの類Ｂ」として挙げられている「し」・「も」の意味を考えあわせると、念を押すという点では相通ずるものと考えられる。[31] 言い換えれば、「魂を入れべきてには」は「休めの類Ｂ」の一部と似通った働きを有している。ただし、意味を伴うか否かという点では、「魂を入れべきてには」は「休めの類Ｂ」と一線を画するものと言わなければならない。要するに、もしここで「仮名を休むる事」を「休めの類Ｂ」とすれば、「魂を入れべきてには」はそれと隣合わせの概念であるということができよう。

仮に上述の中古及び中世の「休めの類」を一括し、その変遷を辿れば、図（図二）の如き過程が考えられるのではないか。

むすび

本章で見てきた通り、「休めの類」は中古の一般歌学書をはじめ、中世のテニヲハ研究書でも広く用いられている概念である。ただし、その指示する対象は、中古では語もしくは文節であったのに対し、中世に入っては句もしくは歌全体となっていった。換言すれば、「休めの類」は中古において歌語や古語釈義ないし語源研究の一原理として用いられたのに対し、中世においてはテニヲハ論を中心に、歌をよむ際の一修辞表現法として取り上げられていたのである。「休めの類」に見られるこうした変遷の原因としては、その背後に進行していたそれぞれの時代の歌に対する接し方の変化が考えられる。中古の一般歌学書においては古歌詞の解釈や語源の探求が関心の一つであり、「歌を読む」[32]という解読の色合いがより強い。それに対し、中世以降は、「歌を詠む」という視点から、歌の表現・修辞がより注目されるようになっていった。つまり、「歌を読む」立場から「歌を詠む」立場へという歌に対する接し方の変化が「休めの類」の指示する対象の変容に影響を及ぼしたものと考えられる。しかも、こうした中古から中世に至る「休めの類」の概念の拡張は、日本語に対する文法意識の深化による必然的な結果である。「歌を(解読する)読む」から「歌を(作る)詠む」へと関心の対象が変化するにつれ、そこには修辞表現としての要求が次第に高まり、論理的な支えを求めようとするがために注目された項目の一つが「休めの類」なのである。そして、このような日本語に対する文法意識の蓄積は、修辞表現の技法が語法へと深化するに伴って、さらに助詞に関する細分類が行われ、江戸期以降の日本語研究へと繋がっていった。このような修辞表現から文法意識へと本質的な飛躍を成し遂げる可能性は、「休め」の概念が拡張する過程においても部分的に読み取れるのである。

以上のように、「休めの類」の言及対象について中古から中世へと変化が認められる。とはいえ、「休めの類」の実質も変わったとは断じ得ない。永山の指摘の通り、「休め」や「助け」と称される以上、「休めの類」が付加されても語義の変化を来さないものでなければならない。即ち、「休めの類」は意味上実質の零なのである。[33]ただし、当時「休めの類」として取り上げられた項目は、必ずしも厳密な区分によるものとは限らない。「よしなき文字」とされた助詞の「な」をはじめ、[34]格助詞の「つ」また接尾語の「ろ」・「く」・「み」の何れも歌に加えれば、意味の変化を齎すものと理解しなければならないのである。[35]

注

（1）永山勇『国語意識史の研究 ― 上古・中古・中世 ―』風間書房、一九六三年三月、二七四頁。永山は「添音・略音」に関して、ある言語相互の関係について、一方がもう一方の或いは加音語であり、あるいは略音であると説明を行っている。

（2）「やすめ字」・「やすめ詞」という術語を初めて用いた人物と思われる顕昭の『拾遺抄注』『散木集注』『古今集註』『袖中抄』などの著作をはじめ、藤原教長の『古今集註』そして彼の義兄である藤原清輔の『和歌初学抄』・『奥義抄』を含む平安末期までの歌学書の記述が主たる研究対象であった。

（3）永山勇『国語意識史の研究 ― 上古・中古・中世 ―』風間書房、一九六三年三月、三五二頁〜三六四頁。

（4）飯田晴巳「資料　近世以前の助辞研究書抄」鈴木一彦　林巨樹編『研究資料日本文法五助辞編（一）　助詞』明治書院、一九八五年三月（イ）、二五一頁。飯田は、「助け字・休め字と二様の命名があるが、相互の範疇に差異はなく、同じ実質をになう」ものと述べている。

（5）飯田晴巳「『袖中抄』の走り書き的覚書 ― 「ゐ中人にひろくたづぬれど」「田舎の詞」「下衆の申詞」「休め字」およびその他のことども ―」『富士フェニックス論叢』第九号、二〇〇一年三月、一〇頁。飯田は論文で永山の「休めの類」を定説として認めている。

（6）福井久蔵編『国語学大系 ― 手爾波一 ―』白帝社、一九六四年一月（イ）、三頁。解題によれば、『（烏丸本）異本悦目抄』は仮託流布本の原本であるとされている。なお、『悦目抄』（藤原基俊の仮託）は『日本歌学大系』第四巻の翻刻を参考した。

（7）「姉小路式」全十三巻のうち、第九巻としてたてられている。

（8）根来司解説『姉小路式・歌道秘蔵録・春樹顕秘抄・春樹顕秘増抄（勉誠文庫二四）』勉誠社、一九七七年一二月。

（9）三沢諄治郎『姉ヶ小路てには抄外二篇』澤存堂、一九三六年六月。

（10）三沢諄治郎『姉ヶ小路てには抄外二篇』澤存堂、一九三六年六月。解題による。
（11）根来司解説『手爾葉大概抄　手爾葉大概抄之抄（国立国会図書館蔵）』和泉書院、一九七九年八月（ロ）、五〇頁。「屋波之波休不飄」「加波之波休詠加之一字」とある。
（12）岩波書店『新日本古典文学大系』を参考にした。
（13）根上剛士「姉小路式の研究（二）――水府明徳会彰考館文庫蔵『手耳葉口伝』について――」『埼玉大学紀要（人文・社会）』三九―一（二）、一九九〇年三月（イ）、一頁。
（14）佐藤宣男「『手爾葉大概抄』と姉小路式Ｉ――中世歌学におけるテニハの扱い――」『福島大学教育学部論集（人文科学）』第五五号、一九九四年三月（イ）、九頁。
（15）佐藤宣男「『手爾葉大概抄』と姉小路式Ｉ――中世歌学におけるテニハの扱い――」『福島大学教育学部論集（人文科学）』第五五号、一九九四年三月（イ）。
（16）拙稿「『手耳葉口伝』の証歌について」京都大学大学院人間・環境学研究科、二〇〇六年三月（修士論文）。筆者は『手耳葉口伝』の記述を手掛かりに、中に挙げられている証歌について考察を行った。その結果、「姉小路式」の著者が勅撰集を重んじるほか、藤原定家・俊成の歌を盛んに取り上げる傾向にあることがわかった。
（17）井上誠之助「解題」福井久蔵編『国語学大系――手爾波一――』白帝社、一九六四年一月。
（18）佐藤宣男「〈翻刻〉歌道秘蔵録〈北海学園大学付属図書館北駕文庫本〉――亨弁のテニヲハ研究資料として――」『藤女子大学国文学雑誌』二七、一九八一年三月（イ）。
（19）初期のテニヲハ秘伝書で「疑ひのらん」を確認することができる。「君きくらんか」は意味上「君きくらん」と同じであるとも考えられ、「か」がなくても「疑ひ」を表せると理解されたのであろう。つまり、「か」は音節数を合わせるため置かれた詞であると認識されたのであろう。
（20）永山勇『国語意識史の研究――上古・中古・中世――』風間書房、一九六三年三月、三二一頁。
（21）橋本不美男　後藤祥子『袖中抄の校本と研究』笠間書院、一九八五年二月。

(22) 永山勇『国語意識史の研究 ── 上古・中古・中世 ──』風間書房、一九六三年三月、三五八頁～三六一頁。
(23) 上代語辞典編修委員会『時代別国語大辞典　上代編』三省堂、一九六七年一二月。
(24) 日本国語大辞典第二版編集委員会『日本国語大辞典』小学館、二〇〇〇年一二月、七三一頁。
(25) 「神な月降り降らずみ定なき時雨ぞ冬の始なりける　巻第八　冬　四四五」。
(26) 拙稿「「姉小路式」の「や」の巻について」『日中言語研究と日本語教育』創刊号　好文出版　二〇〇八年一〇月（ロ）、七九頁。
(27) 『顕秘抄』の記述を「姉小路式」のそれと比較すると、『顕秘抄』は「姉小路式」の記述を理解もしないまま敷衍している傾向が強く見られる。これは懐疑的な視点で増補を行った『増抄』とは区別される。
(28) 福井久蔵編『国語学大系 ── 手爾波一 ──』白帝社、一九六四年一月（イ）、二〇頁～二三頁。
(29) 井上誠之助「係り結び研究史稿（第一期）」『研究』第二六号、神戸大学、一九六二年三月。竹岡正夫「「打合」研究小史 ── 成章まで ──」『香川大学国文研究』第八号、一九八三年九月。
(30) 「姉小路式」の第八巻である「仮名を略する」の一項目である。
(31) たとえば、「道しあらば」の「し」は語調を整えるもので、強調を表すのに用いられる。
(32) 川平ひとし「歌学と語学 ── 創作論の枠とその帰趨 ──」『日本語学』一七─六、一九九八年六月。
(33) 内田賢徳「中・近世日本文法学の再評価と体系化」『平成八年度科学研究費補助金基盤研究（C）（二）研究成果報告書』、一九九七年三月、二七頁。近世以降「休めの類」は次第に語学的な性格へ近づいていくが、内田のいう「文法的な表現的な零」として正確に理解するには、『てには網引綱』といった過渡的な書を経て、近世の国語学を俟たなければならない。
(34) 『俊頼髄脳』に「文字のたらねばよしなき文字を添える歌　花の色をあかずみるともうぐいすのねぐらのえだにてなふれそも　此てなゝふれそもといへるな文字なり」とある。
(35) 佐藤宣男「助詞研究の歴史」鈴木一彦　林巨樹編『研究資料日本文法五助辞編（一）　助詞』明治書院、一九

八五年三月（イ）、一四一頁。佐藤は、休字または助字について「文の成立に直接的には関与しない、あってもなきがごとき存在と解するのであって、その意義はそう大きなものではない」と指摘している。

第六章　「姉小路式」における修辞表現について

はじめに

テニヲハ研究書は主に次の三つの内容からなるとされている。三つとは、歌の留り、個々のてにをはの意味および用法、そして歌における呼応関係である。[1] しかし、このような概観によっては、この三者間にある相互関係は十分に示し得ないのではないだろうか。序論で述べた通り、本書では「姉小路式」を中心に初期のテニヲハ研究書の記述内容を「個々のテニヲハの意味および用法」と「修辞表現法」とに区別して考察を加えたい。[2]「修辞表現法」とは、たとえば、「姉小路式」における「仮名を略すること」・「仮名を休むる事」・「同じてにをはを一種のうちあまた置く事」といった項目である。これらの項目の中では特定のテニヲハに関しても取り上げられているが、その記述の中心は歌を創作する際の技法であり、「歌を詠む」立場[3]からのものである。本章では「姉小路式」において「修辞表現法」を扱う第八巻・第九巻・第十巻・第十一巻の一部を考察対象とする。うち、第九巻の「仮名を休むる事」については第五章で詳述した。[4]

第一節　省略に関する問題（第八巻）

第八巻では「仮名を略すること」という項目をたて、省略、縁語・掛詞、強調に関する修辞表現の技法が言及されている。その記述は次のようなものである。

一カナを略すること。天王寺西門にての歌に
　隔てなく入日を見ても思ふかな
。とき　これこそ西の門出なりけれ（四九）
　春立てば花とや見らん（ゑんイ）白雪の
。われ　かかれる枝に鶯の鳴く（五〇）
　雪降りて年の暮れぬる時にこそ
。せ　つゐに紅葉ぬ松も見えけり（五一）
萬是にて知る（悟るイ）べし。
一てにをは（はをイ）足して詠み残す事、是一つの風にて侍り。
　有り明けのつれなく見えし別れより
　暁ばかりうき物はなし（五二）
「見ゆる暁」より「見ぬ暁」と（もイ）立たせり。

月みれば千々に物こそかなしけれ
我身一つの秋にはあらねど（五三）
「我身一つの秋」のやうにと立たせり
一かかへなくして詠むまじきことは、
「つれなき事」を激しきといふときは「嵐」
のかかへなり。荒ルルと言ふときは海・古さと、
これなどにて寄せたり。ヒタブルといふは、
田につけて言へり。「束の間」とは「時の間」
なり。笠・くさ（ちイ）・太刀などの（にイ）かかへあるべし。
「辛き」とは辛労なり。多く（たくイ）「しほ」に
寄せて詠めり。その他、「辛き物」の類
に寄せて詠むべし（きなりイ）。
うつせみのいでからくても過すかな
いかでこの世に跡をとどめん（五四）
壬生忠見が歌に、
しほといへばなくてもからき世の中に
いかにあへたるただみなるらむ（五五）
「あへたる」は堪忍なり。
ソゾロ・スズロといふは、芦・荻・薄・篠・笹

などのかかへあるべし。
「しほるる」を海に寄せて「しほたるる」といふなり。
左大将家の歌合せに「春駒を名は立つ」
と詠めりしを、粗き言葉にして、品
なきよし難ぜり。古歌に名の立つことに
（よせてイ）詠めり。
一魂を入れべきてには。
タダ・ナヲ（ほ）・ダニ・サヘ・ナド・イトドかやうの
所の言葉、先達の詠ずるところを、
味はへ知るべし。何れも秘すべし〱。

ここでは、省略に関する記述に続いて、縁語・掛詞と「魂入れべきてには」が述べられている。詳しく検討を加えていこう。

一　省略に関する問題

第八巻では歌において行われる省略に関して、「仮名を略する」と「てをは足して詠み残す事」とに分けて説明されている。前者は詠歌の際に用いられる省略の技法であるのに対し、後者は歌を理解するための解釈法である。

(1) 仮名を略する

「仮名を略する」とは、音節数などの関係から一部の表現を句に詠みださずに、省略してしまうことを指す。証歌としては、次の三首が挙げられている。

（四九）　隔てなく入日を見ても思ふかなこれこそ西の門出なりけれ　（新勅　六二二）
（五〇）　春立てば花とや見らむ白雪のかかれる枝に鶯の鳴く　（古今　六）
（五一）　雪降りて年の暮れぬる時にこそ終に紅葉ぬ松も見えけり　（古今　三四〇）

証歌の上にはそれぞれ「とき」・「われ」・「せ」が付記されており、省略された「仮名」を指していると考えられる。ただし、和歌（五〇）の標出項目に関しては、『手耳葉口伝』が「われ」と付記するのに対し、他の写本ではほとんど「る」と記されている。[5] また、「姉小路式」の増補本系列を確認すると、『顕秘抄』と『増抄』には共に（四九）の歌がなく、（五〇）と（五一）の両歌にはやはり「る」と「せ」が付されている。[6] よって、「姉小路式」の指示するところは次のようにまとめられよう。

隔てなく入日（とき）を見ても思ふかなこれこそ西の門出なりけれ
春立てば花とや見（る）らん白雪のかかれる枝に鶯の鳴く
雪降りて年の暮れぬる時にこそ終に紅葉（せ）ぬ松も見えけり

一方、亨弁は「歌道秘蔵録」で和歌（四九）に関して次の如く示している。[7]

△是こそ西の門出也けれとおもふかなといふ心なるゆへとまりにとの字有へきを略せるか。可考。

（佐藤一九八一イ　八七頁）

これは亨弁のテニヲハ観に基づく記述であり、「姉小路式」を忠実に反映したものとは限らない。『顕秘抄』と『増抄』でこの歌が取り上げられていないことを考えあわせると、この歌の解釈が後世には難解な箇所となっていったと推測される。[8]

(2)　てにをは足して詠み残す事

「これ一つの風にて侍り。」というのは、歌を解釈する時に「てにをは」を補足することを指しているのであろう。前述の音節数の関係による省略とは区別されたものと考えられる。和歌（五二）・（五三）がその具体例である。

（五二）　ありあけのつれなくみえしわかれよりあかつきばかりうき物はなし（古今　六二五）
（五三）　月みれば千々に物こそかなしけれわが身ひとつのあきにはあらねど（古今　一九三）

さらに歌の直後に「見ゆる暁より見ぬ暁と正せり」・「わが身一つの秋のやうにと正せり」という補足が施されている。佐藤宣男はこの箇所について

「見えし（暁）」に対する「見えぬ暁」を補い、また、「秋」のあとに「のやう」を補って解するとよいと述べているのである。

（佐藤一九九四ロ　九頁）

とする。[9] これは補足の記述に沿った解釈であるが、「詠み残す」との関連については説明されていないように思われる。「～残す」は「姉小路式」全編にわたって使われている用語で、その反対語としては「～捨つる」がある。両者はそれぞれ歌における歌意の「続き」と「切れ」を指し、テニヲハ研究書の中心的な内容の一つとも言える。[10] このような「～残す」の性質を考慮すると、和歌（五二）は現代の注釈が「月を残したままおしらじらと夜が明けて行くありあけのころの、あの人が無情に見えたあのきぬぎぬの別れ以来、あかつきほどつらいものはない。」との訳を付しているように、[11] 詠み手の言外の声として「見ぬ暁」が挙げられているのではないか。つまり、別れを思い出させる暁はつらいから、「見ぬ暁」であってほしい（暁を見たくない）という詠み手の願望が読み込まれているのであろう。そして、（五三）の歌については、「月を見ていると、あれこれと限りなくもの悲しいことだ。わたくし自身独りだけの秋ではないけれども。」と歌い留まっているものの、[12]「詠み残し」として「わたくし独りだけの秋のようで（悲しい）」と歌意が続いていると考えられる。

二　縁語・掛詞

「かかへなくして詠むまじき言葉」の「かかへ」とは、歌における呼応関係の説明に用いる「かかへ」とは異質のものであると考えられる。[13] 呼応関係の説明に用いる「かかへ」は「おさへ」と対応しており、係り結びの研究史において過渡的な役割を果たした重要な用語である。[14] これに対し、ここでいう所の「かかへ」は縁語や掛詞を指すものである。

この箇所を理解するにあたっては、亨弁の「歌道秘蔵録」が重要な参考となる。[15] その記述は次のようにまとめることができる。

まず、次の証歌

うかりける人をはつせの山おろしよはけしかれとはいのらぬ物を（千載　七〇八）

を挙げつつ、「つれなきことを激しきといふ時は嵐のかかへなり。」とする。これは、つれなき内容を「激しき」という言葉で表現する際、「激しき」は「嵐」の縁語であるということである。

続いて次の三首

わたつ海とあれにし床を今更にはらは丶袖や泡とうきなん（古今　七三三）

故郷にあらぬ物から我為に人の心のあれて見ゆらん（古今　七四一）

独のみながめて年をふる里の荒たるさまをいかにみるらん（後撰　一一一九）

を挙げ、「あるる時は海・ふるさと、これなどにてよせり。」とする。ここでは「荒るる」という言葉は荒れる「海」や、古くなって荒れ果てた土地という意味を表す「ふるさと」に関連付けられている。

そして次の証歌

を山田のおどろかしにもこざりしをいとひたぶるににげし君かな（後撰　一一〇八）

を挙げ、「ひたぶるといふは田につけていへり。」と述べ、ひた（引板―田畑を荒らす鳥を脅し追うのに用いる具）というものが、「田」と結び付けられている。[16]

以上のほか、

東路にかるてふかやのみだれつつつかのまもなく恋やわたらん（新古今　一二二四）

という証歌を引いて「束の間とは時の間なり。かさ・くさ・たち等のかかへあるべし。」との記述も見られる。ここでは縁語に限らず、掛詞に関する内容も含まれている。「束の間」の「束」は「たば」と詠まれることから、「笠」や「草」の類が連想される。また、「たば」とは別に、「束」の字には「つか」という訓をも有しているため、「束」に「柄」をかけることが認められる。このことから「太刀」は「柄」の縁語として認識されたのであろう。

さらに次の和歌（五四）と（五五）を挙げ、「からきは辛労なり。多くは塩に寄せて詠めり。そのほかからき物の類に寄せて詠むべし。」とある。

（五四）うつせみのいでからくてもすごすかないかでこの世に跡をとどめん（永久百首　一九九）
（五五）しほといへばなくてもからき世の中にいかにあへたるただみなるらむ（後撰　一〇九五）

和歌（五四）では「殻蝉」の「殻（から）」と「辛い（からい）」が掛詞となっており、「辛き（つらき）世」という表現が成り立っていると考えられる。続く（五五）の歌では「辛労」を表す「辛い（つらい）」と「塩」の縁語とされる「辛き（からき）」が同一の漢字を使うことから、掛詞として理解されているのであろう。亨弁が挙げた次の歌も同趣である。

をしてるや難波のみつにやく塩のからくもわれは老にけるかな（古今　八九四）

巻の終わりに、

難波人あし火たく屋に宿かりてすずろに袖のしほたるゝかな（新古今　九七三）

五月雨はたくもの煙打しめりしほたれ増るすまの浦人（千載　一八三）

の二首を挙げ、「そそろ・すすろといふは芦・萩・薄・しの・ささ等のかかへあるべし。」と「しほるるを海に寄せてしほたるるといふなり。」という説明がある。この二者はともに縁語に関わるものと考えられる。[17]「漫ろ（そぞろ）」は「漫ろ（すずろ）」とも訓読され、「すずろ」の「すず」の濁音を取り除けば、「（すす）」にかけることは可能になる。さらに「煤（すす）」を「芦火」に関連付けると、「荻・薄・篠・笹」などの縁語が読み取れるのであろう。一方、「しほる（濡れる又は濡らす）」という意味から海に寄せられ、「潮垂る」という表現につながっていると思われる。

最後に、次の歌

ひきよせばただにはよらで春駒の綱引するぞなはたつときく（拾遺集　一一八五）

を挙げ、「左大将家の歌合に春駒をなはたつと詠めりしを粗き言葉にして品なき由、難ぜり。古哥に名のたつことに詠めり。」としている。ここでは「春駒の縄立つ」に「名は立つ」をかけたことが注目されていると思われる。

このように、縁語に関わる「かかへ」は呼応関係における「かかへ」との相違を見せている。この箇所の「かかへ」は縁語もしくは掛詞に限った用語である。

該当箇所に挙げられた項目を見渡すと、網羅的でもなければ、明確な基準によって分類されているわけでもない。何故これらの項目が選ばれているのかについては不明瞭で、係助詞類の巻の記述とは異なり、かなり恣意的であると言わざるを得ない。しかし、詠歌の一技法として縁語と掛詞が注目されていることは明らかであり、『大概抄』ではこれらが言及されていない。この箇所における考察は「姉小路式」の著者によって、一歩進められたものと考えられるのである。

三　入魂の表現

続いて「魂をいれべきてには」が取り上げられている。「魂をいれべきてには」とは、歌における強調もしくは限定の表現と解されるが、具体的な歌の引用は行われていない。ここでは、第一巻で「らん」の「かかへ」として扱われた副助詞の「だに」・「さへ」のほか、「ただ」・「なほ」・「など」・「いとど」といった副詞類が挙げられている。

この「魂を入れべきてには」は「休め」と隣合わせの概念と理解することができる。[18] つまり、両者は共に歌の表現において「助け」の役割を果たすものとして類似する一面がうかがえる。ただし、「休めの類」は実質的な意味を有しないのに対し、「魂を入れべきてには」は常に特定の意味を伴う。前者が用いられている理由としては音節数を合わせることが挙げられるが、後者「魂をいれべきてには」は詠み手にとって特別に示さなければならない表現のことを指し、歌意と直結する。この点において両者はまた截然と区別されるものと考えなければならない。

『大概抄』では「魂をいれべきてには」に相当する項目は存在しない。とはいえ、「姉小路式」以前にこれらの表現への注目がなかったわけではない。たとえば、連歌論書である『一紙品定之灌頂』には「当世上手のこのむ手爾葉」として猶は又にかよふ、さへはだにかよふなり。

（伊地知一九六三　三六頁）

という記述がある。[19] これが「姉小路式」の記述と直接的な繋がりをもっていると断じることはできないが、「魂をいれべきてには」が伝統詩歌文芸において重要な修辞表現であったことは間違いない事実である。

第二節　重出に関する問題（第十巻）

本巻では歌における重出の問題が取上げられている。前半では歌における「の」・「も」・「や」といった助詞類の重出が取り上げられ、後半では「香」・「日」・「物」のような「同字」について取り上げられている。該当箇所の記述は次のようになっている。

一同じてにはを一首のうちにあまた置く事。
　おほかたの松の千年はふりぬとも
　人のことばは君ぞかぞへむ（五六）
是は違ひてにはとて苦しからず。
一モの字（ノの字）をば、同じ心のてにはと言へり。
これも一首にあまた置く（事イ）あるべし。
　秋の夜は月の桂も山のはも

嵐に晴れて雲もまよはず（五七）

一ヤの字もあまたあり。心の変はるは申に及ばず。同じ心のヤをも、あまた詠めり。

月やあらぬ春や昔の春ならぬ
わが身ひとつは本の身にして（五八）

これは隔て（たるイ）句には如何。さて、

かづらきや夜半の契りのふな（うき）橋や
たえてかよはぬたぐひなるらむ（五九）

是等の類（はイ）いかほども（いくらもイ）侍るべし。吟味によるべし。

一問答のことば。（一首の中にイ）隔て句にも苦しからず（でイ）。

五月待つ花橘の香をかげば
昔の人の袖の香ぞする（六〇）

駿河なる田子の浦波たたぬ
日はあれ共君を恋ぬ日はなし（イ）（六一）

一同じ字のある事

心がへする物にもか片恋は
苦しき物と人に知らせん（六二）

物思ふ袖より露やならひけん

秋（今イ）風吹きて絶ぬ物かな（とはイ）（六三）

是こそ深き心得侍るべし（べけれイ）。たへずとして

なかなか悪しかるべくや。凡そかやうの事

いくらも侍り。尽くされぬ事どもなり（なるべしイ　トハカリアリ）。同じ

字今は嫌ふなり。

一　「ノ」――同じてにはを一首の内にあまた置く事

重出とは文字通り、一首の歌に同じ表現が重複して二回以上出現することをさす。たとえば、証歌（五六）において「の」文字は三箇所に用いられている。

（五六）　大方の松の千とせはふりぬとも人のことばは君ぞかぞへむ（拾遺愚草　二〇五七）

本来、一つの歌に同じ表現が多出することは敬遠され、中古以前の一般歌学書では「歌病」として扱われることが多かったようである。[20]これに対し、「姉小路式」の視点はそれと異なる。たとえば、先に引用した歌に対しては「これは違ひてにはとて、苦しからず。」と歌病にはならない理由が示されている。ただし、（詠み）苦しいか否かが論じられている点からは、同じてにをはの重複は通常好まれないという認識も読み取れる。したがって、著者は「同心」もしくは「同字」と呼ばれる歌病を十分承知したうえで、敢えて「重複していても歌病にはならない」場合に目を向けたものと考えられる。この証歌の場合は、「の」が数箇所にわたって同じ歌に現れる場合、それぞれの担っている意味と機能が異なれば、違うてにをはと理解されるため、読み苦しい表現にはならないという解釈である。しかも、このような「の」の重複に対する捉え方は近世まで続いたようで

ある。[21]　たとえば、栂井道敏の『てには網引綱』には次のような記述が見られる。[22]

のは種〻のてにはに通ぜり至て緩なる文字なるか故にさし合たるも耳にたゝすといへともあまり多きは詞のひ過て聞ゆなるへし（中略）

新古　冬枯のもりの木のまの霜の上に落たる月の影のさやけさ

此歌はの〻字七つあれとも耳にたゝす　に　は　を等の強き字の耳たゝむをはの〻字にかへてつかふへし

（福井一九六四ロ　二〇頁）

ここでは、七つの「の」が同じ歌に現れても「歌病」とはされていない。

一方、「姉小路式」の増補本系列を確認すると、『顕秘抄』では「姉小路式」の記述は踏襲されているのに対して、『増抄』では（五六）の歌が見られない。これはおそらく有賀長伯がこの説明に対して異議をもち、改めようとしたのであろう。[23]　有賀長伯は

一、おなしてにはもみゝにたゝさるはゆるす。大かたみゝたつ物也

新　古　行さきは小夜更ぬれと千鳥なくさほのかはらは過うかりけり

古　今　霞たち木のめも春の雪ふれははなゝき里も花そちりける

壬二集　行春のいはぬをしたふ人やあるといろにやいつる山吹の花

此たくひいか程もある事也

（福井一九六四イ　一六四頁～一六五頁）

と述べており、「同じてには」の重複に対して肯定的ではなかったと考えられる。

二　「モ」――同じ心のてには

「も」の重出は『大概抄』でも認められる。「此毛一首之内及二三加矣」がそれである。[24] したがって、この箇所の記述は『大概抄』の影響を受けていると言える。証歌として挙げられているのは次の歌である。

（五七）　秋の夜は月の桂も山のはも嵐にはれて雲もまよはず（拾遺愚草　一八〇二）

この歌では「の」も複数見られるが、「もの字をば同じ心のてにはと云へり。」と述べられていることから、「も」の重出が示唆されたものと考えられる。この三つの「も」はともに、どれか一つに限定せず物事を列挙するのに用いられている係助詞の「も」とされる。「同じ心のてには」とはこのことを指しているのであろう。そうであるとすれば、「同じ心のてには」は前述の「違ひてには」と対照的に挙げられたものと考えられる。要するに、同一のテニヲハの重複でも「同じ心」と「異なる心」の二つに分けられるのである。

三　ヤの重出

上述したように、「同じてには」が一首の歌に複数用いられる場合、それらが「異なる心」である場合と「同じ心」である場合との二種類がある。「やの字もあまたあり。心の変はるは申に及ばず。同じ心のやをあまた読めり。」とする記述からは、「や」文字の重複についてもこの二つが認められていることが推測される。中でも、「同じ心を用いるや」については次の（五八）の歌が挙げられている。

（五八）　月やあらぬ春や昔の春ならぬわが身ひとつはもとの身にして（古今　七四七）

二箇所の「や」はともに体言に付くもので、係助詞の「や」とされる。「同じ心」という観点では和歌（五七）

のそれと同じである。

また、「同じ心」の「や」が歌に現れる位置の相違によって、次の歌が挙げられている。

（五九）　かづらきや夜半の契りの船橋やたえてかよはぬ類なるらむ（続後撰　八九〇）

「これは隔て句には如何。」にある「隔て句」とは、おそらく和歌（五八）の「や」が第一句と第二句に現れているのに対し、和歌（五九）の「や」が第一句と第三句にあり、句を隔てているということを指しているのであろう。しかし、用例を詳しく見ると、和歌（五九）にある最初の「や」は第四巻に挙げられた「呼び出しのや」に分類されるもので、古歌に詠まれた地名を喚起させる役割をもっている。[25] これに対し、二つ目の「や」は係助詞の「や」で、最初の「や」とは区別されるものと考えられる。この箇所について増補本を参考にすると、『顕秘抄』は「姉小路式」をそのまま踏襲しているのに対して、『増抄』では全く取り上げていない。前述と同様、有賀長伯は自らのテニヲハ観に従い、この箇所を改めたと考えられる。

一方、亨弁も

心のかはるやは句を隔て不苦也。（佐藤一九八一八　九一頁）

と同じ立場を取りながらも、（五九）の歌に対して

かつらきや　心のかはるやなり。（佐藤一九八一八　九一頁）

と指摘している。このため、この箇所については、後世論議を招くことになる。

四　問答のことば

「問答のことば」の具体例として以下の二首が挙げられているが、「問答」がいかなる事をいうのかについては明確でない。

（六〇）　さつきまつ花橘のかをかげば昔の人の袖のかぞする（古今　一三九）
（六一）　駿河なる田子の浦なみたゝぬ日はあれ共きみを恋ぬ日はなし（古今　四八九）

「隔て句にも苦しからず。」というのは、最初の歌で句を隔てて「香」が二箇所に表れており、続く歌においても「日」は一句を挟んで二箇所にあることに関係していよう。増補本系列を調べても、『顕秘抄』にほぼ同様の記述が見られるのみで、[26]「問答」が一体何を指すのかについては不明瞭である。

一方で、亨弁が

問答の詞には同字不苦也。中にはの文字入へき也。香をかけは　たゝぬ日はノ類也。
（佐藤一九八一イ　九一頁）

と述べていることからすれば、「ば（又は『は』）の字が、中の句に存する場合をいう」と思われる。[27]つまり、「問答」とは「問い」と「答え」の関係ではなく、単に同じ詞が句を挟んで一対の表現になっていることを指しているのではないか。そして、その句同士は「ば」もしくは「は」によって接続されたものであろう。

五　「モノ」――同じ字のある事

「姉小路式」はテニヲハ研究書である以上、テニヲハと詞の二分類意識があったとされている。[28]「同じ字」と前述の「同じてには」について、「姉小路式」著者が果たして品詞分類の意識を有していたのかどうかについては、なお分析する余地があり、後述に譲る。

ここで「同じ字のもの」として挙げられた歌は次の二首である。

（六二）　心がへする物にもか片恋は苦しきものと人に知らせん（古今　五四〇）

（六三）　物おもふ袖より露やならひけん秋風ふきてたえぬものかな（新古今　四六九）

両歌はともに最初の「物」が実質的な意味を有するのに対し、二つ目の「もの」はいわば形式名詞と解される。したがって、「心変はれば苦しからず。」の観点には、適っていると考えられる。

歌における重出は伝統歌学でしばしば「同心」・「同字」の病として論じられている。ところが、「姉小路式」の著者はそれと違った視点からこの重出問題を取り上げている。前述の通り、これは『大概抄』の影響も大きいが、「か」や「もの」などに関しては著者による独自の内容も見られる。このように「姉小路式」で歌表現の重複問題を「歌病」として扱っていないことは、テニヲハ研究書のもつ詠歌作法の啓蒙書という性格に起因すると考えられる。この点で「姉小路式」は、歌の批評を特徴とする中古以前の伝統歌学書と異なっているのである。[29]また、亨弁が

是こそ深き心得侍るへけれ。不堪にしては

タトヒ堪能ナリトモ時代カラニテ今ノ世ノ歌ニハ不可詠也。

中々あしかるへし。凡かやうのこといくらも侍り。尽されぬ事ともなるへし。同字今はきらふ也。

（佐藤一九八一イ　九一頁）

と述べるように、「同心」や「同字」に対する態度に現れた時代の差も考え合せなければならないのであろう。

第三節　相通に関する問題（第十一巻の後半とその他）

この巻では前半の「かな」に続いて、「相通うてには」と「云ひかけてには」が取り上げられている。テニヲハの通用と掛詞についてである。前半の「かな」は歌末の表現と考えられるため、本章では「修辞表現」として「相通うてには」と「云ひかけてには」の箇所のみを考察対象とする。

一ヲに通ふニ、ニに通ふヲの事。

ちはやぶる神代も聞かず龍田川

からくれなゐに水くぐるとは（六七）

一ハ（わイ）にかへるモ、モにかへるハ（わイ）の事。

津の国の難波の春は夢なれや

葦の枯れ葉に風渡る也（六八）

一モとノと通へる事イ。

一ニとノと通へる事イ。
一言ひかけてには清み濁る事。
　みかの原湧きて流るる泉川
いつみきとてか恋しかるらん（六九）
君により我が身ぞつらき
玉だれの見ずは恋しと思は
ましやは（七〇）
かくとだにゑやはいぶきのさしも草
さしもしらじなもゆる思ひ
を（七一）
　是言ひかけてには也

一　相通うてには

「を」と「に」・「わ（は）」と「も」・「も」と「の」・「に」と「の」[30]の四組が取り上げられているが、具体例が挙げられているのは「を」と「に」、「わ（は）」と「も」の二組のみである。

（六七）　ちはやぶる神代も聞かず龍田川からくれなゐに水潜るとは（古今　二九四）
（六八）　津の国の難波の春は夢なれや葦のかれ葉に風わたる也（新古今　六二五）

両歌はそれぞれ「（からくれなゐ）に」と「を」、「（難波の春）は」と「も」の通用を説くために取り上げられて

いる。これらの通用について佐藤宣男は

助詞を変えれば、当然意味の変化をもたらす。『手耳葉口伝』の著者はこれを見抜けなかった。

（佐藤一九九四イ　一二頁）

と指摘している。[31] しかし、この箇所における「相通ふ」は第四巻にあった「なれやはなるや・あれやはあるや也。」の記述とは異なっているようである。第四巻での説明は歌意解釈に立つものであり、表現同士は意味上等しい関係と理解されている。一方、「相通ふ」は詠歌する際、歌表現として成り立つことが重要視され、意味と機能において類似していることを表す。つまり、表現同士が「相通ふ」とされる根拠は表現自身のもつ文法的な「働き」の類似であり、意味解釈の近似によるものではないと考えられるのである。「姉小路式」において多くのテニヲハは「相通ふ」によって説明されている。ほかには、「ぞ／や」・「ぞ／の」（以上、第四巻）・「か／かな」（第五巻）・「しを／しか」（第七巻）が挙げられる。とりわけ、「ぞ／や」・「ぞ／の」の通用については、著者は表現同士が相通うことを示すと同時に、「のべ」と「つめ（つづめ）」で「ぞ」と「や」もしくは「の」を区別し、テニヲハを変えれば意味解釈も変化することを示唆しているのである。

テニヲハ類の通用問題は『大概抄』にも認められる。『大概抄』では「替字」という用語が使われており、「ぞ」の「替字」として「や」と「の」が挙げられている。この部分においては「姉小路式」は『大概抄』の影響を強く受けたものと考えられる。一方、「か／かな」・「しか／しを」の通用については『大概抄』では言及されていない。「姉小路式」の著者が独自に通用として認めた内容なのであろう。今日の視点ではいささか疑問を感じる記述も含まれているが、「姉小路式」の著者による独自のテニヲハ観と見ることができよう。

二　云ひかけてには

前述の第八巻には「かかへなくして詠むまじき言葉」という記述があり、縁語とともに掛詞が取り上げられている。「云ひかけてには」も掛詞を指すが、清濁音が絡むという点で前者とは区別される。

（六九）　みかの原湧きて流るる泉川いつみきとてか恋しかるらん（新古今　九九六）
（七〇）　君により我か身ぞつらき玉だれの見ずは恋しと思はましやは（後撰　五六六）
（七一）　かくとだにゑやはいぶきのさしも草さしもしらじなもゆる思ひを（後拾遺　六一二）

和歌（六九）では「いづみがは（泉川）」の「いづみ」と「いつ見き」の「いつみ」が掛けられており、（七〇）の歌の場合、「玉だれ」という枕詞から「御簾（みす）」という表現が導き出され、「御簾」に「見ず」を掛けたものと考えられる。そして、（七一）の歌は「伊吹き」の「いぶき」に「言ふ」が掛けられていると思われる。このように、第八巻にみられる掛詞と比べて、この箇所の掛詞は清濁の差を超えたものと理解される。従来、「ぞ」と「そ」、「かな」と「がな」、「しか」と「しが」が同一の巻で述べられているのは、「姉小路式」の著者が清濁の区別をしなかったことに起因している、との見方があった[32]。

ナーソのソをゾと同じ枠の中で論ずるのは、文字表記の上では清濁を区別しない表現法に起因している。
（佐藤一九九四イ　四頁）

これは、抄之抄に「もがななり」とあるように、願望の終助詞モガナを清濁の差を問題にすることなく、カナに対比するものである。
（佐藤一九九四ロ　三頁）

ここでも清濁の差には意を用いることなく、カナに相当するカにモガナをふくめていたのと同じである。

（同右　七頁）

しかし、ここの「云ひかけてには」の記述からは、著者は清濁の区別をしなかったというより、項目を定めるに際してあえて清濁の区別は問わなかったのであろう、と理解したほうが妥当であるように思われる。

しかし、では何故「かな」は「相通うてには」と「言いかけてには」の二者とともに、一つの巻で取上げられなければならなかったのか。これについては、「かな」自体が広義の「相通ふ」テニヲハとして扱われたことが理由として考えられる。第五巻で「かに通ふかな」が取り上げられているように、その答えは自ら用意されているわけである。

第四節　「ことば」と「てにをは」

『大概抄』の冒頭では

和歌手尓葉者唐土之置字也　以之定軽重之心　音聲因之相續　人情縁之発揮也
詞如寺社手尓葉如荘厳　以荘厳之手尓葉定寺社之尊卑

（根来一九七九ロ　三頁）

と述べられている。この文言は時枝誠記によって品詞分類意識を示すものとして知られるようになった。[33]　時枝は『大概抄』で語の品詞分類の一種として「詞」と「てには」の分類が試みられたと考えた。では、『大概抄』の影響を受けたとされている「姉小路式」においては果たしてこのような品詞分類意識はあったのか。「姉小路式」の記述（本章は『手耳葉口伝』の記述によった）を読みとおすと、日本語の単位を示すものに、「ことば（ことのは）」と「てには（てにをは）」のほか、「仮名」・「字（文字）」など種々の用語が頻りに使われている。これらを詳しくまとめたのが次頁の表（表二）である。

表（表二）からは、著者が用いる「ことば（ことのは）」には、「表現」としての「言葉」と「Word」としての「詞」との二種類が含まれていると考えられる。「凡そ大和歌はことの葉をもて色見えぬ心の程を言ひ表すことなれば」は前者であり、「や・か・かは・なに・なぞ・など（何の心なり）・いつ・いづく・いかに・いかなる・いかでか・いくたび・だれ・いづれ・いづこ　是等の言葉の入らずしてはねられ侍らぬぞ。」は後者である。

一方、時枝によれば、『大概抄』の「詞」は「てにをは」と対立して考えられたものである。[34]したがって、「姉小路式」の「ことば（ことのは）」は、『大概抄』の「詞」に比べて幅をもっていると考えるべきである。つまり、『大概抄』の「詞」のほうはより限定されたものと言わなければならない。

「姉小路式」で用いられている「テニハ（テニヲハ）」は、おおむね一般的に言われる中世のテニヲハ類をさすものと一致する。今日の視点から見たところの「ぞ」や「か」など助詞の類をはじめ、一部の助動詞・副詞・接尾語も含まれている。ただし、中にはやや特殊な内容も見られる。たとえば、第十一巻の「言ひかけテニハ」は、「いつ見」に「泉川」をかけるような掛詞の表現を指す名称であり、このような「テニハ」は「言ひかけ言葉」というような意味であろう。

「姉小路式」において、時枝の指摘する「詞」と「テニヲハ」の品詞二分類の意識がないわけではない。「姉小路式」はテニヲハの研究書である以上、テニヲハという概念はすでに抽出されていることになるからである。

（表一）

巻	ことば（ことのは）		てに（を）は	仮名	字（文字）	
	言葉（表現）	詞			～字 /～テニハ	字
一	凡そ大和歌はことの葉をもて色見えぬ心の程を言ひ表すことばれば	や・か…いづここれらのことばのいらずしてははねられ侍らぬぞ	a テニハを肝要とする b らし…ましと云テニハいづれもらんのかかへなるべし	a これは仮名のかゑ変われりさへ・だには心得ありぞ…てこれらの仮名にてはぬべし b 又かかへの仮名を略したるらん留り	a はねテニハの事 b みなはね字	
二			a そとのとのテニハ通ひ侍り b 思ひ残し言ひ残したるののテニハ c ぞと言ひ残すテニハあり	ぞ・か・よの三つの仮名をかかひ侍り		a 留りを用ゐ侍らぬその字あり b 又言ひすつるぞあり　下知にあらず　この三文字はてと留らず
三						かくの如くたきつのつの字に習ひあり
四			a めやといふテニハ b これは同じテニハなれども心変われり c やはと云テニハ d 同じくやはといふテニハもはを e とやといふテニハ又問いかけテニハといゑり		休め字にしてやはといへるとあり	a やの字の事 b 同じく推し量りたるやの字 c やはのやの字を略して d はの字を足してみ侍るべし e 休めたるやの字あり
五			a かなといへるテニハをかといへることあり b しかといふテニハ c このしかは大方過去のしのテニハなり e しをといふテニハにも通ひ侍り			a かの字の事…疑ひのやの字に同じ b 又過去のしの字にかをやすめてしかといへるもあり

巻	ことば（ことのは）		てに（を）は	仮名	字（文字）	
	言葉（表現）	詞			～字／～テニハ	字
六			かはといふテニハ　やはといふテニハに通じ侍り		a休めテニハに詠む事b休めテニハに用ゆるか	aかはといふてもはの字bかといひてかはに用ゆる事もあり　やの字の沙汰の如し
七			しをといふテニハ		物をといふ事これは言ひ残すテニハなり	
八	左大将家の歌合に春駒をなはたつと詠めりしを粗きことばにして品なきよし難ぜり	aかかへなくして詠むまじきことばbただ・猶…いとど斯様の所のことば先達の詠ずるところを味はへしるべし	aテニヲハ足して詠み残す事（ぬ・のやうに）b魂を入れべきテニハ	仮名を略すること（とき・われ・せ）		
九				仮名を休むる事（しも・かも…道しあらば）		
十	問答のことば隔て句にも苦しからず（香を嗅げば・香ぞする）		a同じテニハを一首のうちにあまた置く事bこれは同じテニハなれども心変われり違ひテニハとて苦しからず（の）c同じ心のテニハといへり（も）			aもの字をばbやの字もまたありc同じ字のある事（物・もの）d同じ字いまは嫌ふなり
十一			aかなといふテニハbテニハのかな		a言ひかけテニハ清み濁る事b是言ひかけテニハ也	
十二						この時といふ字よき比留りといふ
十三			aにてといふテニハの事bしてといふテニハc見ゆといふテニハ	う・く…ふとおさへてのの仮名を入れて用ゆるべしただし口伝にあり		

第八巻の「仮名を略すること」において、省略された「仮名」として、体言の「とき」・「われ（異本では動詞の語尾である「る」）」と動詞の連用形「せ」について、著者は「テニハ」を用いていない。これがもし著者が「とき」・「われ」と「せ」の性格を意識したためであれば、品詞二分類の意識を読み取ることも可能であろう。ただし、これまで見てきたように、「姉小路式」の「ことば」と「てにをは」は『大概抄』のそれに一致していないことは明らかである。さらに、次のような記述にも注目したい。第八巻で「ただ　なを　だに　さえ　など　いとど」の六語は「魂を入れべきてには」とされながら、また「ただ　なを　だに　さえ　など　いとど斯様の所のことば先達の詠ずるところを味はへしるべし。」と述べられている。「姉小路式」ではこの六語が「テニハ」と称されると同時に、「ことば」とも呼ばれているのである。「姉小路式」で用いられている「ことば」と「テニハ」は、やはり『大概抄』の「詞」と「手爾葉」の如く、語の品詞分類意識に基づいた用語ではないのである。

そうであるとすれば、『大概抄』と「姉小路式」の間になぜこのような差異が生じてしまったのか。可能性として、「姉小路式」の著者は『大概抄』における語の品詞分類意識を読み取れなかった、或いは読み取れ取りながらも、それを自らの説明に取り入れなかったことが考えられる。ただし、いずれにしてもこの場合『大概抄』において品詞分類意識が認められるということを前提とする。しかし、所謂「詞」と「テニヲハ」の二分類は時枝による拡大解釈であり、『大概抄』の著者自身が明確な意識を有した記述ではない、とも考えられる。この点について尾崎知光は論文で

> 時枝博士は、単なる表面の字句の解釈にとどまらず、その奥にひそむ、著者自身も気づいてゐない無意識の観念を読みとらうとされる。

（尾崎一九七八　三五頁）

と示唆している[35]。

「ことば」と「テニハ」のほか、「姉小路式」では「かな」と「字（文字）」も使われている。これらは「表現」を指すのではなく、具体的な内容を指定する際に用いられた名称であると考えられる。たとえば、「かな」は「仮名」の表記にこだわった場合に用いられ、内容的には「Word」という意味合いで限定されているようである。これに対して、「字（文字）」は、漢字のみならず日本語の仮名についても使われることが確認できる。そして、「〜字」（〜テニハを含む）のような複合的な名称について、たとえば、「はね字」「休め字」（休めテニハ）などは、「テニハ」の下位に属する具体的な分類の命名であると考えられるのである。

まとめ

「姉小路式」には「休めの類」を含め、省略、強調、縁語・掛詞、相通など歌を詠むための修辞表現法とも言うべき内容が認められる。これらの記述を「はねてには」や「こそ」・「ぞ」といった巻の記述と比較すると、明確な記述の基準がなく、著者による恣意的な内容の列挙に過ぎず、内容的にはやや劣ると言ってもよい。その原因としては、個々のテニヲハに比べ、修辞表現の内容は語学的に捉えることが難しいということが考えられる。また、これらの内容は語法的に見れば、その意義はあまり大きくない。ただし、当時の歌人が身近な歌から経験を通して帰納して考案したものであり、稚拙であるとはいえ、詠歌技法の啓蒙という点ではそれなりに評価に値するものであろう。

注

（1）井上誠之助「解題」福井久蔵編『国語学大系——手爾波一——』白帝社、一九六四年一月、七頁。
（2）二分類はまた種々の基準によって細かく下位区分される。詳しくは序論を参照されたい。
（3）川平ひとし「歌学と語学——創作論の枠とその帰趨——」『日本語学』一七—六、一九九八年六月、二二頁〜二四頁。一方、「歌を読む」視点から捉える場合、以上の三項目はまた「仮名が略されている」「仮名が休まれている」「同じてにをはが一首のうちにあまた置かれている」と理解されうる。
（4）拙稿「「姉小路式」及びその周辺に於ける「休めの類」」『日本語の研究』五—三（『国語学』通巻第二三八号）、日本語学会、二〇〇九年七月（ハ）、一頁〜一六頁。
（5）福井久蔵編『国語学大系——手爾波一——』白帝社、一九六四年一月（イ）、七七頁。
（6）福井久蔵編『国語学大系——手爾波一——』白帝社、一九六四年一月（イ）、一一三頁（『顕秘抄』の翻刻）、一六三頁（『増抄』の翻刻）。
（7）佐藤宣男「北海学園大学付属図書館北駕文庫所蔵の『歌道秘蔵録』—亨弁（遁危子）のテニヲハ研究資料として」『山梨英和短期大学創立十五周年記念国文学論集』笠間書院、一九八一年一〇月（ハ）。
（8）大秦一浩「《文藝学会公開講演会・筆録》テニヲハ研究史の一端」『文藝論叢』第六七号、大谷大学文芸学会、二〇〇六年九月、三三頁。大秦は「解釈不能であるのは、理解の及ばないわたくし側の問題ではなくして、文意不通を生ぜしめる記述側の問題である」と分析している。一点を付け加えると、「姉小路式」の増補本系列ではこのような箇所に対し、ただ敷衍するにとどまる記述もあれば、曲解してしまう解釈も少なくない。
（9）佐藤宣男「『手爾葉大概抄』と姉小路式Ⅱ——中世歌学におけるテニハの扱い——」『福島大学教育学部論集（人文科学）』第五六号、一九九四年九月（ロ）。

（10）佐藤宣男「『手爾葉大概抄』と姉小路式Ⅰ――中世歌学におけるテニハの扱い――」『福島大学教育学部論集（人文科学）』第五五号、一九九四年三月（イ）、三頁〜五頁。
（11）小島憲之　新井栄蔵『新日本古典文学大系五　古今和歌集』岩波書店、一九八九年二月、一九三頁。
（12）小島憲之　新井栄蔵『新日本古典文学大系五　古今和歌集』岩波書店、一九八九年二月、七一頁。
（13）竹岡正夫「「打合」研究小史――成章まで――」『香川大学国文研究』第八号、一九八三年九月、一一頁。
（14）竹岡正夫「「打合」研究小史――成章まで――」『香川大学国文研究』第八号、一九八三年九月、一〇頁〜一三頁。拙稿「姉小路式」における文法意識について――『手耳葉口伝』の「はねてにはの事」を中心に――『歴史文化社会論講座紀要』第五号、京都大学大学院人間・環境学研究科歴史文化社会論講座、二〇〇八年三月（イ）、六頁。
（15）佐藤宣男「北海学園大学付属図書館北駕文庫所蔵の『歌道秘蔵録』―亨弁（遁危子）のテニヲハ研究資料として」『山梨英和短期大学創立十五周年記念国文学論集』笠間書院、一九八一年一〇月（ハ）、八七頁〜八八頁。
（16）佐藤宣男「『手爾葉大概抄』と姉小路式Ⅱ――中世歌学におけるテニハの扱い――」『福島大学教育学部論集（人文科学）』第五六号、一九九四年九月（ロ）、八頁〜九頁。
（17）佐藤宣男「『手爾葉大概抄』と姉小路式Ⅱ――中世歌学におけるテニハの扱い――」『福島大学教育学部論集（人文科学）』第五六号、一九九四年九月（ロ）、八頁〜九頁。
（18）拙稿「「姉小路式」及びその周辺に於ける「休めの類」」『日本語の研究』五―三（『国語学』通巻第二三八号）、日本語学会、二〇〇九年七月（ハ）、一二頁。
（19）伊地知鉄男編『連歌論新集三』古典文庫、一九六三年六月。この書は『大概抄』の成立時期よりも早いとされている。
（20）永山勇『国語意識史の研究――上古・中古・中世――』風間書房、一九六三年三月、四二七頁〜四四四頁。
（21）角田裕美「助詞「の」の「拘ふ」の用法についての学説史――『手爾葉大概抄』から『てにをは係辞弁』ま

で――』『大谷女子大国文』第一六号、一九八六年三月、二〇三頁。
(22) 福井久蔵編『国語学大系――手爾波二――』白帝社、一九六四年一月(ロ)。
(23) 拙稿「「姉小路式」の「や」の巻について」『日中言語研究と日本語教育』創刊号 好文出版、二〇〇八年一〇月(ロ)、八〇頁~八一頁。なお、多くの箇所においてこのような傾向が見られる。同じく増補本とはいえ、『顕秘抄』とは完全に異なる姿勢を有していたと考えられる。個人の教養の差に起因するものであろう。
(24) 根来司解説『手爾葉大概抄 手爾葉大概抄之抄(国立国会図書館蔵)』和泉書院、一九七九年八月(ロ)、八頁。
(25) 拙稿「「姉小路式」の「や」の巻について」『日中言語研究と日本語教育』創刊号 好文出版、二〇〇八年一〇月(ロ)、七一頁。
(26) 「問答の詞、一首のうちに隔句ありてもくるしからす」(福井一九六四イ 一〇五頁)
(27) 根上剛士「「姉小路式」とは何か」テニハ研究会編『テニハ秘伝の研究』勉誠出版、二〇〇三年二月、一二二頁。
(28) 時枝誠記『国語学史』岩波書店、一九四〇年一二月(改版 一九六六年五月)、五四頁~五五頁。
(29) 永山勇『国語意識史の研究――上古・中古・中世――』風間書房、一九六三年三月、四三三頁。
(30) 福井久蔵編『国語学大系――手爾波一――』白帝社、一九六四年一月(イ)、八三頁。「に」と「の」ではなく、「に」と「と」となっている写本もある。
(31) 佐藤宣男「『手爾葉大概抄』と姉小路式Ⅰ――中世歌学におけるテニハの扱い――」『福島大学教育学部論集(人文科学)』第五五号、一九九四年三月(イ)。
(32) 佐藤宣男「『手爾葉大概抄』と姉小路式Ⅰ――中世歌学におけるテニハの扱い――」『福島大学教育学部論集(人文科学)』第五五号、一九九四年三月(イ)。佐藤宣男「『手爾葉大概抄』と姉小路式Ⅱ――中世歌学におけるテニハの扱い――」『福島大学教育学部論集(人文科学)』第五六号、一九九四年九月(ロ)。
(33) 時枝誠記『日本文法 口語篇』岩波書店、一九五〇年九月、五六頁。
(34) 時枝誠記『国語学史』岩波書店、一九四〇年一二月(改版 一九六六年五月)、五五頁。

(35) 尾崎知光「『手爾葉大概抄』の伝流について――鈴木朖から時枝学説にいたる――」『愛知県立大学文学部論集』第二七号、国文学科、一九七八年三月。

第七章　「姉小路式」における歌末への関心

はじめに

「姉小路式」を概観すると、著者が句末の表現に対して強い関心を抱いていることが注目される。本章では第七巻・第十一巻の一部・第十二巻・第十三巻の記述を通して、「姉小路式」における句末表現の捉え方について考察することとしたい。なお、第一巻の「はねてには」も句末表現に含まれるが、第一章ですでに言及したため、同じく句末表現を扱うここでは省略する。

助詞類については第二巻から第六巻にまとまって挙げられているのに対し、上記の諸巻は同じように句末の表現を扱う巻であるにも関わらず、一見、脈絡のない順序になっているようにも思われる。「姉小路式」の著者は巻を立てる際、いかなる基準を有していたのであろうか。

第一節 「しをといふてには」（第七巻）

第七巻の題目は「しをといふてには」となっている。しかし、その記述を確認すると、「しを」のみならず、「を」を伴って句末に現れる複数の項目も取り上げられており、句末に用いられる「を」は重要な表現として認識されている。その本文を次に挙げる。

一シヲといふてには。凡そ句の終はりにシヲと言ふは多く言ひ残す事あるべし。
　我が恋のあらはにもゆる物ならば
都の富士と言はれなましを（ならましをイ）（四二）
つゐに行く道とはかねて聞きしかど
昨日今日とは思はざりしを（四三）
是等がシヲと押へてことはる姿なり（もありイ）。
ただヲと言ひて言ひ残す事あり。
物思はで唯（誰イ）大方の露だにも
濡るれば濡るる秋の袂を（四四）
しのヲ
　行き返る（すイ）八十氏人の玉鬘

かけてぞ頼む葵てふ名を（四五）

是は「葵」てふ名をかけて頼むと言へるばかりなり。

「物を」といふ事。是は言ひ残すてにはなり。

白玉か何ぞと人の問ひし時

露と答へて消えなまし物を（四六）

祝子がいはふ社の紅葉ばも

しめをば越えて散ると言ふ物を（四七）

「物を」と言ひてことはる事もある。歌に

散ると見てあるべき物を梅の花

うたて匂ひの袖に留れる（四八）

この巻は主に三つの項目に分けられている。「しを」、単独の「を」そして「ものを」である。

一　シヲ

「しを」が句末に現れる場合は、「多く云ひ残す事あるべし。」とされる。「姉小路式」における「云ひ残す」とは、歌末もしくは句末の表現が意味解釈上完結しない場合に用いられ、「云ひ捨つる」と対になることは既述した。[1] したがって、「しを」は、多くの場合歌意上の「続いていること（続き）」を表すものと解釈される。

（四二）　我が恋のあらはにもゆる物ならば都の富士といはれなましを（拾遺　八九二）

（四三）　終に逝く道とはかねて聞きしかど昨日今日とは思はざりしを（古今　八六一）

上に挙げた（四二）・（四三）の証歌については「これらがしをと押さへてことわる姿なり。」との補足が加えられている。しかし、この二首の証歌はともに句末に「しを」の形を取っているとはいえ、文法的に同じとは考えがたい。前者の「しを」は仮想の助動詞「まし」の連体形に「を」が付いたものであるのに対し、後者は過去の助動詞「き」の連体形に「を」が下接したものである。ただし、中世のテニヲハ研究書における「し」の捉え方を考えれば[2]、この箇所の「しを」も、形を重視する中世ないし近世までのテニヲハ研究書の特徴を忠実に反映したものと理解される。ここでは「しを」がひとかたまりで云ひ残す表現と見なされているが、言い尽くさぬ効果をもたらしているのは実質的には助詞の「を」であると思われる。「しを」という形態に対するこだわりが先行して、「云ひ残す」が助詞「を」によるものであることを見抜けなかったのであろうか。

二　ヲ

「しを」に続いて、単独の「を」について「ただをと云ひ残すあり。」と述べられている。著者は「しを」と「を」を別々のテニヲハとしており、最大の関心は歌意の「切れ」もしくは「続き」にあったと考えられる。「しを」については云ひ残す表現と言及されるのみであったのに対して、「を」に関しては「云ひ残すを」と「返しのを」の二つに分けられている。この「云ひ残すを」として次の証歌が挙げられている。

（四四）　物思はでただ大方の露だにも濡るれば濡るる秋の袂を（新古今　一三一四）

この歌は現代の注釈が「物思いのためではなくて、ただ普通に置く露でも濡れればぬれずにはすまない秋の袂であるものを。ましてや恋する私は……」との訳を付しているように[3]、歌の字面では「を」で句が終わっているが、歌意としては「ましてや恋する私は」という思いが隠されているのである。「秋の袂を」の後にこうした歌意が続くことから、著者はこの「を」を云ひ残す表現として認識したのであろう。

これに対し、「を」が句末にありながら、「云ひ残す」表現とはならずに、「返しのを」と名付けられている場合もある。証歌としては次の歌が挙げられている。

（四五）　行き返る八十氏人の玉かづらかけてぞたのむ葵てふ名を（後撰　一六一）

この歌について著者は「これは葵てふ名をかけて頼むと云へるばかりなり。」と説明を施している。一旦第五句の「葵てふ名を」を読み、それから第四句の「かけてぞ頼む」に戻って解釈すれば、意が通るということであろう。つまり、「返しのを」は今日でいう倒置的構文のことなのである。「返しのを」と「云ひ残すを」は歌意解釈においてともに「続き」を表す。ただし、「返しのを」がその「続き」を歌中に求めるのに対して、「云ひ残すを」のそれは、歌には現されず、余韻を読み手に委ねるものと考えられる。このように歌意解釈の方法の違いによって、両者は区別されるのである。

歌における倒置的構文についての記述は『大概抄』にも見られ、興味深い。『大概抄』では

不云切以手爾葉所留之歌中云切也　於云切之所留焉（根来一九七九ロ　四頁）

と示されており、この部分について『抄之抄』では次のような注が施されている。

いいきらさるてには字にてとめたる　上へも中へもまはしていひ切なり　いい切たる所へまはりて留るなり
座句にて云切たる歌はまはさす。
花の色は移りにけりないたつらに我身世にふる詠めせしまに（古今　一一三）
又や見んかたののみの丶櫻かり花の雪ちる春のあけほの（新古今　一一四）

（根来一九七九ロ　二一一頁）

最初に挙げられている古今集の歌は、「なかめせしまに」から一旦句の「花の色は移りにけり」に戻り、そこで言い切るものと解釈されている。そして、続く新古今集の歌も歌末に「春のあけほの」が云い切りにはなっていないため、初めの句「又や見ん」に帰って、句を完結させるのである。

このように、倒置の構文に関して、『大概抄』から「姉小路式」への直接的な影響の有無は断定できないものの、両者の言わんとする趣旨は明らかに一致している。これは当時この種の構文が強く意識されていたことを示していよう。そしてこのような認識は、中世のテニヲハ研究書を経て、宣長の「留りより上へかへるてにをは」や春庭の「下より上へかへりてか丶る所」といった歌における構文論へつながるものと思われる。(4)

三　モノヲ

「しを」・「を」が単独の項目として取り上げられる理由の一つに、これらが歌で頻りに現れる形であることが挙げられる。句末に現れる「ものを」もその形の一つである。「姉小路式」の著者は「ものを」が歌に現れる位置によって二分類を行っている。まず「ものをといふ事。これは云ひ残すてにはなり。」と述べ、次の二首を挙げている。

（四六）　白玉か何ぞと人の問ひし時露と答へて消えなましものを（新古今　八五一）

（四七）　祝子がいはふやしの紅葉ばも標をば越えて散ると言ふものを（拾遺集　一一三五）

両方の「ものを」はともに句末に現れ、云い切りにはなっていない。最初の歌では「露が消えるように、わたしも消えてしまえばよかったのに……」(5)と嘆きつつも、現実にはそうならないことが示されている。そして、続く歌の場合も「神官が祭る神社の紅葉さえ、標縄を越えて散るというのに……」(6)と現実の景色を詠みながらも、裏には親に固く監視されているため逢いに来られない娘への恋情が表現されているのである。表面では「ものを」で句を結んでいるが、歌意としては、その後に何らかの主張が言い残されていると考えられる。

一方、歌中に現れる「ものを」については次の歌が挙げられている。

（四八）　散ると見てあるべきものを梅の花うたて匂ひの袖に留れる（古今　四七）

この歌について現代の注釈による「散るものだと見ていればよいのに。梅の花は、ずいぶん困ったことに、その香りが袖にとどまっているよ。(7)」という訳を参考にすれば、「散ると見てあるべき物を」には「折ってみたりするな」という意味が含まれており、一旦そこで言い切りになっている。後続の「梅の花うたて匂ひの袖に留れる」はただその理由を表しているのみである。つまり、「物を」が歌中に現れる場合は句末の場合と区別され、言わば「云ひ捨つる」表現に属するものと認識されているのである。

『大概抄』には

物遠者残詞之手尓葉以登之字押留也　（根来一九七九ロ　七頁）

との文言が見られ、「物を」は「と」と呼応的に捉えられている。『大概抄』には「物遠」の項目はあったものの、「姉小路式」のそれに影響を及ぼしたとは言い難い。一方、『抄之抄』では「ものを」に関して「姉小路式」と一致する説明が行われている。

如此ものをと下に置は残詞のてにはとていひつくさす　中に置く時はいひつくすなり　いひつくす時は詞迠なり　筆し玉ふに不及

（根来一九七九ロ　四八頁）

宗祇の注が『大概抄』の記述を忠実に反映しているとは限らないことをも考えあわせると、「ものを」について『抄之抄』は「姉小路式」の影響を受けた可能性が高いと言えよう。

第二節　「ころとまり」（第十二巻）

「姉小路式」における項目の多くが『大概抄』の影響を受けていることは否めない事実であるが、『大概抄』において言及されていない項目もある。たとえば、第十二巻の「ころ」である。その内容は次のようになっている。

一ころ留まりの事。

三島江やにほの浮き巣の乱れ葦の

すゑ葉にかかる五月雨の比（七二）

山河の岩もとさらず鳴く蛙

いづちかいぬる五月雨の比（七三）

「五月雨の比」と留まる事。耳馴れたり。五月雨の水増す今日など指し出だしある事なれば、多くコロと言へり。是も習ひところ（トコロの字イニナシ）侍るべし。

春はただ霞むばかりの山のはに

暁かけて月出づる比（七四）

ほととぎすしのぶの里も（しイ）さもなれよ

また卯の花の五月雨の比（七五）

我せこに見せんと思ひし梅の花

それともわか（みえイ）ずふ（ゆイ）きふれる比（七六）

白氏文集詩

琴詩酒友皆抛我　雪月花時最憶君

このトキといふ字、よくよき（此二字イニナシ）比留まりと言ふ（へるイ）。口伝を受く（けイ）べし。

おのへより木のめも春の雨そそぎ

雲の立つ日のしづか成る比（七七）

第五句の句（此二字イニナシ）、言ひ残したり（るイ）。是は心得置
かんとせり。

ここでは最初に「五月雨の比」と「ころ」を取り上げ、続いて白居易の詩を挙げて、「比」を漢詩の「時」に関連付けて説明を行っている。そして最後に「ころ」の持つ「云ひ残す」機能について言及している。

一　五月雨ノ比

「ころ」の巻の中でも「五月雨のころ」に関しては特別に取り上げられている。「五月雨の比と留る事、耳慣れたり。」と示されていることから、この歌における頻出の表現に関心が寄せられ、一項目として挙げられたのであろう。証歌としては次の二首が引用されている。

（七二）　三島江やにほの浮き巣の乱れ葦のすゑ葉にかかる五月雨のころ（壬二和歌集　一四六四）
（七三）　山がわのいはもとさらずなくかわづいづちかいぬる五月雨のころ（林葉和歌集　二七五）

二　比

「五月雨の水増す今日などさし出だしあることなれば、多く比と云へり。これも習ひところ侍るべし。」との説明のあとに、証歌として次の三首が挙げられている。

（七四）　春はただかすむばかりの山のはに暁かけて月いづるころ（拾遺愚草　一一一五）
（七五）　ほととぎすしのぶのさともさもなれよまたうの花のさみだれのころ（拾遺愚草　一九九九）

（七六）　わがせこにみせむとおもひしむめのはなそれとも見えず雪ふれるころ（後撰　一一）

和歌（七五）に関しては「五月雨の比」となっており、一見すると一つ前の項目と同じである。しかし、これについては「五月待つ比」の誤写と考えられる。(8)

以上のような記述を見ても、「五月雨のころ」と「ころ」との区別は不明瞭であると言わざるを得ない。『顕秘抄』はほぼ「姉小路式」の記述を踏襲しているため、有力な手掛かりとはならない。一方、『増抄』で有賀長伯は、この箇所について部分的には「姉小路式」の記述を踏襲しつつも、自らの解釈を示している。

一、ころは日数をふる心とその時節といふ二有
壬二集　三嶋江や鳰のうきすもみたれ蘆のすゑ葉にかかる五月雨の比（壬二集　一四六四）
新　古　小山田に引しめ縄のうちはへてくちやしぬらん五月雨の比（新古今　二二六）
右は日数をふる比なり。
續　古　春はたゝ霞はかりのやまのはにあつかきかけて月いつるころ（拾遺愚草　一一一五）
新　後　敷島やみむろのやまの岩こすけそれとも見えす霜さゆる比（新後撰　四六七）
右はその時節といふ心也。

（福井一九六四イ　一五二頁）

長伯の挙げた証歌には、それぞれ「姉小路式」と同様のものが一首ずつ含まれている。『増抄』における「日数をふる」と「その時節」の分類は、「姉小路式」における「五月雨の比」および「比」と対応しているようにも思われる。「小山田に」の歌は「山田の苗代に引き渡してある注連縄がすっかりくさってしまうのではな

かろうか。五月雨の頃となって。」と現代の注釈書で訳されているように、[9]「五月雨のころ」には「日数が過ぎていく」という意味が含まれていると考えられる。これに対し、前述の「五月雨の水増す今日などさし出だしあることなれば、多く比と云へり。」という部分は「五月雨の水増す」に限定されてはいるものの、「その時節」として理解することが可能である。つまり、「姉小路式」で挙げられている「五月雨の比」と「比」は意味解釈によって分類されたものと考えられるのである。

三　比と時

ここでは白氏文集を出典とする「琴詩友皆抛我　雪月花時最憶君」が挙げられている。「姉小路式」の著者は「この時といふ字よくよき比留り。」と評し、「時」を「ころ」と訓ませている。長伯が「この時の字比とおなじ。」と述べていることも考えあわせると、「時」は「その時節」という意で解釈されるのであろう。「雪月花時最憶君」とは、月の下で雪が白い花のように舞い上がるという限定された状況のもと、最もあなたを慕いがちになるという心境を表すものと理解される。

和歌が漢語・漢文学と深い関わりをもっていることは周知の通りである。したがって、和歌を漢詩に関連付けて説明を施すことも珍しいことではない。しかし、『大概抄』と「姉小路式」は共に漢語に目を向けながらも、それに対する関心は一律ではない。『大概抄』は和歌の作法の啓蒙書でありながら、漢文体で書かれている。また積極的に日本語のテニヲハを漢文の置字に結びつけて説明を行っており、漢語を強く意識していたことが推測される。たとえば、冒頭にある「和歌手爾波者唐土之置字」は、日本語の「テニヲハ」を漢文の「置字」に準えたものと考えられる。これに対し、「姉小路式」の場合は、一部の「テニヲハ」を説くために、漢詩の表現が利用されているに過ぎない。この点で「姉小路式」は『大概抄』に比べて、「国風」的な研究姿勢をもつと言えるのではなかろうか。[10]「姉小路式」におけるこの箇所の説明は、和歌を詠む際に漢詩を重んじる名残りと見てもよいだろう。

四　云ひ残す

歌意が言い切りになっているかどうかが「姉小路式」の著者にとっての一大関心事であったことは前述した通りである。そしてそれは句末に現れる「ころ」についても同様である。

（七七）　尾上より木のめもはるの雨そそぎくものたつ日のしづかなるころ（出典不明）

著者は上の歌を挙げ、第五句の「しづかなるころ」は「云ひ残」していると述べている。「比」は体言であるため、句末に現れる場合、云い切りにはならないという著者の理解は妥当である。ただし、この歌に限らず、右に挙げられている（七二）～（七六）の歌も同じく「云い残したる」表現と見なされうることを考えると、この歌を取り立てて「云ひ残す」表現とする説明の仕方にはやや疑問を感じざるを得ない。

第三節　「にて」・「して」・「みゆ」（第十三巻）

第十三巻には「にて」・「して」・「見ゆ」の三項目が含まれている。うち、「にて」と「見ゆ」について明らかに連歌論書との交渉が認められ、連歌論とテニヲハ論の交渉史を考察する上で極めて重要な項目である。

一（上ノ句ノ終リニテ）ニテといふてにはの事。（アの韻オの韻ヨリ請テニテト留ル）

・も　わくらばに問はれしこと（人イ）も昔にて
　それより庭の跡はたえにき（七八）

・は　秋津島ほかまで波はしづかにて
　昔にかへるやまとことのは（七九）

・の　物ごとにわすれがたみのわかれにて
　そをだに後のくれば秋かな（八〇）

・か　自づから弱きを己が力にて
　柳の枝は（にイ）雪折れも（はイ）せず（なしイ）（八一）

・を　山里は野辺のまはぎをうらみにて
　ゆきのまがみに鶉鳴くなり（八二）

・の　入相の鐘の響きの静かにて
　下句これを略す

・の　嵐さえ（へ）花の夕べの形見にて
　下句これを略す

口伝五音第三の音なり。

ウ・ク・ス・ツ・ヌ・フ・ム・ユ・ル・フ（う也ふハ非也）と押さへてノの仮名を入れて用ゆべし。但し、口伝にあり。

　　霞みたつ遠山本の長閑にて
　　　下句これを略す
一シテといふてには、これはニテと同じ。
　　今よりと契りし月を友にして
　　幾秋なれ（らイ）ぬ山の栖に（八三）
　　年月は昨日ばかりの心地して
　　見なれし友のなきぞ多かる（八四）
　　面影のひかふるかたにかへりみる
　　都の山は月ほそくして（八五）
一ミユといふてには（事イ）、是も五音第三の韻なり。
ウ・ク・ス・ツ・ヌ・フ・ム・ユ・ル・フ（う也ふハ非也）、これ
にて押さへ、ミユと留めべし。例へば歌に、
　　箱根地を我こえくれば伊豆の海や
　　おきの小嶋に波のよる見ゆ（八六）
この他にシ・カ・ニとも押さえて留めべし。以上、
口伝。秘すべし〳〵。

一　ニテ

証歌として、（七八）～（八二）計五首の歌が引用されている。

（七八）　わくらばに問はれしことも昔にてそれより庭の跡はたえにき（新古今　一六八六）
（七九）　秋津島ほかまで浪はしづかにて昔にかへるやまとことのは（拾遺愚草　一八二〇）
（八〇）　物ごとにわすれがたみのわかれにてそをだにのちのくれば秋かな（拾遺愚草　一八〇八）
（八一）　自づから弱きを己が力にて柳の枝は雪折れもせず（出典不明）
（八二）　山里は野べの真萩をうらみにてゆきのまがみに鶉鳴くなり（俊成五社　二四七）

それぞれの句の上に表出語があり、写本によってその表出例に多少のずれが見られる。[11]『手耳葉口伝』では「も」・「は」・「の」・「か」・「を」が挙げられている。著者はこれらを句末の「にて」と呼応的に捉えていたと考えられる。続いて挙げられている二例も同じである。

　入相の鐘の響きの静かにて
　嵐さえ花の夕べの形見にて

これらではともに助詞「の」と「にて」の呼応関係が注目されており、（八〇）の歌と同一に考えられよう。要するに、これらはすべて句中に現れる助詞と句末の「にて」との呼応を問題にしているのである。
一方、助詞類のほか、「にて」と呼応関係をなすものとして、用言の活用形も取り上げられている。「口伝。五音第三の音なり。う・く・す・つ・ぬ・ふ・む・ゆ・る・ふと押へて、のの仮名を入れて用ゆべし。」といい、次の一例が挙げられている。

　霞たつとを山もとののどかにて

「第三の音」は「ぞ」の巻で言及されていたのと同様に、動詞の連体形をさすものと考えられる。[12] 証歌に即していえば、「霞立つ」の「つ」は「第三の音」に属し、句末の「にて」と一種の呼応関係をなしている。ただし、この場合、さらに助詞の「の」の介入が必要であるという。

「姉小路式」ではこのように「にて」が句末に現れる場合、それと呼応関係をなすものとして、大きく助詞類と活用語の連体形との二つに分けて述べている。これは『大概抄』の

尓手者宇具寸津奴通音　遠波毛加羅以此五字不押不留也　　（根来一九七九ロ　八頁～九頁）

を踏襲したものと考えられ、「姉小路式」による独自の分類ではない。『大概抄』では、句末の「にて」に対する句中の「かかへ」に活用系のものとそうでないものの二分類が読み取れるからである。

ところで、『大概抄』の「にて」は、テニヲハ論書と連歌論書の関係を示す最も確実な根拠とされている。[13] これについて、星加宗一は論文で「姉小路式」の「にて」は増補且つ整理された形であり、『連歌諸躰秘伝抄』が『大概抄』や「姉小路式」の原形を示していると分析を行っている。[14] 本書もこの説を支持し、『大概抄』や「姉小路式」など中世を代表する初期のテニヲハ秘伝書は内容上早期の連歌論書と切っても切れない関係にあり、テニヲハ論と連歌論書において交渉が見られると考えている。[15] 第九章で後述するように、テニヲハ研究書における歌表現同士の呼応的な捉え方は、連歌論書の付合や付様に関係するのであろう。この付合や付様を契機として、歌表現同士を呼応的に捉える視点が次第に発達し、係り結び現象の法則性の発見にもつながったのではないかと考えられるのである。

二　シテ

「にて」に続いて「して」が取り上げられている。「にて」が直接に『大概抄』の影響を受けたとされているのに対し、「して」は『大概抄』にはない。「姉小路式」の著者による独自の項目であると考えられる。

（八三）　今よりと契りし月を友にしていく秋なれぬ山の棲に（拾遺愚草　一六三四）
（八四）　年月は昨日ばかりの心ちしてみなれし友のなきぞ多かる（拾遺愚草　一六八一）
（八五）　おもかげのひかふるかたにかへりみるみやこの山は月繊くして（拾遺愚草　一七一三）

挙げられている三首の証歌を見ると、接続助詞の「して」を指していると思われる。当時「して」は日常語からやや離れた、文語的な表現であり、主として和歌に用いられていたために[16]、著者はあえてこれを取り上げたのであろう。前述の「にて」と同じように、「して」も句中にある助詞類と呼応関係をなすものとして認識されたものと考えられる。

三　ミユ

歌末の「みゆ」についても句末と句中との呼応の視点から述べられている。「姉小路式」の著者はまず「見ゆというてには。これも五音の第三の韻なり。う・く・す・つ・ぬ・ふ・む・ゆ・る・ふ　これにて押さへ、見ゆと留め（ママ）べし。（異本「とむべし」）。」とし、次の歌を挙げている。

（八六）　はこねぢをわがこえくれば伊豆の海や沖のこじまになみのよるみゆ（続後撰　一三一二）

「よる」は第三の韻として「みゆ」と呼応関係をなしているとされている[17]。続いて著者は「このほかにし・か・

に　とも押さへて留め（ママ）べし。（異本「とむべし」）。」と述べ、句中に現れる用言活用形以外の「おさへ」を示している。句中の「おさへ」について用言の活用形とそうでないものとに分けて提示することは前述の「にて」のそれと同様である。『大概抄』には

見由留者宇具須津奴伊記志知　以此通音押留也

（根来一九七九ロ　六頁）

という記述が見られ、「見ゆ」についても「にて」と同様に、『大概抄』が影響を及ぼしていると推察される。一方、上で触れたように、「にて」は本来連歌論に由来し、『大概抄』を経て「姉小路式」の著者によって整理されたと考えられる。つまり、「にて」は連歌論がテニヲハ論に影響を及ぼした項目の一つであると言えよう。これに対し、「見ゆ」は「にて」と対照的に、『大概抄』で初めて言及され、「姉小路式」や宗祇の『抄之抄』以降、『肖柏伝書』をはじめ複数の連歌論書で取り上げられるようになっていった。[18]つまり、テニヲハ論の項目として生まれ、宗祇以降に連歌論書に影響を与えることとなったと考えられる。「姉小路式」における「にて」と「見ゆ」は、中世にわたる連歌論とテニヲハ論との交渉過程を明らかにする上では見逃してはならない項目である。これについて詳しくは第九章で詳述する。

本巻からは、「姉小路式」の著者が句末の「どめ」に強い関心を抱いていたことがうかがえる。歌末の「ころ」を仮に現代でいう体言止めと理解するのであれば、本巻における「にて」・「して」と「見ゆ」はそれぞれ「てには止め」と「活用語の連体形止め」と見ることができよう。

第四節 「かなといふてには」(第十一巻の前半)

「姉小路式」の句末に現れる表現を扱っている巻は、上述の巻七と巻十三、そして第一巻の「はねてには」、巻十一の一部である。「はねてには」については第一章ですでに考察を加えた。この章で扱う第十一巻の一部とは、句末に現れる「かな」のことである。その記述によれば、「かな」は四つに分類される。

一カナといふてには。願ふカナ。
　あふくともこたえぬ空のあをみどり
むなしくはてぬ行末もかな(六四)
てにはのカナ。
　東路の不破の関屋の鈴虫を
むまやにふると思ひけるかな(六五)
感心したるカナの事。
　忘れては打ち嘆かるる夕べかな
吾のみ知りて過る月日を(六六)
物を褒美したるカナあり。
月かな・花かなの類なり。

一　願ふかな

初めに言及される「願ふかな」とは、願望の意を表すものと考えられる。次の歌が引用されている。

（六四）　あふくともこたえぬ空のあをみどりむなしくはてぬ行末もがな（拾遺愚草　一八二二）

和歌（六四）の第五句は、「行末もがな」となっている。[19] 清音の「かな」と標出した巻で「もがな」が論じられているのは、「姉小路式」の著者が清濁の区別を問わないことに起因していよう。「もがな」については、上代では願望の終助詞「が」に「も」が前置し、「もが」と言う連語の形であったが、それに終助詞「な」がさらに付いたものとされている。[20] 此島正年の研究によれば、平安朝を通じて「もがな」の形で歌と散文と両方に用いられ、中期になると新たに、希望の助詞「ばや」の使用が目立ち始めたために、「もがな」の領分が縮小されたという。[21]「姉小路式」の著者の注意は「もがな」に向けられていたことには相違ないが、中世テニヲハ研究書特有の定め方により、「もがな」をあえて「かな」の項目に帰したものと考えられる。

二　てにはのかな

「てにはのかな」の証歌として次の歌が挙げられている。

（六五）　東路の不破のせきやのすず虫をむまやにふるとおもひけるかな（永久百首　三二四）

『大概抄』でも

哉有六品　一願　二賛　三治定　四有心　五手爾葉　六吹流也

（根来一九七九ロ　八頁）

とあるように、この「てにはのかな」について触れられている。『抄之抄』はこれについて次のように解釈している。

てにはの哉に又二つあり　一にはすその哉なり　一首の躰な（らす）或は詞或はてに（も　ママ）はかなと留る其哉に心も感もなく　落し付んためにてもなく　只荘厳迠の哉をてにはの哉といふ　すその哉なる　見し哉　聞く哉　思ふ哉　の類なり　二には中の哉なり　中に置哉　皆てにはの哉なり　若は心ありて吹流す哉もあり　まれなる事なるへし

かつ見れはうとくもある哉月影のいたらぬ里もあらしとおもへは（古今　八八〇）

（根来一九七九ロ　五六頁）

宗祇の注釈を参考にすれば、「姉小路式」の「てにはのかな」は『大概抄』の「只荘厳までの仮名」という捉え方に近い内容をもつと考えられる。[22]

一方、『大概抄』では「や」の分類にも「手爾葉」が見られる。

屋字有十品　一也屋　二疑心　三手尓波　四願　五尤　六詞　七様　八推量　九残詞　十略屋也

（根来一九七九ロ　六頁）

である。尾崎知光は、『抄之抄』における「や」の解釈を通して、「手爾葉」について次の如く述べている。[23]

『抄之抄』の説明は、手爾葉のやの中にさらに「てにはまてのや」を含み、その意を取りにくいが、要するに、他の用法のもの、即ち、「疑ひ」とか「願ひ」とか「推量」などのやうに比較的内容の在る意味が感ぜられるものに対し、単なる関係のみを表すか又はその関係さへも示さない休め字のやうなものをさしている。それから推測すれば、特に概念内容が稀薄で、純粋に機能そのものといふ場合に、「手爾葉」と称したのではなからうか。

（尾崎一九七八　三七頁）

確かに「や」自体の意味内容が稀薄で、音節数を合わせているようにも捉えられる点では休め字に近いとも言えよう。しかし、上で挙げられている「おもひけるかな」の「かな」はやはり終助詞「か」と終助詞「な」が結合した熟語的な形であり、本来の「かな」がもつ詠嘆的な意味合いを生じさせない、純粋な機能そのものであるとは言い切れない。厳密には、「休め字」にはならない。[24]「休め字」に近い「かな」と理解するべきであろう。

三　感心したるかなの事

「感心したるかな」とは、「か」に詠嘆の終助詞「な」が付き、詠嘆の意を表すものと考えられる。証歌として次の歌が挙げられている。

（六六）　忘れてはうち嘆かるる夕べかな吾のみ知りてすぐる月日を（新古今　一〇三五）

佐藤宣男はこれについて「有心のかなに相当するもののように見える。」と指摘している。[25]宗祇による

其心ふかく感をこめたる哉なり　哉と詠吟し終れは心根に徹通して哀ふかく一首に魂を入哉なる　為家卿は

落涙の哉と異名したまひしとなり
（根来一九七九ロ　五五頁）

という注を考えあわせると、「心深く感をこめる」点で次に挙げられる「物を褒美したるかな」と区別されているのであろう。

四　物を褒美したるかな

「物を褒美したるかな」の具体例は「月かな」・「花かな」としか挙げられていないため、その指すところはやや不明瞭である。しかし、これを『大概抄』における「哉」の分類と照らし合わせると、「治定の哉」に相当するものと見ることができよう。『大概抄』の「治定の哉」について『抄之抄』においては

月花等其外何にても一首の躰なるものをよみ下し　月ならは月かな　花ならは花哉と留て　其哉に心もなく関心もこめす　只落し付たる迠の哉を治定の哉といふ　歌こと多き哉なり
（根来一九七九ロ　五四頁）

と説明されている。これによると、体言に「かな」がつく点では上に挙げられている「関心したるかな」と似るが、「心なく関心もこめず」という点でそれと截然とは区別されるものと考えられる。一方、「たゞ落しつけたるまでの哉」という点においては上で言及した「てにはのかな」とも相違を見せている。

このように、『大概抄』や「姉小路式」においては、微妙な意味解釈の相違によって「かな」が細かく分類されている。『大概抄』では六分類であるのに対し、「姉小路式」では四分類である。「姉小路式」の四分類は

先に挙げた『大概抄』の六分類のうち「贅の哉」と「吹流」を除いたものと見ることができよう。「姉小路式」における「かな」の箇所は明らかに『大概抄』の影響を受けており、その分類を「姉小路式」著者による考察のもとに整理した形と考えられるのである。

第五節　「留まり」と「止め」との関係

中世歌学における「とまり」とは、文の末尾の形態的な変容に一定のきまりが存在することへの自覚から生じたもので、その法則を誤らないための、いわば規範意識であったと考えられる。(26) 本居宣長の「係り結び」研究も、中世歌学におけるこのような歌の「とまり」に対する意識から出発したことはいうまでもなかろう。「姉小路式」では句の末尾を称する用語として、「とまり」と「とめ」(「とどめ」を含む)を用いており、両者はともに句末表現をさす。ただし、それぞれがもつ意味は完全に同じとは言えまい。少なくとも「姉小路式」においては、両者を区別し、使い分けをしていたと考えられるのである。「姉小路式」において「とまり」および「とめ」(「とどめ」)の用語が使われている箇所は次の表(表二)の通りである。

次表(表二)に挙げた記述からは、「とまり」とはある表現が句末に現れることを指し、多くは意味の完結を伴う。これに対し、「とめ」(「とどめ」)は、ある歌語があえて句末に置かれ、歌意の完結の役割を果たさない場合をいうことが多い。つまり、「とめ」(「とどめ」)とは、意味の「続き」を求めなければ、歌の意味解釈が成り立たないことを意味する用語であると考えられる。「とまり」は「歌を読む」(27) すなわち解釈する側の視点による用語であるのに対して、「どめ」(「とどめ」)は「歌を詠む」すなわち作歌する側の視点として用いられ

（表一）

巻	『手耳葉口伝』における記述	用語
一	かかへの仮名を略したるらんとまり	とまり
二	此その字にあまたのとまりあり	とまり
	上件のほかにきしにをはねしか斯くの如くとまる事あり	とまる
	吟をうるはしくとどむべし	とどむ
	とまりを用ゐ侍らぬその字あり	とまり
	そを延べたるやなり　この故にとまりそなるべし	とまり
	これらはそを延べたるゆえにそのとまりなるべし	とまり
	下字にはあらず　この三文字はてととまらず	とまらず
三	凡そこそといへるとまり第四の音にてとまるべし	とまり / とまる
	五句のうち延べても約めてもとまるなり	とまる
	かくの如くとどめ侍るべし	とどめ
	そといふにもこそといふにもとどめてとまらぬ事侍り	とどめ / とまらぬ
十二	ころとまりの事	とまり
	五月雨のころととまる事耳なれたり	とまる
	このときといふ字よくよき比とまりといふ	とまり
十三	上ノ句ノ終りニテアの韻オの韻ヨリ請テにてト留ル	とまる
	これにて押えみゆととめべし	とめ
	このほかにしかにとも押えてとめべし	とめ

たとの見方もできよう。(28)

この「とまり」や「どめ」という観点から「姉小路式」における各巻の順番を考えてみると、同じ句末の内容に対する言及であるにもかかわらず、「らん留り」が第一巻で述べられているのに対し、「ころどめ」や「見ゆどめ」は第十二巻と第十三巻で論じられており、大きく離れた位置に置かれていることに気づく。「姉小路式」の巻が特別な基準もなく、恣意的に立てられたためであろうか。各巻の項目名とそこで述べられている内容の要点を次の表（表二）に示してみよう。

次表（表二）のように、第

（表二）

巻	項目	実質内容
一	らん	はねてにはの留りでは呼応関係を重視。
二	ぞ（の）	ぞ（の）・こそ・や・か・かはに関しては呼応関係を重視。「係結び」に関する内容。
三	こそ	
四	や	
五	か	
六	かは	
七	しを（を）	歌末に関する考察。和歌の一修辞法。
八	仮名を略する事	修辞表現法に関する内容である。
九	仮名を休むる事	
十	同じ字のある事	
十一	かな	歌末の内容。修辞表現法としての通用問題。
十二	ころとまり	歌末の内容。修辞表現法としての通用問題。
十三	にて	

一巻の「らん留り」と第七巻の「しを」を除けば、全体における巻の順番は一定のまとまりを見せている。「しを」は一見、句末もしくは歌末の表現であるが、この巻では「倒置構文」の説明も扱われており、修辞法とも考えられる。そのために、第七巻の「しを」は巻十二・巻十三のように句末表現とされず、巻八・巻九・巻十と同様、一つの「修辞表現法」として認識されていたとも考えられよう。

「らん留り」が第一巻で取り上げられているのには、「つめばね」を含む「らん」という項目が複雑かつ難解な内容でありながら、頻出の歌語であったことも一因として考えられよう。頻繁に用いられる表現が、和歌の啓蒙書であるテニヲハ研究書において巻頭で扱われるのは極めて自然なことである。また、「疑ひ言葉―らん」に関する記述は、第二巻から第六巻までのような係り結び的な捉え方に近いものと考えられる。そうであるとすれば、「らん」の巻ではその語が歌に現れる位置についてだけでなく、呼応関係についてもその考察基準の一つになっていると言えよう。したがって、「らん」が第一巻で挙げられていることも筋が通っているのである。

このように、「姉小路式」における巻の順序は完璧に整理されたものとは言い難いが、そこに一定の基準を読み取ることが可能である。この点で、「姉小路式」は、先行する『大概抄』とは異なる。『大概抄』の場合は、冒頭でテニヲハが漢文の「置字」にたとえられ、それによってテニヲハの本質論が説かれたあと、個々のテニヲハの記述が恣意的に取り上げられていたのである。

まとめ

本章では「姉小路式」において句末の表現を扱った巻を一通り考察した。これらの巻を第二章・第三章・第四章で触れた係助詞(句中の表現)に関する各巻と比較すると、著者による記述の仕方は、証歌の引用が中心で、例示的であるように思われる。そして大半の項目においては『大概抄』の影響が認められる一方、「にて」のように早期の連歌論書に由来し、「姉小路式」の著者によって整理され、発展を見せたものも含まれていると考えられるのである。

注

(1) 第二章を参照されたい。

(2) 飯田晴巳「『名語記』の形容詞認識 —— 辞書と歌学・連歌学の形容詞認識の齟齬 ——」『富士フェニックス論

叢』第一号、一九九三年三月。
（3）田中裕　赤瀬信吾『新日本古典文学大系一一　新古今和歌集』岩波書店、一九九二年一月、三八五頁。
（4）飯田晴巳「てにをは研究書・文章研究書に見られる構文論的・文章論的な認識」『国際学院埼玉短期大学研究紀要』第一二号、一九九一年三月。
（5）田中裕　赤瀬信吾『新日本古典文学大系一一　新古今和歌集』岩波書店、一九九二年一月、二五五頁。
（6）小町谷照彦『新日本古典文学大系七　拾遺和歌集』岩波書店、一九九〇年一月、三三五頁。
（7）小島憲之　新井栄蔵『新日本古典文学大系五　古今和歌集』岩波書店、一九八九年二月、三二頁。
（8）久保田淳『注釈　藤原定家全歌集上巻』河出書房新社、一九八五年三月、三〇二頁。「郭公しのぶの里にさとなれよまだ卯の花の五月まつころ」（上、一八九九）。
（9）田中裕　赤瀬信吾『新日本古典文学大系一一　新古今和歌集』岩波書店、一九九二年一月、八一頁。
（10）佐藤宣男「『手爾葉大概抄』と姉小路式Ⅰ――中世歌学におけるテニハの扱い――」『福島大学教育学部論集（人文科学）』第五五号、一九九四年三月（イ）、二頁。佐藤も「『大概抄』が中国語との関わりの中で国語のテニハを理解したのに対し、姉小路式はごく自然に素朴に日本人の意識に基づいて、テニハを理解しているのである」と述べている。
（11）福井久蔵編『国語学大系――手爾波一――』白帝社、一九六四年一月（イ）、八四頁～八五頁。
（12）佐藤稔「係り結びの把握――中世歌学から山田孝雄まで――」『山形女子短期大学紀要』第九号、一九七七年三月、四一頁。佐藤稔の指摘の通り、四段活用または四段型の活用語に限る必要がある。
（13）根上剛士「連歌てにをは書と手爾葉大概抄――星加宗一論文『連歌諸躰秘伝抄』を中心として――」『東洋大学日本語研究』第一号、一九八五年五月（ロ）、一四二頁。
（14）星加宗一「連歌諸躰秘伝抄」『文化』八―二、東北帝国大学、一九四一年二月、一二五頁～一二八頁。
（15）根上剛士「連歌てにをは書と手爾葉大概抄――星加宗一論文『連歌諸躰秘伝抄』を中心として――」『東洋大

学日本語研究』第一号、一九八五年五月（ロ）、一四四頁〜一四五頁。
（16）此島正年「接続助詞「て」と「して」」『国学院雑誌』五九―一〇・一一合併号、一九五八年一一月（ロ）、三一八頁。
（17）竹岡正夫「「打合」研究小史――成章まで――」『香川大学国文研究』第八号、一九八三年九月、一九頁。竹岡は、特に「見ゆ」どめがてにをはの上で問題となっているのは、万葉集に多い終止形を受けて末に「見ゆ」と留める詠格であったと考えた。竹岡の指摘の通り、初期のテニヲハ秘伝書あたりになると、既に問題の所在点はかなり曖昧になってしまったと考えられる。
（18）『肖柏伝書』のほか、『篠目』『連歌秘袖抄』『連歌奥儀明鏡秘集』でも一項目として挙げられている。
（19）久保田淳『注釈　藤原定家全歌集上巻』河出書房新社、一九八五年三月、二六六頁。
（20）吉川泰雄「古典文法の第二総合探究――四　がの研究」『国文学』四―九、一九五九年六月、一九三頁。
（21）此島正年『国語助詞の研究――助詞史の素描――』桜楓社、一九六六年三月（再版　一九七三年一〇月）、三九一頁。
（22）佐藤宣男「『手爾葉大概抄』と姉小路式Ⅱ――中世歌学におけるテニハの扱い――」『福島大学教育学部論集（人文科学）』第五六号、一九九四年九月（ロ）、七頁。
（23）尾崎知光「『手爾葉大概抄』の伝流について――鈴木朖から時枝学説にいたる――」『愛知県立大学文学部論集』第二七号、国文学科、一九七八年三月。
（24）拙稿「「姉小路式」及びその周辺に於ける「休めの類」」『日本語の研究』五―三（『国語学』通巻第二三八号）、日本語学会、二〇〇九年七月（ハ）、一三頁。
（25）佐藤宣男「『手爾葉大概抄』と姉小路式Ⅱ――中世歌学におけるテニハの扱い――」『福島大学教育学部論集（人文科学）』第五六号、一九九四年九月（ロ）、七頁。
（26）山崎良幸「特集・係り結び――文法各説にみる係り結び　山田文法――」『文法』三―五、明治書院、一九七一年三月、五九頁。

(27) 川平ひとし「歌学と語学——創作論の枠とその帰趨——」『日本語学』一七—六、一九九八年六月、二二頁～二四頁。

(28) 外山映次「ぞ・なむ・こそ・や（やは・やも）・か（かは・かも）」『解釈と鑑賞』第四四二号、一九七〇年一一月、八四頁。外山は、「文のとまり」を「文を終止させるもの」と理解しているが、厳密に言うと、「とまり」ではなく、「とめ」であると言わなければならない。

第八章　「姉小路式」の証歌について

はじめに

「姉小路式」では多くの証歌が挙げられている。近世の『詞玉緒』や『あゆひ抄』のような、膨大な歌を示しての、語学的な立証には至らないものの、そこには個々の項目に沿って、証歌を挙げて説くという実証主義の成立が認められる。『大概抄』にはこのような記述の仕方は見られないことから、テニヲハ論書において、こうした立証の方法をとっているのは「姉小路式」が最初であるということができよう。では、「姉小路式」に引用されている証歌の中にはどのような傾向が見られるのか。また、著者はどのような基準の下にこれらの歌を引用したのか。本章ではこの二点を中心に考察することとしたい。

第一節　証歌の出典について

「姉小路式」で引用されている歌の出典[1]について根来司は『手耳葉口伝』を中心に調査を行い、次のように述べている。[2]

なお例歌も『手爾葉大概抄』より二十首あまり多く全体で八十六首あって、そのうちわけは二十一代集では古今集二十八首、後撰集七首、拾遺集二首、後拾遺集一首、金葉集一首、千載集三首、新古今集十二首、続後撰集二首、続古今集一首、新後撰集一首、新続古今集一首となっている。その他では万葉集一首、散木奇歌集一首、五社百首三首、拾遺愚草十一首、壬二集一首となり、その歌がどこにも見当たらないのが十首ある。

（根来一九八〇ロ　五八頁～五九頁）

また、「姉小路式」の一異本である『姉小路家手似葉傳』の証歌は『手耳葉口伝』の各首と表記上多少の異同がありながらも、内容と順番は同じである。福井久蔵編『国語学大系一』ではその証歌の出典が明示されており[3]、根来が自らの論文において『姉小路家手似葉傳』についても触れている。前述の『手耳葉口伝』における歌の出典の記述も福井による『国語学大系一』の論考を参照した可能性が高い。しかし、『新編国歌大観』をもって改めて「姉小路式」に挙げられている証歌の出典を調査したところ[4]、両氏の見解とはいくつかのずれが見られた。

前述の二書において、歌の出典を判断する基準については明確に示されてはいないものの、基本的には「勅撰和歌集を最優先とし、次に年代順をとる」という方針のようである。本書においても基本的にはこのような

（表一）

和歌集	福井久蔵	根来司	劉
古今和歌集	27	28	28
後撰和歌集	6	7	7
拾遺和歌集	2	2	2
後拾遺和歌集	1	1	1
金葉和歌集	1	1	1
千載和歌集	3	3	3
新古今和歌集	13	12	12
新後撰和歌集	2	2	2
続古今和歌集	1	1	1
新後撰和歌集	1	1	1
新続古今和歌集	1	1	1
万葉集	1	1	1
散木奇歌集	0	1	0
俊成五社百首	0	3	7
拾遺愚草	11	11	11
壬二集	1	1	2
新勅撰和歌集	0	0	1
林葉和歌集	0	0	1
永久四年百首	0	0	2
出典不明	15	10	2

基準にしたがって再調査を行った。その結果は次の通りである。

根来の調査結果を『国語学大系』に示された福井氏によって示された統計数と比較すると、以下のような点に気づく。

（イ）『姉小路家手似葉傳』では（三九）番の[5]「いかならむ巌の中にすまばかは世のうきことの聞こゑ来ざらむ」の歌を『新古今和歌集』によるものとしているが、これは明らかに『古今和歌集』の間違いで、根来はこれを訂正している。そのため、『古今和歌集』と『新古今和歌集』の欄における歌の数が異なる。

（ロ）（五五）番の「しほといへばなくてもからき世の中にいかにあへたるただみなるらむ」の歌は『後撰和歌集』に入集している。しかし、『国語学大系』はその出典を明確に示していない。根来のほうが『後撰和歌集』を出典とする歌数が『国語学大系』より一首多いのは、この歌のためであろう。

（ハ）『国語学大系』では（五四）番の「うつせみのいでからくてもすごすかないかでこの世に跡をとどめん」の出典は表記されていないが、根来はこの歌の出典を『散木奇歌集』としたようである。

（ニ）『国語学大系』で出典不明だった歌は十五首であった。そのうちの三首は『俊成五社百首』から出ていることが根来によって明らかにされた。この三首と上述の（五四）・（五五）の歌と合わせて、出典未詳であった歌の数は十五首から十首となった。

更に、本書が行った再調査により、根来の示した結果は以下のように改めることができる。

（ホ）根来が『散木奇歌集』を出典和歌集としている和歌（五四）「うつせみのいでからくてもすごすかないかでこの世に跡をとどめん」は、和歌（六五）「東路の不破のせきやのすず虫をむまやにふるとおもひけるかな」と同様、古い時代の『永久四年百首』にも所収されているため、出典をこの『永久四年百首』に統一できる。これによって、『永久四年百首』の歌が二首となった。

（ヘ）根来の調査では『俊成五社百首』を出典とする歌は三首であるが、実際和歌（九）・（一八）・（一九）・（二三）・（三〇）・（三二）・（八二）計七首[6]の歌がこの『俊成五社百首』を出典とすることが分かった。

（ト）（二四）番の「いたづらに身は花桜さくらあさのおふの浦波六十路こえめや」と（七二）番の「三島江やにほの浮き巣の乱れ葦のすゑ葉にかかる五月雨のころ」はともに『壬二集』に収載された歌であるため、本書では根来の示した一首を二首に改めた。

（チ）（四九）番の「隔てなく入日を見ても思ふかなこれこそ西の門出なりけれ」と（七三）番の「山がわのいはもとさらずなくかわづいづちかいぬる五月雨のころ」はそれぞれ『新勅撰和歌集』と『林葉和歌集』に収載された歌である。（ホ）・（ヘ）・（ト）と合わせると、出典不明の歌の数は二首に減った。

第二節　和歌集別と歌人別の調査

ここでは和歌集別の収載歌とその「姉小路式」全体の証歌数に対するパーセンテージを次の表（表二）に示しておく。証歌の通し番号は各章で示してあるものと同じである。

この表（表二）からは、以下のような結論が得られる。

（表二）

和歌集	歌集	歌番号	パーセント	
古今和歌集	28	1. 2. 3. 6. 7. 10. 11. 12. 17. 20. 21. 28. 32. 34. 35. 37. 39. 43. 48. 50. 51. 52. 53. 58. 60. 61. 62. 67	32.6	69.7
後撰和歌集	7	15. 25. 29. 45. 55. 70. 76	8.1	
拾遺和歌集	2	42. 47	2.3	
後拾遺和歌集	1	71	1.2	
金葉和歌集	1	36	1.2	
千載和歌集	3	5. 22. 40	3.5	
新古今和歌集	12	14. 26. 27. 33. 38. 44. 46. 63. 66. 68. 69. 78	14	
続後撰和歌集	2	59. 86	2.3	
続古今和歌集	1	74	1.2	
新後撰和歌集	1	80	1.2	
新続古今和歌集	1	16	1.2	
新勅撰和歌集	1	49	1.2	
万葉集	1	41	1.2	30.2
俊成五社百首	7	9. 18. 19. 23. 30. 31. 82	8.1	
拾遺愚草	11	4. 8. 13. 56. 57. 64. 75. 79. 83. 84. 85	12.8	
壬二集	2	24. 72	2.3	
林葉和歌集	1	73	1.2	
永久四年百首	2	54. 65	2.3	
出典不明	2	77. 81	2.3	

（リ）勅撰集において最も多く引用されているのは『古今和歌集』である。次いで、『新古今和歌集』と『後撰和歌集』からの引用が多い。

（ヌ）非勅選集の場合、『拾遺愚草』の歌が最も多く引かれており、二番目に多いのは『俊成五社百首』である。

（ル）勅撰集からの引用が全体の六九・七パーセントを占めているのに対し、非勅撰集からの歌の引用の割合は三〇・二パーセントである。勅撰集からの引用が圧倒的に多かったことが分かる。

一方、歌人別の引用歌数を表（表三）に示す。

表（表三）によれば、藤原俊成と定家の歌の引用が特に多い。勅撰集の撰者や平安時代と鎌倉時代を代表する歌人と比べても、全八十六首中、この二人の歌の引用数は極立っている。

まとめ

本章では福井による『国語学大系』と根来の調査を踏まえ、「姉小路式」で引用されている証歌について再調査を行った。その結果、著者は勅撰集を中心に歌を引用し、証歌としていたことが分かった。歌集別に見れば、『古今和歌集』の歌が最も多く、続いて『新古今和歌集』と『後撰和歌集』の順に引用が多く、証歌の大半を占める。このように『古今和歌集』と『新古今和歌集』を特に重んじる傾向は項目の設定に関してもうかがえる。「姉小路式」においては『古今和歌集』と『新古今和歌集』の特徴の一つである縁語と掛詞がそれぞ

（表三）

歌人別	歌数	歌番号	歌人別	歌数	歌番号
伊勢	3	1. 7. 25	藤原基俊	1	40
酒井人真	1	2	在原業平	4	43. 46. 58. 67
素性	5	3. 20. 35. 48. 50	藤原有家	1	44
藤原定家	15	4. 8. 13. 16. 56. 57. 64. 74. 75. 78. 79. 80. 83. 84. 85	安芸	1	49
源顕国	1	5	壬生忠岑	2	52. 55
藤原俊成	8	9. 14. 18. 19. 23. 30. 31. 82	大江千里	1	53
在原棟梁	1	12	源俊頼	2	54. 73
源等	1	15	二条資季	1	59
藤原仲平	1	17	寂蓮	1	63
宗岳大頼	1	21	藤原仲実	1	65
藤原公任	1	22	式子内親王	1	66
源順	1	26	西行	1	67
源経信	1	27	藤原兼輔	1	69
藤原忠良	1	33	藤原実方	1	71
遍昭	1	34	藤原家隆	1	72
平忠盛	1	36	源実朝	1	86
凡河内躬恒	1	37	詠人不知	17	6. 10. 11. 24. 28. 29. 32. 41. 42. 45. 47. 51. 59. 60. 61. 70. 76
藤原秀能	1	38	出典不明	2	77. 81
大伴家持	1	39	計	86	

れ単独の項目として挙げられているのである。また、項目ごとに証歌を引用する方法は、藤原俊成と藤原定家に倣っていることも明らかである。こうした証歌の挙げ方の背景には著者が俊成や定家に倣うことによって自らの論を権威づけようとする意図がうかがえる。これは『大概抄』が藤原定家に仮託されていることと通うものである。

論証方法としては、歌学書において一般的であった証歌をあげるという伝統を受け、自己の論理を説明しようとしている。「口伝」という側面をもつため、秘することによってその権威と貴重さを求めるという中世の特徴から未だ脱することはできていないものの、「姉小路式」の論証方法には実証主義的精神がすでに認められる。ただし、真の実証主義[7]を以て展開する日本語学の研究とまではまだ至っておらず、そこに至るまでの過渡的なものとして重要な位置にあるのである。

注

（1）ここでいう「出典」は「姉小路式」の著者がどの歌集から引用したかを指すのではないことをあらかじめ断っておきたい。

（2）根来司「てにをは研究小史――『手耳葉口伝』を中心にして――」『手耳葉口伝（彰考館文庫蔵）』和泉書院、一九八〇年二月（ロ）。

（3）福井久蔵編『国語学大系――手爾波一――』白帝社、一九六四年一月（イ）、六二頁～八七頁。

（4）『新編国歌大観』編集委員会編『新編国歌大観』（CD-ROM版）角川書店、二〇〇三年六月。

（5）証歌の通し番号は各章で示してあるものと同じである。

（6）以下の通りである。

（九）　春日野に生ふる子の日の松は皆千世をそへつつ神ぞ引くらむ

（十八）霞こそたちこめけるを鈴鹿山春になるとはいかに言ふらむ
（十九）春も過ぎ秋の来るると限りあるをまたも相見むことをのみこそ
（二三）世を照らす日吉と跡を垂れにけり心の闇をはるけざらめや
（三〇）うつつにはあはぬけしきにつれなくてみしをば夢にいひなさむとや
（三一）くちはててよるのころもをかはすかなしほどけしとや哀れなりとや
（八二）山里は野べの真萩をうらみにてゆきのまがみに鶉鳴くなり

（7）永山勇『国語意識史の研究 ―― 上古・中古・中世 ――』風間書房、一九六三年三月、二七三頁。

第九章　テニヲハ研究書と連歌論書における語学的事項の交渉

はじめに

連歌は和歌に由来するゆえ、連歌論書が大いに歌論書の影響を受けていたことは周知の通りである。[1]連歌論が歌論を祖述しなければならなかった背景には、連歌論の著者らが文壇における連歌の地位を向上させようとしたことがあると考えられる。[2]しかしその後、両者の立場が逆転していくに伴い、連歌論が歌論に影響を及ぼすこともあったと考えられる。無論、個々の記述についてどちらがどちらに影響を及ぼしたのかについては定めにくい嫌いがあることも事実である。従来、歌論から連歌論への変遷及び両者の相互関係については、文学的・修辞的な視点から国文学の分野を中心に論じられている。一方、語学的な立場からは、連歌論と歌論の交渉については注目されてはいるものの、[3]連歌論が歌論に、どのような過程を経て、具体的にどのような影響を与えてきたのかに関してはさほど言及されていないようである。[4]そこで本書では、連歌論と歌論の関わりあいについて「連歌論から歌論（厳密にいえばテニヲハ論）」という視点から考察を試みる。[5]

第一節　初期のテニヲハ秘伝書に先行する連歌論書について

序論で述べたように、初期のテニヲハ研究書[6]を代表するものとして『大概抄』と「姉小路式」が挙げられる。最初のテニヲハ秘伝書とされる『大概抄』は定家作と仮託されており、四百数十文字で書かれた漢文体の和歌作法の啓蒙書である。[7]内容は難解で、これに「姉小路式」の記述を参考に宗祇が注を施したとされる『抄之抄』がある。[8]これらの三書を初期のテニヲハ秘伝書として取り扱う場合、三書の成立の前後関係、内容や体裁、そして後世のテニヲハ研究書に与えた影響などを総合的に考えると、『大概抄』に次いで成立時期の早い「姉小路式」の記述を手掛かりとする必要があろう。[9]

テニヲハ研究書に限らず連歌論書も成立年代や著者について不明な点が極めて多く、成立の前後関係について断じうる確証を提示できない場合が多々ある。とはいえ、必ずそれらの成立には前後関係が存在するはずである。本書では、初期のテニヲハ研究書が連歌論書の影響を受けたことを基本的観点とする。そのため、『大概抄』や「姉小路式」に先行する連歌論書の有り様を一通り確認しておく必要があるかと思われる。そのためにまず、佐藤宣男（二〇〇七）での記述を次に引用し、私見を述べることとする。

連歌論書でテニヲハが幅広く論ぜられるようになるのは、十五世紀後半以降のことである。『手爾葉大概抄』の取り上げるテニヲハを見ると、室町初めの成立と考えた時、あまりにも整い過ぎていると感じられる。

（佐藤二〇〇七　七三〇頁）

確かに『大概抄』で見られる個々のテニヲハに関する記述が一足飛びに達せられたものとは考えにくい。佐藤の指摘通り、連歌論書で幅広くテニヲハが論じられたのは一五世紀後半以降の事である。しかし、裏を返せば『大概抄』に先行する連歌論書の中に、個別的もしくは小範囲においてテニヲハについて言及があったということになる。実際、連歌論書におけるそれらしき記述は『大概抄』や「姉小路式」の内容形成に深く関係するものと考えられる。とりわけ、『連歌手爾葉口伝』と『連歌諸躰秘伝抄』は最も注意すべき二冊である。『連歌手爾葉口伝』は救済の作と伝えられ、その内容は梵燈庵・宗砌の『長短抄』・『密伝集』・『初心求詠集』などの諸作に受け継がれ、『大概抄』より古い作品であるというのが通説になっている。[10] 一方、『連歌諸躰秘伝抄』には宗祇の奥書を有する写本もあり、直ちにこの書の成立を『大概抄』よりも先とするのは躊躇われる。しかし、星加宗一によれば、

その内容は未整理で、『大概抄』より古体を存する。（星加一九四一　一三一頁）

とあり、根上もこの説に従うのが適当であると明言している。[11] 本書もこれらの見解を特別に否定するような根拠を持たないので、『連歌諸躰秘伝抄』についても『大概抄』に先行する書とする説に従う。（諸書の著者並びに成立年代については後述の表（表一）を参照されたい。）

第二節　なぜ連歌論とテニヲハ論が影響し合うようになったのか

テニヲハの研究が始まったことは、和歌を詠む際、個々のテニヲハによる修辞表現の重要性が認識されたこ

とに深く関わっていたとされている。これに対して、当時、二条良基の尽力によって次第に地下から堂上へと変貌を遂げた連歌の世界においても、発句や付合を中心とした記述の中で、修辞表現の面から個々のテニヲハが注目されるに至り、著しい発展を見せた[12]。

そして中世に入り、連歌が次第に和歌を凌ぐ興隆を見せ始めたのに対し、中古からの伝統歌学が生存環境を確保するために生み出したのがテニヲハ秘伝書である。和歌と連歌の力関係が変化していた時期、初期のテニヲハ秘伝書の著者たちは中世文壇の新しい中心となりつつあった連歌に目を向けたのではないかと推測される。中古までは和歌が連歌を先導していたのが一転して、連歌（連歌論書）が和歌（テニヲハ研究書）へ影響し得る環境が整い、語学的な文法事項をはじめとする様々な面での交渉が行われるようになったと考えることができる。

そもそも和歌と連歌とが無縁であったわけではない。連歌が和歌の「雑体」として誕生したことに鑑みれば[13]、体裁は区別されるものの、テニヲハの使い方や表現意識など多岐にわたって相通ずる点を有していることがわかる。しかも、多くの場合、連歌論とテニヲハ論の担い手が同一の人物であったということも[14]、和歌と連歌は切っても切れない関係にあったことを物語っている。歌人であると同時に、連歌にも精通していた人物を挙げれば、枚挙に遑がない。逆もまた同様である。後述するように、後世になると、テニヲハ研究書と連歌論書は単に影響し合うのみにとどまらず、融合する傾向さえ見られるようになる。このこともやはり連歌師により相伝されたことが大きかったからと見なければならない。

本書で扱う「姉小路式」と深く関わりあいのある『大概抄』・『抄之抄』、また「姉小路式」の増補系列に属する『顕秘抄』・『増抄』の成立時期はほぼ中世全体にわたり、これらの著作は中世のテニヲハ研究書を代表するものと言えよう。救済、二条良基をはじめとして、梵燈庵、宗砌、心敬、宗祇などの時代を経て、宗牧、宗養あたりまでの連歌論書を調査の対象として連歌論の記述を見合わせることにより、中世の連歌論とテニヲハ研究書の交渉過程を示すことが可能であると思われる。宗養以降については、後述するように、宗養あたりに見られる傾向の延長線上にあるものとみなすことができる。このような範囲の設定に基づき、調査したデータを表（表二）にまとめた。[15] なお、表出記号について、「●」は連歌論の重要項目（付合のしかた等）もしくは連歌論的に解釈された項目（発句や切れ字等）を表し、「○」はテニヲハ研究書で歌における個々のテニヲハの使い方の記述を指す。そして、「△」はテニヲハの説明の記述内容からして、明らかに連歌論書がテニヲハ研究書に影響を及ぼしたと思われる項目、もしくは連歌論書とテニヲハ研究書両者によって注目され、一方がもう一方に影響を与えたとは断定できないにしても、その説明の視点やしかたが平行して展開を見せた項目である。

第三節　個々のテニヲハの交渉（連歌論書から初期のテニヲハ研究書へ）

「早期の連歌論書から初期のテニヲハ秘伝書へ」という交渉過程を検討する際、三つの場合に分けて考える必要があると思われる。

まず、第一に、連歌論とテニヲハ論でともに同じ文法事項を取り上げているが、それぞれの記述を比較したところ、互いに直接的な繋がりを見出せない場合（イ）。この場合、交渉のあるものとは断じえないにしても、連歌論書で触れられているためにテニヲハ研究書でも注目されるようになったという可能性が全くないとは言い切れず、本書でこうした項目を示す必要があると考える。

第二に、テニヲハ研究書の記述が連歌論書の影響を受けたとは言い切れないが、個々のテニヲハに関する説

(表一)

	通し番号	書名	著者名	成立年代	発句・切れ字	かな	やの七次第	ぞかよの三字事	にてととむる五の次第	みゆとまり	こそ	ぞ	つつ	らん	疑ひの言葉—らん	ものを	ながら	五月雨	なれや	いつしか	さへ・だに	ころどまり	や文字	休めてにはに用いるか	やすめてには	のべちゞめの事	しをの事	かへしをの事	十三ケのはねの事
連歌論書	1	僻連抄	二條良基（1320–1388）	康永4年（1345）	●	●								●															
	2	連理秘抄	二條良基	貞和5年（1349）	●	●							●	●															
	3	撃蒙句法	二條良基	延文3年（1358）	●	●							●	●															
	4	一紙品定之灌頂	伝二條良基	不詳	●	●								△		△	●	●			●								
	5	知連抄	二條良基	応安7年（1374）										●															
	6	連歌手爾葉口伝	伝救済（？–1376？）	不詳	●		●	△	△		●		●																
	7	連歌諸躰秘伝抄	伝宗祇	『抄』より古体を持つ	●		●		△		△	△		●	△			●					△						
	8	長短抄	梵燈庵（1349–？）	康応2年（1390）	●																		●						
	9	初心救詠集	宗砌（？–1455）	永享元年（1429）か		●					●	●		●		●	●												
	10	密伝抄	宗砌の手による	不詳	●	●					●	●		●	△		●						●						
	11	袖内	宗砌	不詳							●	●									●								
	12	馬上集	伝心敬（1406–1475）	不詳	●						△	△		●							●		△						
	13	長六文	宗祇（1421–1502）	文正元年（1466）か		△												△		●	●		△		△				
	14	連歌秘伝抄	伝宗祇	不詳							●	●		△		●			●		●	●							
	15	塵荊鈔	不詳	文明14年（1482）							●						●						●						
	16	分葉集	宗祇	長享2年（1488）か														△	△	●			△						
	17	宗祇袖下	宗祇か	延徳元年（1489）前後	●			△												●									
	18	肖柏伝書	肖柏か（1443–1527）	明応2年（1492）以降か				△	△	△								△					△		●				
	19	梅春抄	兼載（？–1510）	明応9年（1500）	●						●	●		●															

	通し番号	書名	著者名	成立年代	発句・切れ字	かな	やの七次第	ぞかよの三字事	にてとむる五の次第	みゆとまり	こそ	ぞ	つつ	らん	疑ひの言葉―らん	ものを	ながら	五月雨	なれや	いつしか	さへ・だに	こそどまり	や文字	休めてにはに用いるか	やすめてには	のべちゞめの事	しをの事	かへしをの事	十三ケのはねの事
	20	篠目	三条西実隆(1455–1475)	文亀2年(1502)					△	△				△															
	21	雨夜の記	伝宗長(1448–1532)	不詳					●		●	●	●	●		●						●	●		●				
	22	白髪集	不詳	不詳	●		●	△	△					△			●												
	23	連歌秘袖抄	宗牧(?–1545)宗養仮託	不詳	●	●		△	△	△	△			△					●										●
	24	宗養三巻集	伝宗養(1526–1563)	不詳	●		●	△	△								●												
	25	連歌奥儀明鏡秘集	伝宗牧・宗養	不詳				△	△	△												○	○	○	○	○	○	○	○
	26	肖柏口伝之抜書	宗養か	不詳	●		●	△	△	△	●	●		●															
	27	天水抄	不詳	不詳			●																○						
テニヲハ論書	28	大概抄	定家(1162–1241)の仮託	室町初期か		○			○	○	○	○	○	○		○			○				○		○				
	29	姉小路式	不詳	室町初期か		○		○	○	○	○	○		○	○	○		○	○		○	○	○	○	○	○	○	○	○
	30	抄之抄	宗祇(1421–1502)	文明15年(1483)		○			○	○	○	○	○	○	○	○			○				○		○	○			
	31	春樹顕秘抄	不詳	室町末期		○		○	○	○	○	○	○	○	○	○		○	○		○	○	○	○	○	○	○	○	○
	32	春樹顕秘増抄	有賀長伯(1661–1737)	不詳		○			○	○	○	○	○	○	○	○		○	○		○	○	○		○	○	○	○	○

明のしかたや視点に近いものが認められる場合（ロ）。この場合、テニヲハに対する捉え方が平行して発展したものと見做される。

そして第三に、両者の記述内容がほぼ同等と認められる場合（ハ）。この場合、前述の成立の前後関係を考え合せ、連歌論書の内容は初期のテニヲハ秘伝書に影響を及ぼしたものと考えられる。

（イ）　直接的な繋がりを見出せない場合

連歌においても、個々のテニヲハは修辞表現で大事な役割を果たすものとして早い段階から認識されていたと思われる。連歌論におけるテニヲハは連歌の付合を目的とし、そこに用いられる個々のテニヲハを重要視したものであり、連歌論では付合のしかたを「てには」と称する記述も存する。これに対し、中世のテニヲハ論の発生及びその後の展開は、伝統歌学における歌病や「休め」がもたらした影響が大きいとされている。つまり、テニヲハ研究書と比べると、連歌論における「テニヲハ」の範囲のほうがより広いと言える。[16] ただし、個々のテニヲハが変われば、句の意味も微妙に変化するため、テニヲハは修辞表現上極めて大事な存在であるという認識に関しては、連歌論とテニヲハ論ともに一致している。それゆえ、連歌論書で取り上げられている個々のテニヲハの一部が、テニヲハ研究書でも論じられているのである。もっとも、テニヲハが重要視されることとなった出発点は異なり、結果的に同一のテニヲハが取り上げられただけの可能性もあるので、一方がもう一方に影響を与えたとは断じ得ない。たとえば、二条良基の『僻連抄（1）』には「かな」・「らん」などのテニヲハについて

> 発句は最も大事の物也。（中略）
> かな・けり、常の事なり。
> このほか、なし・けれ・なれ・覧、又常に見ゆ。
> 所詮、発句には、先づ切るべき也。
>
> （伊地知一九七三　四二頁～四三頁）

とある。「姉小路式（29）」でも「らん」・「かな」は重要な項目として巻がたてられているが、[17] 連歌論のように

「発句の切れ」を説明するものではない。従って、それぞれの項目に関して内容的に何らかの関連があるとは考えがたい。

連歌論書とテニヲハ研究書の両方にわたって取り上げられている個々のテニヲハはほかにも多数見られるが、記述同士について何らかの交渉があるという確証はない。ただし、中には「物を」[18]のような注目すべき項目も含まれている。たとえば、『一紙品定之灌頂（4）』では次のような記述がある。

一、物をとまり（る）前句にうかがふに付べき也。
何とてさのみ身はうかるらん（と云句に）、住ほどは世になぐさみも有物を。
（伊地知一九五六ロ　一八頁）

物をとまる前のさだまらざるに付べし。
（同右　三七頁）

一見すると連歌の付様に関する説明にすぎないが、呼応的に説明されている点は注目すべきである。連歌論におけるこのような呼応的な見地は、その後のテニヲハ秘伝書における呼応的な捉え方と無関係であるとは言い切れないからである。つまり、連歌論書におけるこのような付様を出発点とした呼応的な記述は、テニヲハ論に多く見られる、テニヲハ同士の呼応的な捉え方[19]に拍車をかけたのではないかとも考えられるのである。

（ロ）　説明のしかたや視点に近いものが認められる場合

「姉小路式」の「ぞ」の巻においては、「ぞ」・「か」・「よ」についてそと云ひ残すてにはあり。そかよの三つの仮名をかゝひ（筆者注：「仮名のかよひ」のことか）侍り。とそ・とか・とよ　かやうの類か。また　君かこゝろそ・君か心よ・君か心か。又云ひ捨つるそあり。下字（下知）にはあらず。この三文字は「て」と留らず。くてん。

（根来一九八〇イ　一一頁）

と述べられているのに対し、『連歌手爾葉口伝（6）』には次の説明が見られる。

ぞ（のをさへ）　うき身ぞと思ふ涙に袖ぬれて
か（のをさへ）　里人の山はふるかと雪まちて
よ（のをさへ）　又よとはとむる情にいひ捨て
如此、ぞ・か・よの事は、ぞと・かと・よと云て、てとはとゞむべし。但ぞ・か・よなどは、との（てとはとの）字無くば、てとまるべからず。

（伊地知一九五六ロ　四二頁）

両者の記述は決して一様ではないが、劉（二〇〇九イ）で述べた通り、「姉小路式」の著者が『連歌手爾葉口伝』の項目に注目していることがうかがえる。[20]

また、「姉小路式」の「ぞ」・「こそ」についても、記述の一部が早期の連歌論の捉え方と軌を一にする傾向が認められる。勿論、「姉小路式」の「ぞ」・「こそ」の巻が『大概抄（28）』と深く関わっていることも否めない事実である。「姉小路式」における

此その字にあまたのとまりあり。五音第三の音にておさへたり。第三の音とはう・く・す・つ・ぬ・ふ・む・

ゆ・る・ふ・う（口伝也）　（根来一九八〇イ　六頁）

およそこそといへる留り第四の音にてとまるへし。第四の音とはえ・け・せ・て・ね・へ・め・え・れ・ゑ

（同右　一一頁）

との記述は、『大概抄』に見られる次の記述に基づいたものであろう。

曽者宇具須津奴之通音　祢于幾志遠波志于志加羅無以此字拘之　（根来一九七九ロ　七頁）

古曽者元計世手之通音　志々加之手尓葉　尤之詞受下留之　（同右　六頁）

とりわけ、「通音」や「五音第〇の音」については活用研究にまでは達していないものの、その過渡的な役割を果たしたとされており、語学的な性格を有している。(21) これに対し、連歌論書ではテニヲハ研究書のような「語学的」説明こそ行われていないが、「ぞ」・「こそ」の係結びの事実に関心を寄せている。たとえば、『連歌諸躰秘伝抄(7)』で

一、さゝへてにはの事

に　花をこそ枝には見しに雪ちりて

ね　心こそまだ老はてね身はふりぬ

れ　秋よりも旅こそ猶もかなしけれ
め　波をこそ花と見るらめ舟の中
け　むらさめの雲をこそ吹け山嵐
へ　こぬをこそ月にも思へ人ごゝろ
せ　そなたこそいたづらになせ我おもひ
右、いづれの句にも、かやうのおさへ字を一句の中にいれ候はでは、てには違ひ、吟もくだり候まじく候。こそといふてには、おさまりがたく候。能々習学有べく候。

（木藤一九八二　五一四頁）

一、まちてにはの事
ぶ　雲ぢの鳥ぞとをく羽をとぶ
ふ　みなとの舟ぞつねに行かふ
る　雪げの水ぞしたに流るる
き　夏野の草ぞ花はすくなき
し　冬野の菊ぞ花に残りし
ぬ　春にわかるる道ぞしられぬ
む　風よりさきに恋ぞ身にしむ
右、ぞといふ句の末にをくかなの事、かやうに候べく候。むかふ肝名をしるし候也。能々可有一見候。

（同右　五一五頁～五一六頁）

とある。ここでは「通音」や「五音」といった術語は用いられていないものの、その指すところは同様であると思われる。「さ、へてにはの事」と「まちてにはの事」は、初期のテニヲハ秘伝書のように「語学的」に捉えられる一歩手前にあったと言えよう。つまり、初期のテニヲハ秘伝書における「ぞ」・「こそ」の説明は連歌論書を踏まえて整理したとは言えないにしても、連歌論とテニヲハ論における係り結びの捉え方は平行して行われていったと考えられるのである。

また、連歌論における「らん」についても注目すべき点がある。連歌論でもテニヲハ論と同様、「らん」は疑いの表現と呼応関係を成すものと認識されている。しかも、そこには二つの段階があったと考えられる。その第一段階としては、「疑ひのらん」を認めることである。『大概抄』には

> 刎字有三品　一疑　二手尓葉　三詰刎
>
> （根来一九七九ロ　七頁）

との文言が見られる。また、『一紙品定之灌頂』でもこれに似た捉え方が認められる。

> 一、当世上手のこのむ手爾葉の事
> らんはやさしき手爾葉也、疑のらん能々心得べし。
>
> （伊地知一九五六ロ　三五頁）

ただし、この段階ではまだ内容的に影響し合ったとは断言できない。

更に一歩進んだ第二の段階とは「疑ひの言葉」と「らん」とを呼応的に捉えることである。「姉小路式」の著者は「はねてには」の巻の始めに

らんと疑はんにはや・か・かは・なに・なそ・なと（何の心なり）・いつ・いつく・いかに・いかなる・いかてか・いくたひ・たれ・いつれ・いつこ是等の言葉の入らすしては擬ねられ侍らぬそ。

（根来一九八〇イ　三頁）

と述べている。『大概抄』には同様の記述がないことから、一見「姉小路式」の著者による独自の見解であるようにも見える。しかし、『連歌諸躰秘伝抄』には「姉小路式」に先立ってすでにこれと同工異曲の記述が見出される。

一、みだれてには

さぞ　　　山里もさぞうかるらん秋のくれ

いかなれば　身のために世はいかなればうかるらん

などか　　つらき身の老までなどか残るらん

いかでか　月の夜も人はいかでかこざるらん

たが　　　旅人はたが里までとそぐらむ

いつを　　人はさていつを限りと思ふらん

たれをか　とはぬ夜は誰をか友と明すらむ

や　　　　思はぬやうき名にたててこざるらん

いつまで　来ぬ人はさていつまでと待たるらむ

なに、か　おぼえずよ人は何にかかはるらむ

右、一句の中にかやうのことばを入候はでは、らんとはねまじく候。他准之。

（木藤一九八二　五一五頁）

このように、『大概抄』や「姉小路式」に見られる歌中の「疑ひの言葉」と歌末の「らん」との呼応関係については初期の連歌論書にも見られる。連歌論とテニヲハ論における「疑ひの言葉―らん」の捉え方は平行して発展していったものと言えよう。

（八）　両者の記述内容がほぼ同等と認められる場合

早期の連歌論が初期のテニヲハ研究書に影響を与えた事実として最も確実なものに「にて」が挙げられる。『連歌手爾葉口伝』には次のような記述がある。

にてととむる字五の次第
を　は　も　からぬ　はは
を　　風もなき萩をね覚のまくらにて
は　　又よとの情は後のなみだにて
も　　偽におもふといふもうらみにて
からぬ　恋しさに（は）身はおしからぬ計にて
はは　たえてあふならひのあらば（あらはゞ）わかれにて

（伊地知一九五六ロ　四三頁～四四頁）

根上によれば、『大概抄』の「にて」[22]はこの『連歌手爾葉口伝』の如き内容を「整理」して成立したものである。[23]そして、「姉小路式」の「にて」[24]は、『大概抄』の記述を敷衍したものとされているため、連歌論書の影響を受けたとも言える。

「にて」のほか、「姉小路式」の第四巻における「や」の分類のうち、「口合ひのや」という名称がそもそも連歌論書に由来するという点については、すでに劉（二〇〇八ロ）で論じられている。[25]

以上の（イ）・（ロ）・（ハ）をまとめると、『大概抄』や「姉小路式」におけるテニヲハに関する記述の一部は、早期の連歌論書の影響を受けたものと見ることができよう。

第四節　『抄之抄』以降の交渉の軌跡

先に挙げた表（表二）からは、『抄之抄（30）』以降、即ち宗祇以降の連歌論とテニヲハ論は影響し合いながら展開していったと考えることができる。一例を挙げると、前述の「らん」について、『連歌秘伝抄（14）』には次のような記述が見られる。

一、疑ひのらんに付る様、（証歌三首）
此付様、皆前の句らん也。うたがひのらんの心を付られたり。又、うたがはぬもあり。其はまれの事也。
（木藤一九八二　三八六頁〜三八七頁）

この記述より、連歌論の付合の観点が守られていることは明らかである。一方、「らん」を「疑ひ」と「非疑ひ」の二つに区分していることは、『大概抄』や「姉小路式」の立場（劉（二〇〇八イ）と基本的に一致している。[26]

『抄之抄』の後、テニヲハ研究書においては「姉小路式」の増補本系列が主流を成すと考えられているのに対し、連歌論書は『白髪集（22）』を祖述するものが多いとされている。[27]『白髪集』までは「発句切字十八之事」・「連歌やに七の次第」・「ぞかよの三字之事」・「にてとまるに五の次第有」といった内容は連歌論の重要項目としてほぼ変わりなく忠実に受け継がれている。また、テニヲハ研究書は連歌師によって相伝されたこともあり、連歌論書でありながら、本来テニヲハ論であった項目を取り上げるに至った。たとえば、「姉小路式」の「見ゆ[28]」は『肖柏伝書（18）』以降の連歌論書に影響を及ぼした項目であると考えられる。

（一、みゆと留り候句の上に置く文字）ふ　る　む　く　す　し　つ、此七の外有べからず候。たとへば、
あせたる池に鷺のとぶみゆ
暮るかたより雨おつる見ゆ
散りゆく花を一おしむみゆ
舟出す江に人さはぐみゆ
小山おろしの雲かへすみゆ
袖ぐちしるく戸をあけしみゆ
かり場の野辺に矢をはなつみゆ
（木藤一九九〇　一五一頁）

やがて、テニヲハ論と連歌論の区別を無視して、それぞれの項目をかき集めるような書も現れる。中でも「休

めの類」に関する箇所はこの傾向を最もよく物語っている。それまで、「休め」はほぼ和歌の典型内容の一つとして述べられてきており、連歌で言及されることは極めて少なかった。しかし、宗養あたりに至っては、明確に連歌論書で「休め」といった用語を掲げるようになったのである。しかも、その記述は明らかに「姉小路式」類のものであった。たとえば、『連歌奥儀明鏡秘集(25)』では次のように記されている。

やすめてにはに用る、かの事
ほとゝぎすけさの朝けに鳴つるは君きくらんか朝ゐやすらん
（木藤一九八七　二六四頁）

また、この書においては、他の項目でも多くの「姉小路式」の記述がそのまま取り入れられている。項目名を挙げれば、次の通りである。

【第十四　見ゆ留の事】（二四九頁）
【第一五　音相通の事】（二三七頁）
【第十七　比どまり】（二五一頁）
【第二十五　にて留押字の事】（二五五頁）
【第二十七　や文字廿一ケ条】（二五七頁）
【第二十八　カの字六ケ条口伝】（二六二頁）
【第二十九　やすめてには】（二六四頁）
【第三十四　ぞもじの事】（二六六頁）

【第三十五　のべちゞめの事】（二六七頁）
【第三十六　しをの事】（二七〇頁）
【第三十七　かへしをの事】（二七一頁）
【第三十八　十三ヶのはねの事】（二七一頁）
【第四十　ぞかよ三字の事】（二七四頁）

その他、『天水抄（27）』でも、元々テニヲハ研究書の記述であったものが、そのまま付け加えられた箇所を見いだすことができる。この書における「第六　やの字の事」は、連歌論書の「やの七次第」を受け継いでいるが、「姉小路式」の記述もそのまま加えられている。[29]

雪や　水や　花や　月や　此類、口合ノや也。
かつらきや　小初瀬や　此類、よひ出すや也。花やさくらん　雪やふるらん　うたかひのや也。心ならはやねかひ捨るや也。袖ぬらせとや　此類、疑ヒ捨るや。
冬川のうへは氷るわれなれやしたにかよひてこひわたるらん
道あれや　いとまあれや　人なれや　ありや　是皆おしはかるや也。

（伊地知一九七七　一九六頁～一九七頁）

ここに至っては、連歌論とテニヲハ論が影響しあうというより、単なる内容の融合となっている。付合のしかたを説明する初期の連歌論書における「テニヲハ」と歌における個々のテニヲハの使い方を説く研究書における「テニヲハ」とを比較すると、宗養の時代における「テニヲハ」の範囲は明らかに拡大しているのである。

換言すれば、時代が下るにつれ、「テニヲハ」が指す範囲は次第に広がっていったと考えられる。

第五節　連歌論とテニヲハ論が影響し合う過程の一私案

以上の考察からは、宗祇の時代、テニヲハ研究書と連歌論書の交渉は極致を迎えていたと言えよう。文法事項における両者の交渉は宗祇の『抄之抄』と『長六文(13)』において複数認められることはしばしば論じられており、[30]表(表二)からも、それが宗祇あたりから著しくなったことがうかがえる。

そして、宗祇を境として、連歌論とテニヲハ論の交渉は、基本的に各自の文芸特徴は守りつつも個々のテニヲハにおける修辞表現の解釈は影響し合うといった従来の方向性が次第に失われ、単なる記述内容の統合になってしまっている。その好例が、前述の「休め」の変遷である。だが、連歌と同じく「国風」の性格を有する「歌」に関しては「休め」という修辞表現法が用いられたのに対して、早期の連歌論ではなぜ「休め」が見うけられないのであろうか。これはまさしく和歌と連歌それぞれの特徴に対する文法意識によるものであろう。連歌は和歌よりも短い音節数で表現せねばならず、なおかつ一句において意味を完結させねばならぬという制約を受ける。従って、「休め」はそもそも連歌のような表現規範には適さない。ところが、宗祇以降の連歌論書においては、次第にこのような規定がなくなったようである。このことは恐らく宗祇の著作である連歌論書の一部に「休め」が頻繁に用いられたことに起因するのであろう。[31]後世の連歌論書においては本来テニヲハ研究書で執拗に論じられていた「休め」に関する記述が、ほぼ形を変えずに取り入れられるようになったのである。こうした流れの背景には以下の三点の理由が考えられる。

（一）テニヲハ研究書は、連歌師によって相伝されたこと。
（二）後世の著作は先人の諸説を取り入れることにより、その正統性及び権威を保とうとしたこと。
（三）時が経つにつれ、先人の記述が意味するところを理解することがますます困難となり、理解に限界が生じたこと[32]。

このように、連歌論とテニヲハ論は同じ軌跡を辿りながら、命運を異にすることとなった。宗養の時代を区切りとして、本来テニヲハ研究書に固有であった記述が連歌論書にも取り入れられていった。その結果、それぞれの文芸形式の特徴に合わせた区分が曖昧になり、特に連歌論にテニヲハ論の記述をそのまま持ってきたことで、連歌の特色が次第に損なわれていった。結局、連歌は衰退の一途をたどり、俳諧の台頭を容認するのみとなった。一方、テニヲハ研究書には難解な内容が数多く存在したものの、テニヲハを研究するという趣旨自体は決して揺るがなかった。そして『てには網引綱』といった過渡的な書を経た後、本居宣長や富士谷成章らにより体系的な日本語研究がなされたことは周知の通りである。こうして江戸期の日本語研究の隆盛に伴い、日本語学研究の土台が固まっていったのである。

以上、本書は「姉小路式」で言及されている文法項目を中心に、テニヲハ研究書と連歌論書における語学的な事項の交渉軌跡を辿ってきた。その過程に見られる交渉を局部的[33]通時的に考察した結果は、次の図（図一）で示すことができよう。

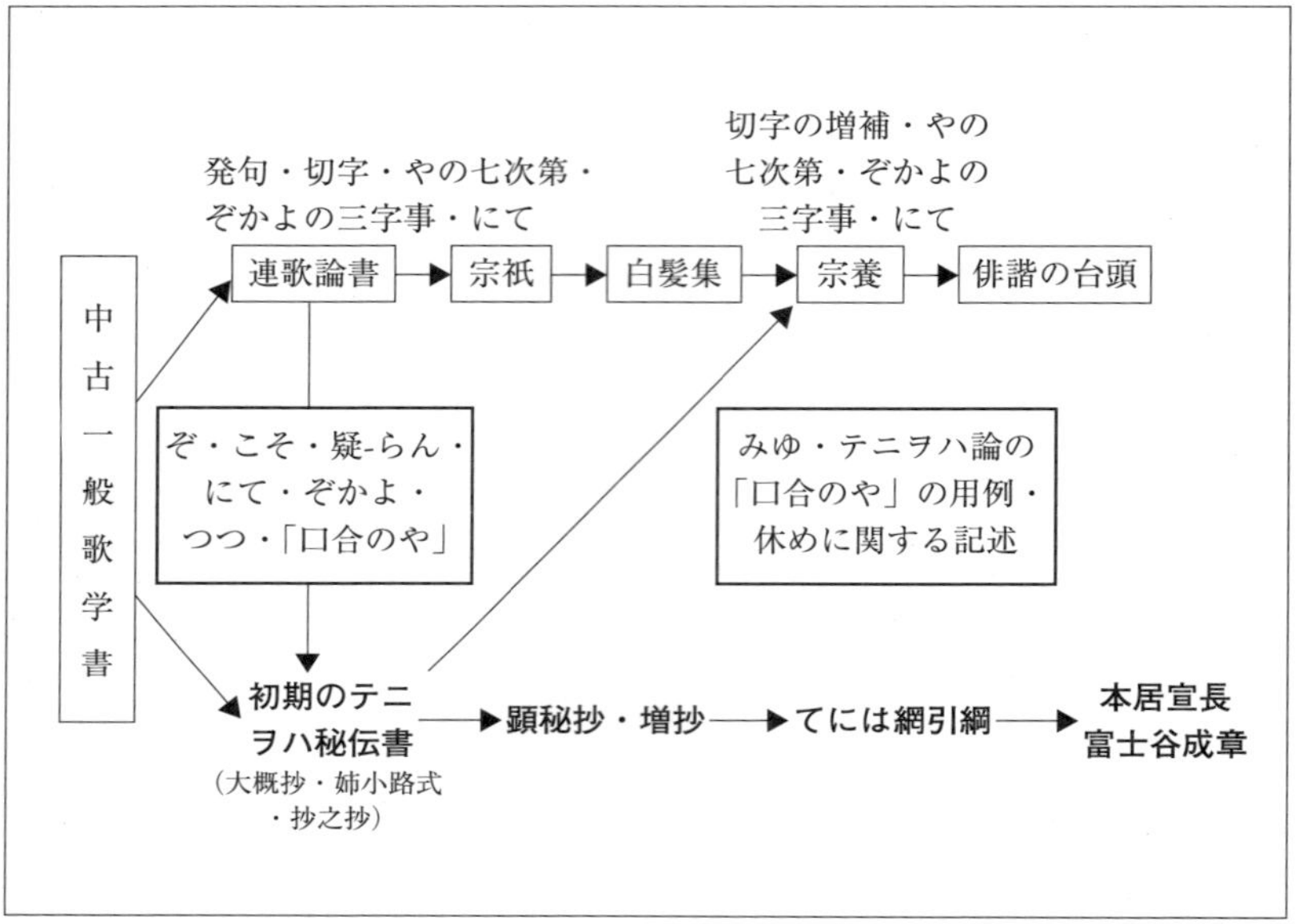

（図一）

まとめ

連歌論とテニヲハ論における文法意識の交渉の本質を考えると、閉じられた文芸の言語から、比較的等質の人々によって詩歌文学全体に対する開かれた意識へと発展していったことがうかがえる。また、これらの書に見られる記述の方法は、諸書の著者が持つ日本語史そのものに対する認識もしくは反省でもある。なぜなら彼らは先達の記述や理論を理解し、そこに自らの見解を加え、より発展させようとしているからである。言い換えれば、中世伝統文学におけるこれらの記述は、先行する諸書の記述を踏まえた成果であり、それまでの日本語文法自体の変遷が著者らの見解を内在的・論理的に支えているのである。それがたとえ一時的に退行するような事実があったにしても、日本語の表現は古代語から近代語へと次第にその論理性を明らかにする方向へ進んできたと理解すべきである。[34] そして、「理解→分析・反省→新しい認識が生まれる→結果として発展する」という過程の中で、同じ文学範疇であることにこだわらず、次第に周りにある文芸形式へ関心を払うということが行われた。自らの文芸に対する理論や学問を究めるために、新たな理論の支えを必要としたと考えられよう。従って、中世における、和歌と連歌に対する文法意識の交渉ないし融合は日本語が発展する上で必然であったと理解されなければならない。そしてその必然もまた、交渉や融合によって実現されたのである。

注

(1) 本書における「影響」は文法項目のものに限り、文学面のものは除外する。また「交渉」は影響し合うことを指す。「影響し合う」とは、一方の記述が単に他方に取り入れられることを指すのではなく、文法項目の記述に見られる捉え方が似通っていくことや、個々のテニヲハについての類似した説明のしかたが平行して発展していく傾向等を含む言語意識に対する広い意味での「交渉」である。

(2) 山田孝雄「連歌及び連歌史」『岩波講座　日本文学』岩波書店、一九三二年六月。

(3) 永山勇「連歌とテニヲハ ― 連歌学書におけるテニヲハ説の展開 ―」『立正大学文学部論叢』第三号、一九五四年一二月。飯田晴巳「『馬上集』の国語学史上の位置 ― 注釈と解説 ―」『国際学院埼玉短期大学研究紀要』第一〇号、一九八九年三月。永山は、初期のテニヲハ論に見られる一般的な傾向は、連歌論方面のテニヲハ説からの影響によるものとの認識を示している。飯田は、連歌論の係り結びや呼応について「歌学との交渉をかんがえてみる必要はいうに及ばない」と述べている。

(4) 星加宗一「連歌諸躰秘伝抄」『文化』八―一二、東北帝国大学、一九四一年一二月、一〇九〜一三六頁。根上剛士『近世前期のてにをは書研究』風間書房、二〇〇四年三月、一四一〜一六九頁。星加と根上は個々のテニヲハに関して、連歌論がテニヲハ秘伝書に影響を及ぼしていることについて触れ、研究の方向性を示している。

（5）　連歌隆盛時代、歌学の伝統を受け継ぐものとしてテニヲハ秘伝書が現れる。したがって、本書では連歌論書とテニヲハ研究書とを研究の対象とする。

（6）　同じテニヲハ論の書であっても、初期のものは秘伝の性格が目立つのが特徴である。本書は特別な断わりがない場合、「テニヲハ研究書」と称する。

（7）　根上剛士『近世前期のてにをは書研究』風間書房、二〇〇四年三月。竹田純太郎（書評）「根上剛士著『近世前期のてにをは書研究』」『日本語の研究』一―四、二〇〇五年一〇月、七六頁。根上は『大概抄』の成立を江戸前期と見る説を出しているが、竹田の指摘の通り、なお検討の余地があると思われる。本書は通説に従い、室町初期の成立と考える。

（8）　武井和人「『手爾葉大概抄之抄』をめぐって――室町期古典学研究の立場から――」テニハ研究会編『テニハ秘伝の研究』勉誠出版、二〇〇三年二月、九三頁。武井は『抄之抄』を宗祇の真作と断じることを疑問視している。しかし、氏も認めているように、通説ではこの書は宗祇作とされており、本書は通説に従う。

（9）　詳しくは序論を参照されたい。なお、「姉小路式」と呼ばれる一群の秘伝書には数多くの異本が存在する（根来司「姉小路式の諸本の系統について」『国語国文』二三―一、一九五四年一月。根上剛士「姉小路式の研究（三）――『姉小路式』の伝本について――」『埼玉大学紀要（人文・社会）』三九―二、一九九〇年九月（ロ））。本書では、福井（一九六四イ）に挙げられている諸伝本の翻刻及び根来（一九八〇イ）を参照した。

（10）　伊地知鉄男編『連歌論新集』古典文庫、一九五六年一二月（ロ）、七頁。

（11）　根上剛士『近世前期のてにをは書研究』風間書房、二〇〇四年三月、一四二頁。

（12）　此島正年「助詞の研究史と課題（日本語における助詞の機能と解釈）」『解釈と鑑賞』第四四二号、一九七〇年一一月、一三六頁。此島は「歌学のてにをは説と並んで連歌のほうでもてにをはがとりあげられた。連歌は多くの句の連続を生命とする文芸で、その連続にはむしろ和歌以上にてにをはの断続に関する必要があった」と述べている。

(13) 伊地知鉄男ほか『日本古典文学全集五一 連歌論集能楽論集俳論集（第四版）』小学館、一九七八年一一月、一七頁（初版 一九七三年七月）。良基は『僻連抄』で「連歌は歌の雑体なり」と綴っている。

(14) 井上誠之助「解題」福井久蔵編『国語学大系――手爾波一――』白帝社、一九六四年一月、五頁。

(15) 表（表二）を見る際、いくつかの重要文献を確認する必要がある。例えば、『連歌諸躰秘伝抄（7）』は、『抄之抄（30）』に先行すると考えられるため、（1）～（7）の書は初期のテニヲハ研究書より古い連歌論書である。三章で述べるように、それまでは連歌論書がテニヲハ研究書に影響を与えたと考えられる。次に『白髪集（22）』に注目されたい。これ以降の連歌論書はこの書を祖述するとされている。同じく三章で示すように、（8）～（22）の間は、個々のテニヲハに対する捉え方は平行して発展していったものと見ることができる。これに対し、『白髪集』以降、即ち（23）～（27）に於いては、連歌論書がテニヲハ研究書の記述を多く取り入れるようになっていった。詳しくは第四章を参照のこと。

(16) 吉永亜美「連歌論における「てには」小考」『女子大国文』第三二号、一九六四年二月（イ）、一八頁。

(17) 紙幅の都合上、詳しい記述は福井（一九六四イ）を参照されたい。「らん」（第一巻、六三頁～六五頁）、「かな」（第五巻、七四頁／第一一巻、八二頁）。

(18) 福井（一九六四イ）を参照されたい。「姉小路式」の「物を」（第七巻、七七頁）は呼応的な視点による記述ではない。

(19) 「疑ひの言葉」と「らん」をはじめ、「ぞ」・「こそ」・「にて」・「みゆ」など多くの項目にわたって、個々のテニヲハ同士の呼応関係が注目されている。

(20) 拙稿「「姉小路式」における係助詞の捉え方――「ぞ」「こそ」の巻を中心として――」『歴史文化社会論講座紀要』第六号 京都大学大学院人間・環境学研究科、二〇〇九年三月（イ）、一一頁～一三頁。筆者は、『春樹顕秘増抄』の著者有賀長伯は、「姉小路式」の「ぞかよ」は本来和歌に関する説明ではないように理解したのではないかとの考察を行った。またそこから、「姉小路式」の著者が「言い捨つる」と「言い残す」を対照的に捉えることにこだわり過ぎた結果、初期の連歌論の重要項目の一つである「ぞかよの三字事」を援用することになったと推論した。

(21) 拙稿「「姉小路式」における係助詞の捉え方――「か」「かは」の巻を中心として――」『人間・環境学』第一八号　京都大学大学院人間・環境学研究科、二〇〇九年一二月(二)。

(22) 根来司解説『手爾葉大概抄　手爾葉大概抄之抄(国立国会図書館蔵)』和泉書院、一九七九年八月(ロ)、八頁~九頁。「尓手者宇具寸津奴通音遠波毛加羅以此五字不押不留也」とある。

(23) 根上剛士『近世前期のてにをは書研究』風間書房、二〇〇四年三月、一五一頁。

(24) 福井(一九六四イ)を参照されたい。「にて」(第一二巻、八四頁~八五頁)。

(25) 拙稿「「姉小路式」の「や」の巻について」『日中言語研究と日本語教育』創刊号、好文出版、二〇〇八年一〇月(ロ)、七頁~八〇頁。筆者は「姉小路式」の「口合ひのや」は、連歌論書の重要項目の一つで「やの七次第」にある「口合ひのや」を取り入れたものであると論じた。なお「や」(第四巻)の記述については、福井(一九六四イ)の七一頁~七四頁を参照されたい。

(26) 「姉小路式」の「らん」については福井(一九六四イ)の六三頁~六五頁を参照されたい。

(27) 根上剛士『近世前期のてにをは書研究』風間書房、二〇〇四年三月、一五九頁。

(28) 「姉小路式」の第一三巻の一項目である。福井(一九六四イ)の八五頁~八六頁を参照されたい。

(29) 福井(一九六四イ)の七一頁~七二頁を参照されたい。

(30) 永山勇「所謂長六文の二三記載に就て」『国語国文』一三―九、一九四三年九月(ロ)、四八頁~五六頁。

(31) 奥田勲ほか『連歌論集能楽論集俳論集(新編日本古典文学全集八八)』小学館、二〇〇一年九月、九六頁。中に所収されている『長六文』で「いつしか」の「し」は「休め字」とされている。ただし、この書においては連歌のみならず、和歌の作法も説かれている。「いつしか」の箇所は和歌に関する記述であると思われる。

(32) 拙稿「「姉小路式」の「や」の巻について」『日中言語研究と日本語教育』創刊号、好文出版、二〇〇八年一〇月(ロ)、七九頁。拙稿「「姉小路式」及びその周辺に於ける「休めの類」」『日本語の研究』五―三(『国語学』通巻第二三八号)、日本語学会、二〇〇九年七月(ハ)、一一頁。筆者は、「姉小路式」の増補本系列の記述を考察した上で、時代が下るにつれ、一部の記述が十分に理解されないまま、後人による誤解を孕んだ内容が伝えられていったと述べた。

(33) テニヲハ研究書と連歌論書の成立や伝承に鑑みて、主として中世から近世を扱う。

(34) 阪倉篤義『日本語表現の流れ(岩波セミナーブックス四五)』岩波書店、一九九三年二月。

付録一　手耳葉口伝　懐紙作法　全

「姉小路式」と呼ばれる一群のテニヲハ論書の一写本である。水戸彰考館所蔵。書写情報に関しては不詳な点が多い。典型的な「姉小路式」の諸伝本は十三巻を立てているが、この写本は巻別を持たない点が特徴的である。この点を根拠の一つに「姉小路式」の原形説が立てられていたが、後には否定された。しかし、「姉小路式」の著者や成立年代を考察する場合には、必ず参考にされる重要な伝本であることは争えない事実である。

一九八〇年二月和泉書院よりこの写本の影印資料が出版されているが、本書が刊行するにあたり、公益財団法人徳川ミュージアムのご厚意により、影印資料の部分掲載（写本の三頁〜二一頁に相当）を許可して頂いた。ここに記して御礼を申し上げる。

とそ殿さましうへ御めてたく[illegible]
あまりあるの事とひあそ[illegible]
御なかをそうへにもとをはされてもいさゝはさ
てんにして心のうちわくはさもとよいか
あそんにほうしてあにつそうにあれをさ
もなほしうくそてしく
一 ちゝにて御その御すゝめんとさゝりんには
やかゝかへあたおそなど川ばくいれ
いかはばいふでうばくひ半れいばきはこ
ふれらの事ともいつそしてまいられ候
ぬぞ御めでたく

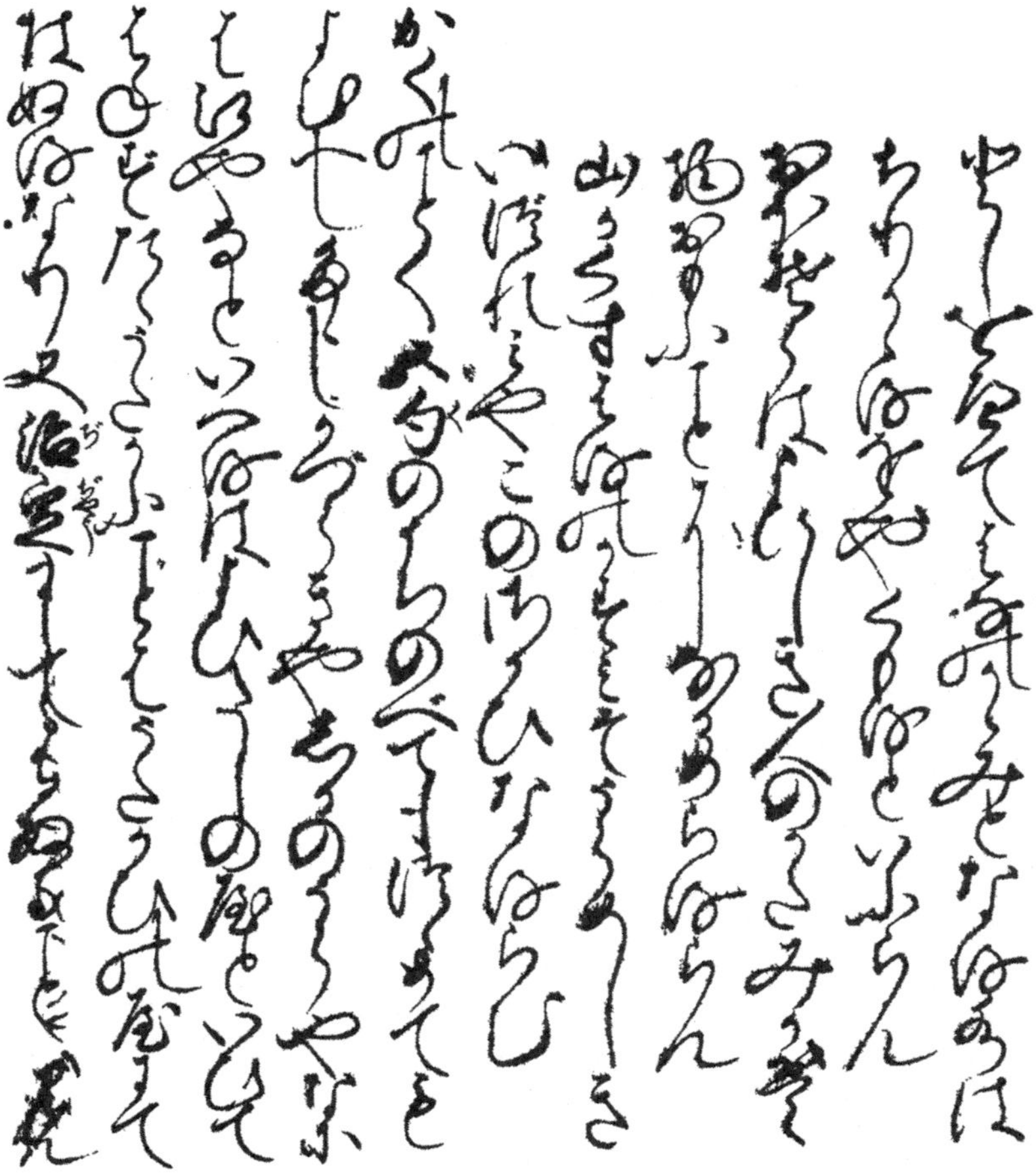

げんせいがんあり
まのあたりひまわ文ありへりてちぬはずまれは
うらみつゝ思ひをわけ給へただひたすらへあきまほ
かゞみまでよれはのうすてもの十し
をかへても
うすき山この月あれまさも月あかればく
みそかわかぬさもかぎけはゝもら集
みちをぞしはのくらきよそのがたこえし
をはのとゝかきみくらむ
のをてをぬはすぐれんとうびへもろ
うとびこしてうにてうしとてうらうひうへてと

ミそへて書候ハゞふところがみもちびき候也。
わかの御題ハ御製にてかしハ、ばかれどもらん
のうへなどぜし又うへのかたとぞめぐらば
ぼんどもかけばかきそのもとにてあつき上へ
あつくそへん
一懐紙と申事はそのちかわまくの上ニ書也わ
つし又義す三の書にておろへうわ寸三の
書とはすぐなるをげにぬいあじゆるか御
かねぞとふ。いかぞてらく。かまるそ御事
人あいあそそ。だまそへのきぬことそうり
いもぞ此ほ御題をかきすふ。ハふそなの也

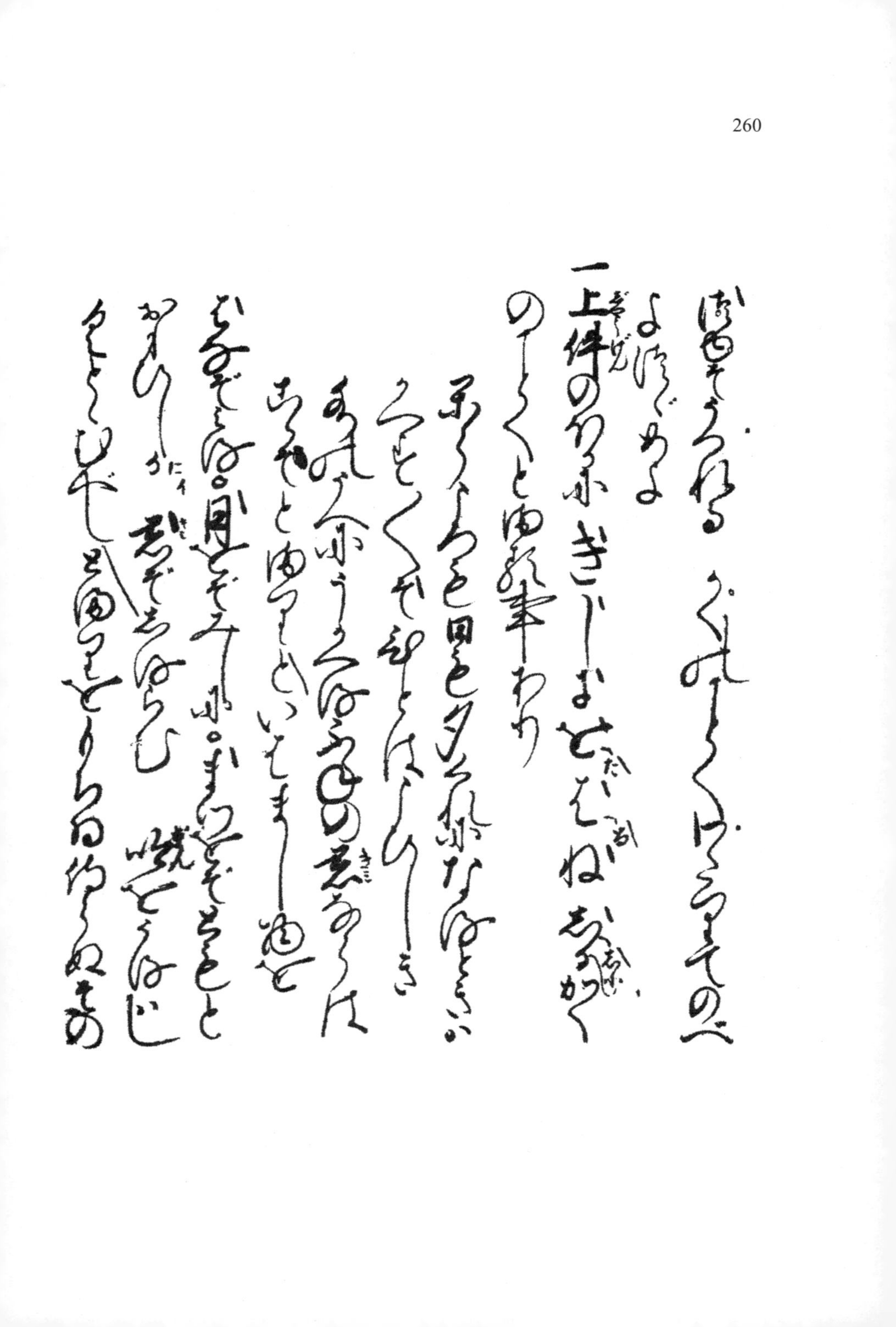

[illegible]

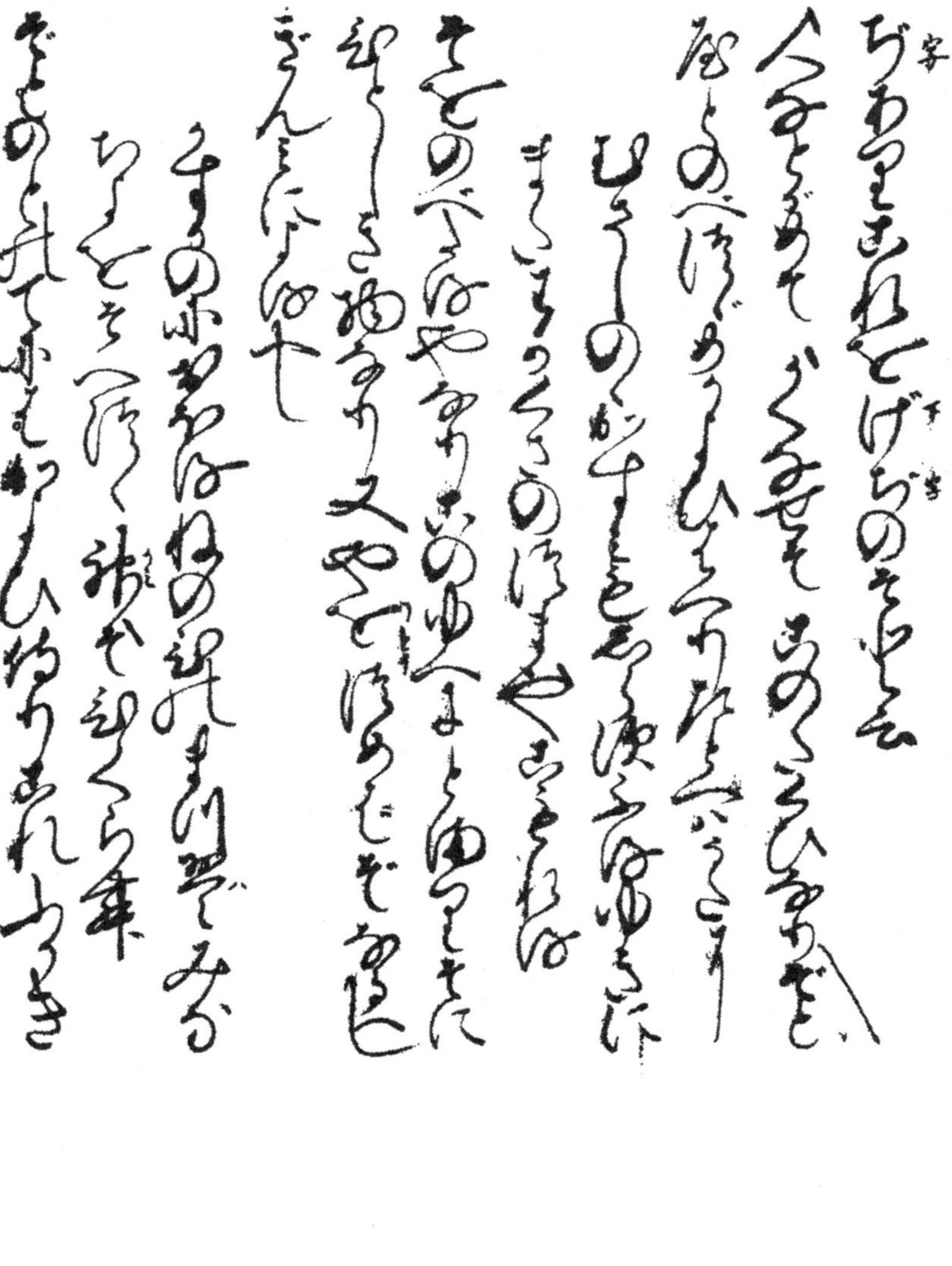

くでんよく〳〵御ならひ候へし
このみちはかへるまうしいうの事
いかにもよく〳〵てわきうせのかく
御心得候てそのにおもむきをなる
あるまじくやうにいうくわしきのなく
これて御はし候そのつくりくひきのうく
うせそうくう御すそなくいうれをかよひ
何事のもいふかきこと一のうらふうお
御もうふすくいでかは候しきれぬく
でんかり御まなひ候へし
さはさすとみをはかなる出きとは

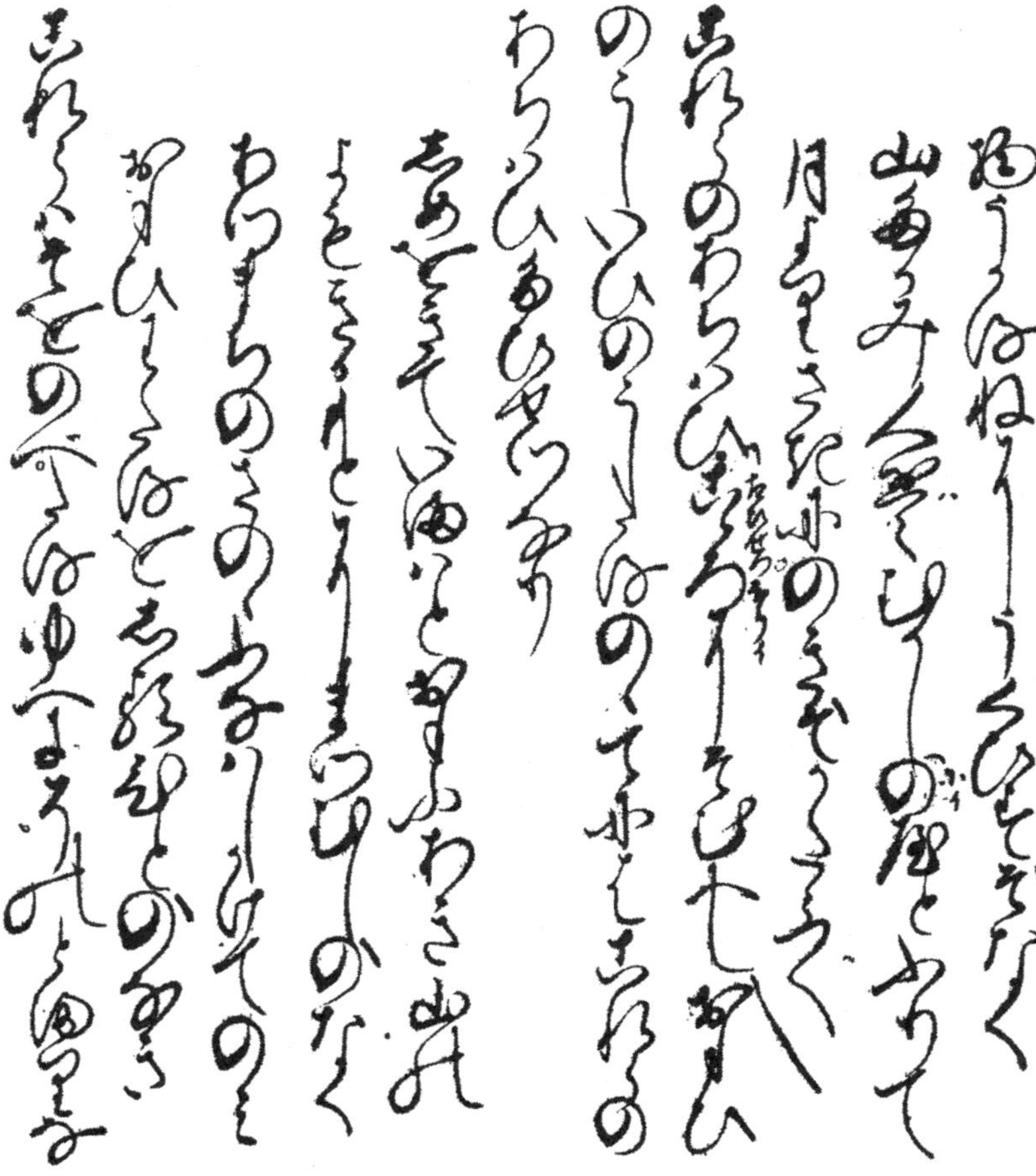

暑さもきびしく
だいとういひのことてんにしおもひ　そかよのこゝ
のみをとらひ給り　かそ　ばか　いとよろしく
こゞひかまゐ　御きころそ　御め出　君
う中の文いひもつるそおもしげらずはおす
さいの三文字ハてとるめう便くそん
みそれてしまふうともとしふも
いろよとしつきこのゝおもれそ
あれいひもつはそかり今おそしそといろと
御めり才字の事えでと御けれし才字の事さんは
楽げぜでねへかにまき　恐かしこ
江

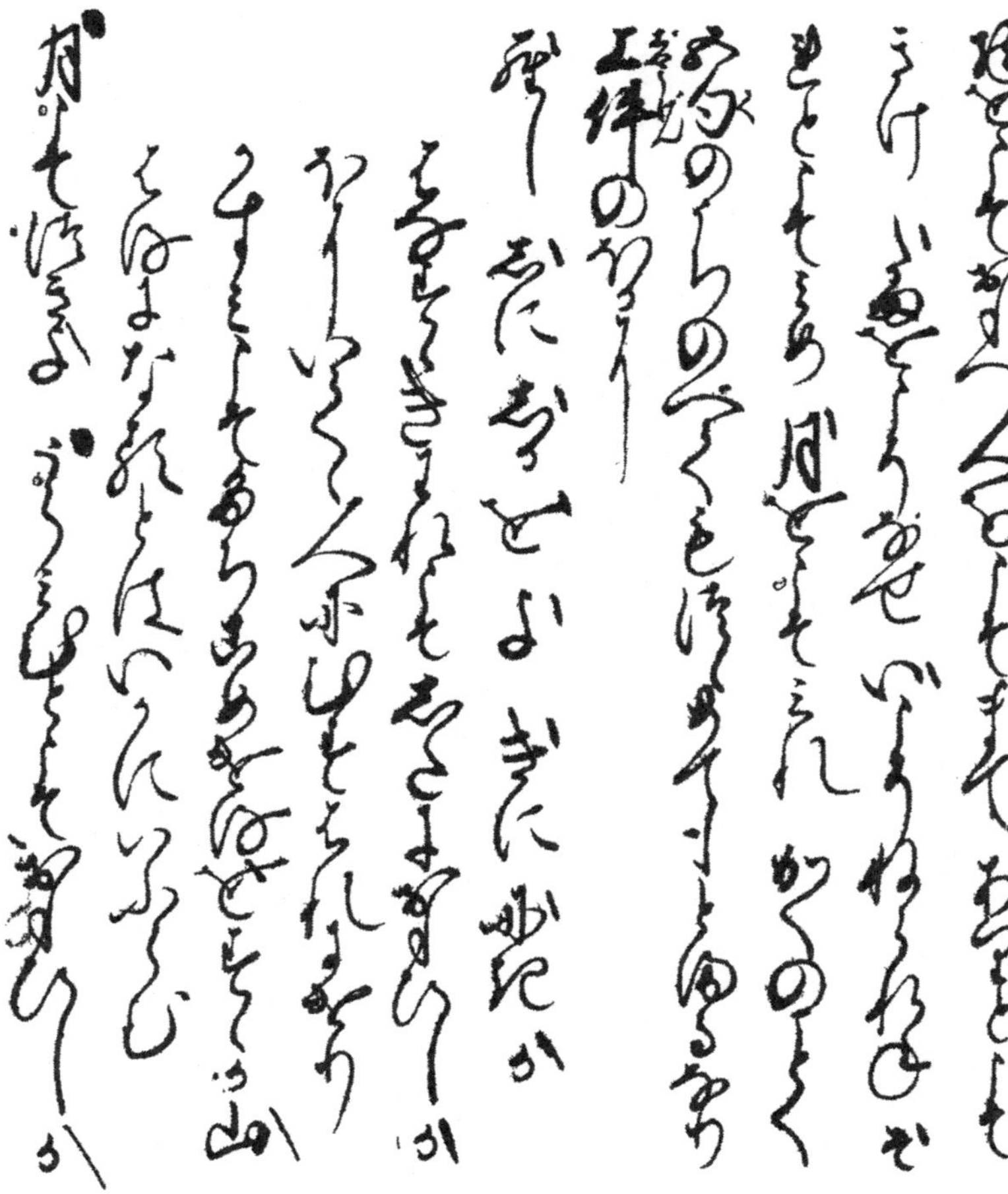

●まねをせられけるつゐに
くのゝくにゝ侍りけり七十二ヶ国のうちに
しほがまといふところにゝたるところなかりけるを
まことにおもしろきところになん
うといふところをいまにいたるまで[illegible]
奴[illegible]侍りける[illegible]ありけるとなん
[illegible]もせられてありけり
ちのおくにおもてなる川[illegible]
こゝろみちのくのかたにいそわかれ
かくのごとくなる川のちりよりおもひおきて
しそ色[illegible]のおもひ侍り

一やのなの事
◦ふちわけや　ゆみや　かりまたや　ひとつばかり
◦ひきめや　かぶらや　とがりや
◦そびのや　かるやなくらし　おとやなくらし
◦そうひくもつや　おそねせや
◦ねりひのや　出ねくもののたちまちおもむく　ねりひもつや
もつるまかすし
はやのくさや　くさかくさや　からはや
ふだうまえのすくみだ、出ねるまえなきや
ちさふうまひてしひさならじ
おもいきやはまのーめのくまれや
わがいふまことをすゞかなは
ふでけ

みちわれや いはまわれや おなつくし
ちりさゆやのちずなり おれやなれやなり
おれやはわかやなりぬやとりふてまで栄に
女をて人使記うしわ人を自任よなり
あろの風をともゆけさうかめや
はゝけさうあや■ちるけ十しとなり
いろつ小身はなすさく花くわきれ
あふのさうなみひきらちしめや
都ひうまあきてなかゆきおもの
ことまて人いわれそこうかめや
あれしかなふまて小もしあれまも思ふいよかむそ

ちよしやせんわちぞこまやせし候ぞと云
てかも
おひよけるおきさのまいれるみかまと
きげめはげともに候ふらし
ねのひをは御ずきのちれまいり候
ちよとばそのふのやふらは
きねおめやとどすかぶへおりきげめはう
げともそ山やふらしさてワずみの人をおり
ちなともじそのおもやふらしきみが人を御
おずしく候ぞといふて給ちもとを候を先
ちかしく候ぞといろはをわり

ちるやいちゐんふたつのわうしふし
あのくさひきりくさちるやちゐんまてありや
いのちみちを（字）つゆやくして あゐ風ともかく
あてゆもわりものぢをたしてみ侍るも
わさの田みおのへてゝ侍るはまみし
ひさのまへまれやつしれ（まあちとこてに侍くらむ）（イ＝せし）
ゆき風ぬゆあちだとだはゆのもみはく
あま川そゝあはほのやおくらむ（まあちとこてに侍くらむ）（イ＝せし）
身しゆき風ぬのさく在ゑのあひまわ（訓イ）（二字イ＝せし）
いやとふふてふし文とひけだほしとつゑらを
かは川はわかぬゝしにはほれきくて

ことばゆるしかひあるまじきや
らちそくよりのゝ色もまうしんのな
しかけしやかわれあるまじきや
風すみくは風のちがひあり
ぶるやおもれ　ぶすやゆぶむ
あさくひあけまけ候へとあはなふきやかるく
一あらの手ぶさびひのき候のはしとく
うひのやのらよおれば　ぶもいろはてあもと
かといろはもとわりさよ
ありべへともは絹ゆもかかくしひあく
くのしさりのと人にあくせん

名残さすや いなかのきしの夕に
さびしくもわはかなげくしのゝ忍
まへのさしい心づくしは物中もうみといへすの
ちぎれさいさまし をもわはうみとよあつき
わさみえてもほとよあまりけくさつ法をを
くらへ中もぬけるさはの食事さふ
おつといふて中も
おふらさはの屋まへよらし行く
捨ことゝもへいきぬたひつしてくる
おつもうけの月もわしのまさせに
なきもなつもしそしよ御もさ見へしる

あしはかへさる文字のしるしにてはなり
ちりといふてはしもかしひかり文字の
しのちよりを除てかくちりといふはをわり
ねふきうちよりものは事をもわかりよくく
わらはへ侍るへきなり
かなといふては除なをといふてはてまし侍り
音ふのもとを除てかもしれとさるをも
さりとを除てこともその外かな
わしさいろかさんのそくとみる
ちらまねは除よはるのかい
かなといふはもしのちをいひ除しめてかまはむ

あるゆふへでし
いかでいかのかのかは風ばかりは
よめきこしのこゝろにけるものぞらじ
わふひぐさてはあはれのこゝろなるべく
げさまさまゝまげなびくらん
かとひくかうかいもちあはするをわかれ風のぢ
のきえりし風すめてにもよもちゆはか
ほとしぶすけさのわかけはあはうつる
こゝみさくらんかわさの風もらん
一しをといふてはし乳そ句のあとらるまよきを
とふはおかくいひのとはゆわかけし

翻刻

【凡例】

一、底本には、彰考館文庫蔵『手耳葉口伝』の影印本（和泉書院出版）を使用した。
一、底本には丁数が記されていないので、便宜的に丁数を付した。
一、底本の丁数・表裏は、漢数字とオ・ウで示した。
一、本文に施された濁点などの書き入れは本文に＊を付し、書き入れを翻刻の下欄に示し合点は、で示した。
一、挙げられている証歌には通し番号を付した。

手耳葉口伝　懐紙作法　全

—一オ—
をよそやまとうたはことの葉をもていろみ
えぬこゝろのほとをいひあらはすことなれはて
にはをかんよふとするされはいたりたるさう

てんにして心のほかにあらはさす*といへとも
しそんにつたへむためにひそかにこれをしる
すなるへしかたくひすへし〳〵
一　はねてには●の事らんとうたかはんには
、や 、か 、かは 、なに 、なそ 、など* 、いつ 、いつく* 、いかに
、いかなる 、いかてか* 、いくたひ 、たれ 、いつれ* 、いつこ*
これらのことは*のいらす*してははねられ侍ら
ぬ*そたとへは*

—一ウ—

としをへてはなのかゝみとなる水は
ちりかゝるを 、やくもるといふらん（一）
おほそらはこひしき人のかたみか 、は
物おもふことになかめらるらん（二）
山かくすはるのかすみそうらめしき
、いつれ*みやこのさかひなるらむ（三）
かくのことく五句*のうちのへて*もつゝめても
よむへしたゝしかつら*きやしかのうらやなに
は江やなといへるはよひたしのやといひて
はねす*たゝうたかふことはうたかひのやにて

すーず
とーど（ナニノ心ナリ）　つーづ
てーで　つーづ　つーづ
はーば　すーず
そーぞ　はーば
つーづ
句ー句〳〵　へーべ
つーづ
すーず

はぬるなり又治定*してはぬること、見ん
―二オ―
、ねん、せむ、けん、なむ
このるひなり／又おさへつめてはぬる事これは
かなのかゝゑかはれり　、さへ、たにはこゝろへあり
、そ、お、に、わ、てこれらのかなにてはねへし
たとへは
かすか山みねの木のまも月なれは*
みきりひたりに*、そ*神*はまもらむ（四）
みちとをしいるのゝはらのつほすみれ*
はるのかたみ、につみてかへらむ*（五）
／のへてはぬる事くてんか*たうたか*ひもろ
うたかひこゝをみてかしこをうたかひかしこを
―二ウ―
みてもつてこれをうたか*ふみなはねち*、らし。
、あらぬ、■*まし*と云てにはいつれ*もらん
のかゝへなるへ*し又かゝへのかなをりやくしたる
らん*とまりつめ**はねと云てふかき心へ

治定―治定（ちぢやう）
はーは（バ）
たーだ　そーぞ　神ー神（かみ）
ほーぼ
てーで　かーが
かーが
かーが　ちーぢ　字是各一ふうにて侍る
、ぬらし　へき　つーづ
へーべ
とーど　めーめ（ヅイ）　はーば

なりくてん

一　そといふ事此そのちに*あまたのとまりあ
り五*音第三の音にておさへたり第三の
音とは、う、く、す、つ、ぬ、ふ、む、ゆ、る、ふ*
、われそ*とふ。、はなそ*ふく。、なみたそ*袖に
たまはなす。、なみそたつ。、きぬたをそうつ
、とひそ*こぬ。、物をそおもふ。、人をそ*たのむ

—三オ—

、つゆそうつれる　かくのことくわたりてのへ*
よつゝ*めよ
一　上件*のほかに、き、し、に、を、は*、ね*、しかかく*
のことくとまる事あり

からころも日も夕くれになるときは
かへすく＼、そ*ひとはこひしき（六）
水のうへにうかへるふねの君*ならは
こゝ、そとまり、といはまし物を（七）

、はなそ*みる。、月をそ*みしに。、まつをそ*ともと
おもひしか*　君そ**しるらむ　吟*をうるはし
くとゝむへし*／とまりをもちゐ侍らぬその

ちーぢ
音ー音（いん）
ふーふ（う）
そーぞ　ふーふ（さい）　袖ー袖（そで）
そーぞ　そーぞ

へーべ
ゝーゞ
上件ー上件（じやうげん）　、た　、る　、しに

そー、そ
君ー君（きみ）

そーぞ　そーぞ　そーぞ
かーか（にい）　君ー君（きみ）　そーぞ　吟ー吟（ぎん）
へーべ

―三ウ―
ち*ありこれをけ*ちのそと云
ゝ人なとか*めそゝかくなせそ　このたくひなり／そ*と
やとのへ*つ*ゝめかよひはへりたとへはうたに
　むさしのゝかすみもしらすふるゆきに
　またわかくさのつまゝやこもれる（八）
そ*をのへ*たるやなり　このゆへにとまりそに
ひとしき物なり　又や*をつめは**そなるへし
き*んみによるへし
　かすかのにおほるねの*ひのまつは*みな
　ちよをそへつゝ神*ゝそひくらむ（九）
そ*とのとのてにはかよひ侍りこれふかき
―四オ―
く*てんよく〳〵ひすへし
　きのふかもさなへとりしかいつのまに
　いなはそよきてあきかせゝのふく（十）
　おりつれはそてこそにほへむめのはな
　ありとやこゝにうくひすゝのなく（十一）
これにてしるへしかせのふくうくひすのなく

ちーぢ（字）　けちーげぢ（下字）
かーが　そーぞ
へーべ　ゝーゞ

そーぞ　へーべ
をーを（とイ）　はーば　そーぞ
きーぎ
ひーび　はーは（ハ）
神ー神（かみ）
そーぞ

てーで

かせそふくうくひすそなくいつれもかよひ
侍りのといふときは一しゆのうちにか丶へあ
るへしか丶へなくは*そなるへしこれふかきく
*てんなりひすへし
　はるきてもはなもにほはぬ山さとは

―四ウ―

物うかるねにうくひす丶そなく（十二）
山たかみ*人はむかし*のやとふりて
月よりさきにのき丶そかたふく（十三）
これらのあちはひ。*こ丶ろにそむへし／おもひ
のこしいひのこしたるの丶てにはこれらの
あちわひたいせつなり
　しめをきていまはとおもふあき山の
よもきかもとにまつむし丶のなく（十四）
あつまちのさの丶ふなはしかけてのみ
おもひわたるをしるひと丶のなき（十五）
これらはそをの*へたるゆへにそのとまりな

そ―ぞ
て―で
は―は（ハ）　の―の（にイ）
丶たひせつなりイ
へ―べ

—五オ—

るへしひすへし〱
／そ*といひのこすてにはあり、そ、か、よのみつ
のかなをかゝひ侍り　、とそ、とか、とよ／かやうの
たく*ひかまた　、君かこゝろそ　、君か心よ　君
か心か／又いひすつるそありけ*ちにはあらす
この三文字*はてととまらす*くてん
　みそきしてむすふかわなみとしふとも
　いくよすむへき水のなかれ、そ（十六）
これいひすつるそなり／およそこそといへると
まり第四の音**にてとまるへし第四の音とは
、*ゑ、け、せ、て、ね、へ、め、江、れ、*へ

—五ウ—

、物をこそおもへ　、人をこそまて　、ありとこそ
きけ　、たまをこそなせ　、いこそねられね　、そ
れとこそみめ　、月をこそみれ　かくのことく
五句*のうちのへ*てもつゝめてもとまるなり
上*件のほかに
、らし、しに、しか、を、よ、きに、にき、か

そ—ぞ
く—ぐ　君—君(きみ)
けち—げぢ(下字)
字—字(ぢ)　す—ず
音—音(いん)　にて—にて(ぞイ)
ゑ—恵(え)　へ—[illegible](ゑ)
句—句(く)　へ—べ
上件—上件(じやうげん)

はなすゝきわれこそしたにおもひしゝか
ほにいてゝ人にむすはれにけり（十七）
かすみこそたちこめけるゝをすゝかゝ山
はるになるとはいかにいふらむ（十八）
ゝ月こそつきゝよゝうらみむとこそおもひしゝか

―六オ―

ゝわれこそうらみはつへきゝに
かくのことくとゝめ侍るへし／いひのこすこそあり
はるもすき*あきのくるゝとか*きりあるを
またもあひみむことをのみゝこそ（十九）
／そといふにもこそといふにもとゝめてとまら
ぬ事*侍りこれまたふかきくてんよく〳〵
ひすへし〳〵たとへはうたに
ちのなみたおちてゝそたきゝつしらかわは
きみかよまてのなにゝこそありけれ（二〇）
かくのことくたきつ*の川*のちにならひあり
こそ*もこのあつかひ侍り

きーぎ　きーぎ
りーり（ゐイ）
川ー川（ツ）　ちーぢ
そーそ（ソ）

—六ウ—

一　やのち*の事

。くちあひのや　、ゆきや　、こほりや*

。よひいたすや　、か*つらきや　、をはつせや

。うたかひ*のや　、はなやさくらむ　、しもやおくらむ

。うたかひてすつるや　、そてぬらせとや

。ねかひのや（これは句のうちにあるへしねかひすつるにおなし）　。ねかひすつるや

、心ならはや*　、人とならはや*　、はかるや

ふゆかわのうへは*こほれるわれなれ　、や

したにかよひてこひわたるらむ（二一）

おほ*つかなうるまのしまの人なれ　、や

わか*いふことをきかす**かほなる（二二）

—七オ—

、みちしあれや　、いとまあれや　／おなしくをし

はかりたるやのちなり*　、なれやはなるやなり*

、あれやはあるやなり　／めやといふてには哥に*

世をてらすひよしとあとをたれにけり**

こゝろのやみをはるけさら　、めや（二三）

はるけさらめや　●はるけへしとなり

ちーぢ

此たくひなり

つーづ

かーが

はーば　はーば

はーは（ハ）

ほーぼ

かーが　すーず　かーが　なるーなる（にてイ）

ちーぢ（字）　るーる（れ）

哥ー哥（うた）

ひよしーひよし（日吉）　にーに（てイ）　けーげ

いたつらに身ははなさくらさくらあさの
おふのうらなみむそちこえ、めや（二四）
おもひかわたえすなかるゝ水のあはの
うたかた人にあはてきえ、めや（二五）
これはおなしてにはなれとも心かはれりむそ

―七ウ―
ちこえやせん。あはてきえやせむ／やはと云
てには
　おひにけるなきさのまつのふかみとり
しつめるかけをよそに、やはみむ（二六）
　ねのひするまかきのうちのこまつはら
ちよをはよそのものと、やはみる（二七）
これはめやとをなし心はへなりしつめるか
けをよそにやはみむたゝわかみのうへとなり
、ちよをはよその物とやはみむきみかうへとなり
／おなしくやはといふてにはもはをやすめ
ちにしてやはといへるとあり＊

さーざ
ちーぢ
えーえ（エ）　すーず　かーが
えーえ（エ）
しーじ　とーど

。人にイ　てーで　えーえ（エ）　といゐることはなりイ

とーど
しつめるーしづめる（しめつるイ）　けーげ
かーが　はーば
はーば　むイ但シムル通音也
はーは（ハ）　しーじ　はーば
けーげ　ゝーゞ　かーが
はーば　むーむ（るはムル●通音）　かーが
しーじ
ちーぢ　おなしく以下イニ無し

—八オ—

はな　、やはちらんよはのあらしに
このたくひなりた〵はなやちらんまてなり　、や
はのはのち*をりやくしてた〵*やと*はかりいへ
るてにはありはのち*をたしてみ侍るへし
あきの田のほのうへてらすいなつ*まの
ひかりのまにもわれ　、やわ*する〵（二八）
ゆきやらぬゆめち*をた*とるたもとには
あまつそらなるつゆ　、やお*くらむ（二九）
た〵しゆきやらぬのうたは*へつのならひ*これあり
/とやといふてには又とひかけて*にはといゑり
うつ〵にはあはぬけしきにつれなくて

—八ウ—

みしをは*ゆめにいひなさむ　、とや（三〇）
くちはて〵よるのころもをか*はすかな
しほとけしとやあわれなり　、とや（三一）
/やすめたるやのち*あり
、ふるやあられ　　、さすやゆふひ
このたく*ひなりこれは*うたにはよふしやあるへし

ちーぢ字　〵ーゞ　はーば
ちーぢ
つーづ
はのちをこ〵にいれてみるへしイニ無し
ちーぢ　とーど
はのちをこ〵にいれてみるへしイニ無し
へつーへつ別イ　これーこれ二字イニ無し
てーでママ

はーば
かはすーかはすかへす哉イ
ちーぢ字
くーぐ　はーはハ

一　かのち*の事／うたか*ひのかつねのこと*しうた
かひのやのち*におなし*／かなといへるてにはを
かといへることありうたに
こゝろか*へする物にも、かかたこひは*
くるしきものと人にしらせん（三二）

―一九オ―

夕月夜さすやいほり*のしは*の戸に
さひ*しくもある、かひくら*しのこゑ（三三）
まへのうたは心か*へする物にもかなといゑり、の
ちのうたはさひ*しくもあるかなとよめり
あさみ*とりいとよりかけてしらつゆを
たまにもぬけるはるのやなき、か（これやなき／かななり）（三四）
／しかといふてには
おもふと*ちはるのやまへ*にうちむれて
そこともいはぬたひねして、しか（三五）
ありあけの月もあかしのうらかせ*に
なみはかりこそよると*みえ、しか（三六）

ちーぢ（字）　かーが　こーご
ちーぢ　しーじ
かーが　はーは（ハ）
いほりーいほり（おかべイ）　はーば
ひーび　くーぐ
かーが
ひーび
とーど
とーど　へーべ
せーぜ
はーば　えーえ（エ）

—九ウ—

このしかはおほかた過去*のしのてにはなり
しをといふてにはにもかよひ侍り／又過去の
しのち*にかをやすめてしかといへるもあり
／ねかふこゝろにもちゆる事もありよく〳〵
あちはへ*侍るへきなり
／かはといふてにはやはといふてにはにつうし*侍り
　けふのみとはるをおもはぬ*ときたにも
たつこと*やすきはなのかけ*、かは（三七）
あかしかたいろなき人のそて*をみよ
す*ゝろに月はやと*るもの、かは（三八）
／かはといふに*もは*のちをはやすめてにはによむ

—十オ—

事たとへは
　いかならむいはほのなかにすまはか*、は
よのうきことのきこゑ*こさらむ（三九）
あふひく*さてるひはかみのこゝろ、かは*
かけ*さす*かたにまつ*なひくらん（四〇）
／かといひてかはにもちゆる事もありやのち*

過去—過去（くわこ）
ちーぢ
へーべ
しーじ
ときーとき（年イ）
けーげ
かーが　てーで
すゝろーすゞろ（こゝろならすナリ）　とーど
もーも（モ）　ちーぢ
はーば
さーざ
くーぐ　はーは（ハ）
けーげ　すーす（るイ）　つーづ　ひーび
ちーぢ（字）

のさたのことしやすめてにはにもちゆるか
　ほとゝきすけさ*のあさけ*になきつるか*
　きみきくらん、かあさゐ*やすらん（四一）
一　しをといふてにはをよそ*　句*のおはりにしを
　といふはおほくいひのこす事あるへし

―十ウ―

　わかこひ*のあらはにもゆる物ならは*
　みやこのふしといはれなま*、しを（四二）
　つゐにゆくみちとはかねてきゝしかと
　きのふけふとはおもはさり、しを（四三）
　これらかしをとおさへてことはるすか*たなり*
/たゝ*をといひていひの*こす事あり
　物おもはて**たゝおほかたのつゆたにも
　ぬるれはぬるゝあきのたもと、を（四四）
/かへしのを
　ゆき*かへる八十*うち人*のたまかつら*
　かけてそ*たのむあふひてふな、を（四五）

きーぎ　あさけーあさけ（朝明ナリ）　かーか（はイ）●●
あさゐーあさゐ（アサネナリ）
をよそーをよそ（凡ソナリ）　句ー句（く）

かーが　はーば
なましをーなましを（ならまし をイ）

かーが　なりーなり（もありイ）
ゝーゞ　のこすーのこす（残イ）
てーで　たゝーたゞ（たれイ）

かへるーかへる（すイ）　八十ー八十（やそ）　ちーぢ　つーづ
そーぞ

—十一オ—

これはあふひてふなをかけてたのむといへる
*はかりなり
/物をといふ事これはいひのこすてにはなり
　しらたまかなにそと人のとひしとき
　つゆとこたへてきえなまし、物を（四六）
　はふりこ*かいはふ*やしのもみちは*も
　しめを*はこ*えてちるといふ、物を（四七）
/物をといひてことはる事もあるうたに
　ちるとみてあるへき、物をむめのはな
　うたてにほひのそてにとまれる（四八）
一　かなをりやくすること*天王寺西門にてのうたに

—十一ウ—

　へたてなく入日。をみてもおもふかな
。とき　これこそにしのか*と。てなりけれ（四九）
　はるたてははなとや。み。*らんしらゆきの
。われ　か丶れるえたにうくひすのなく（五〇）
　ゆきふりてとしのくれぬるときにこそ
。せ　つゐにもみ*ち。。ぬまつも見えけり（五一）

はーば
かーが　やしのーやしの（ろイ）　はーば
はーば（ハ）　えーえ（エ）
天王寺西門—天王寺西門（てんおふしさいもん）
とーど
らんーらん（ゑんイ）
ちーぢ

よろつこれにてしる*へし
一　てにを*はたしてよみのこす事これひとつ
のふうにて侍り
ありあけのつれなくみえしわかれより
あかつきはかりうき物はなし（五二）

—十二オ—

みゆるあかつきよりみぬあかつきと*た丶せり
月みれはち丶に物こそかなしけれ
わか身ひとつのあきにはあらねと（五三）
わか身ひとつのあきのやうにとた丶せり
一　か丶へなくしてよむましきことは
つれなきこと*をはけしきといふときはあらし
のか丶へなりある丶といふときは、うみ、ふるさと
これなと*にてよせたり　／ひたふるといふは
、田*につけていへり　／つかのまとはときのま
なり、かさ、くさ*、たちなとの*か丶へあるへ*し
／からきとはしんらうなりおほく*しほに

しる—しる（さとるイ）
をは—をは（はをイ）

と—と（もイ）

こと—こと（コト）

と—ど
田—田（た）
くさ—くさ（ちイ）　の—の（にイ）　へ—べ
おほく—おほく（ニニニ）（多くイ）

—十二ウ—
よせてよめりそのほかからき物のたくひ*
によせてよむへし*
うつせみのいて*からくても*すこ*すかな
いかてこ*の世にあとをとゝめん（五四）
壬*生忠見かうたに
しほといへはなくてもからき世の中に
いかにあへたるたゝ*みなるらむ（五五）
あへたるはかんにんなり
/、そゝろ、すゝろといふは、芦*、荻*、薄*　、しの、さゝ
なとのかゝへあるへし
/しほるゝをうみによせてしほたるゝといふなり

—十三オ—
/左*大将家のうたあはせに春*駒をなはたつ
とよめりしをあらきことはにしてしな
なきよしなんせり古*哥になのたつことに
よ*めり
一　たましゐをいれへきてには
、たゝ、なを、たに、さえ*、など*、いとゝ*かやうの

くーぐ
しーし（きなりイ）
てーで　もーも（モ）　こーご
こーこ（コ）
壬生忠見—壬生忠見（みぶのたゞみ）
ゝーゞ
芦—芦（あし）　荻—荻（おぎ）　薄—薄（すゝき）
左大将家—左大将家（さたいしやうけ）　春駒—春駒（はるこま）
古哥—古哥（こか）
よめりーよ（よせてイ）めり
えーえ（へ）●●　とーど　ゝーゞ

ところのことは先達*のゑいする*ところを
あ*ちはへしるへしいつれもひすへし〳〵
一　かなをやすむる事
、しも　、かも　、やも　、はし　、みちしあらは
のたくひなり
—十三ウ—
。をに*　。をて*　。をと*　。やすむる事*
、しも　、いまはしも　、かも　、たれをかも　／また*
、見らく　、こふらく　、たちてみ　、ゐてみ　、ふりみ
、ふらす*みなと*やすめたる事いまの世に
用*捨あり餘*これにし*ゆんす*
一　おなし*てにはを一しゆのうちにあまたおく事
おほかたのまつのちとせはふりぬとも
人のことは*はきみそ*かそへむ（五六）
これは*ちか*ひてにはとてくるしからす*
一　ものち*を*は*お*なしこゝろのてにはといへり
これも一しゆにあまたを*く*あるへし

先達—先達（せんたつ）　すーず
ちーぢ
をーを（おイ）　をーを（おイ）　をーを（おイ）　事—事（なりイ）●●
またーまた（又見て）
すーず　とーど
用捨—用捨（ようしや）　餘—餘（あまり）　しーじ　すーず
しーじ
はーば　そーぞ
はーは（ハ）　かーが　すーず
ちーぢ（字）　のの字　はーば　おなしこゝろーおなじこころ（同心）
をーを（おイ）　事イ

―十四オ―

あきのよは月のかつら、も山のはも

あらしにはれてくも、ゝまよはす*（五七）

一　やのち*もあまたあり　心のかはるは申にを

よは*すおなしこゝろのやを*もあまたよめり

月、やあらぬはる、やむかしのはるならぬ

わか身ひとつはもとのみにして（五八）

これはへたて句**にはいかんさて

かつらき、やよはのちきりのふ*なはし、や

たえてか*よはぬたくひなるらむ（五九）

これらのたくひ**いかほとも侍るへしきんみに

よるへし

―十四ウ―

一　問*答のことは*。*へたて句*にもくるしからす*

さつきまつはなたちはなの、かをかけは

むかしの人のそての、かそする（六〇）

一　をなし**ちのある事

すーず

ちーぢ

はーば　もーも（モ）

たるイ　句ー句（く）

ふなーふ（う）な（き）（ヒト）

てーで

はイ　いかほともーいかほとも（いくらもイ）

問答ー問答（もんだふ）　はーば。一首の中にイ　句ー句（く）　すーす（てイ）

駿河なる田子の浦なみたゝぬ

、日はあれ共きみを恋ぬ、日はなしイ（六一）

しーじ　ちーぢ

こゝろかへする、物にもかかたこひは
　くるしき、ものと人にしらせん（六二）
、物おもふそてよりつゆやならひけん
　*あきかせふきてた*えぬ、もの*かな（六三）
これこそふかき心へ侍る*へしたへすとして
なか〱あしかるへくや*およそかやうの事
いくらも侍りつくされぬ事**ともなりおな*し
―十五オ―
*ちいまはきらふなり
一　かなといふてにはねかふかな
　あふくともこたえぬそらのあをみ*とり
　むなしくはてぬゆくすゑ、もかな（六四）
てにはのかな
　あ*つまちのふはのせきやのす*ゝむしを
　むまやにふるとおもひける、かな（六五）
かんしんしたるかなの事
　わすれてはうちなけかるゝゆふへかな
　われのみしりてすくる月日を（六六）
物をほうひしたるかなあり

あき―あき今イ　え―えエ　かな―かなとはイ
べし―べしべけれイ
およそ―およそ凡
なるへしイトハカリアリ　と―ど　し―じ
ち―ぢ
と―ど
ち―ぢ　ゝ―ゞ

—十五ウ—

月かな　はなかなのたくひなり

一　をにかよふにに　、にかよふをの事

ちはやふるかみよもきかすたつたかは
からくれなゐ　、にみ*つく丶るとは（六七）

一　*はにかへるも　、もにかへる*はの事

つのくにのなにはのはる　、はゆめなれや
あしのかれは*にか*せわたるなり（六八）

つ—づ

は—は（わィ）　は—は（わィ）

は—ば　せ—ぜ

一　もとのとかよへる事イ

一　にとのとかよへる事イ

一　いひかけで（ママ）にはすみにごる事

みかの原わきてなかる丶いつみ川
、いつみきとてか恋しかるらん（六九）

きみにより我か身ぞつらき
玉だれの　、みすは恋しと思は
ましやは（七〇）

かくとたにゑやはいふきのさしも草
さしもしらしなもゆる思ひ
を（七一）

是いひかけてには也

一　*ころとまりの事

みしま江やにほのうきすのみたれあしの
すゑ*はにかゝるさみたれの、ころ（七二）
山*かわのいはもと*さらすなくかわつ

—十六オ—

いつちかいぬるさみたれの、ころ（七三）
さみたれの比ととまる事みゝなれたりさみ
たれのみつ*ますけうなと*さしいた*しある
*ことなれ*はおほく比といへりこれもならひ
*ところ侍るへし
はるはた*ゝ*かすむは*かりの山のはに
あかつきかけて月いつる*、ころ（七四）
ほとゝきすしの*ふのさと*もさもなれよ
また*うのはなのさみたれの、比（七五）
わかせこにみせんとおもひしむめのはな
それとも*わかす*ふ*きふれる、ころ（七六）

—十六ウ—

*白氏文集詩

とーど
はーば
かーが　すーず
つーづ　とーど　たーだ
こーこ（コ）　はーば
ところーところ（トコロノ字イニナシ）
るーる（ル）　ゝーゞ　はーば
つーづ
ふーぶ　もーも（しイ）
たーだ
わかーわか（見えイ）　すーず　ふきーふき（ゆイ）
白氏文集詩ー白氏文集詩（はくしぶんしうのし）

琴詩酒友皆抛レ我　雪月花、時最憶レ君
このときといふち*よ*くよき比*とまりと*いふく
てんを*うくへし
おのへより木のめもはるの雨そゝき*
くものたつ日のしつか*なる、ころ（七七）
第五句●*の句いひのこしたり*これはこゝろへを
かんとせり
一　に*てといふてにはの事*
・も　わくらはにとはれしこと*、もむかし、にて
それよりには*のあとはたえにき（七八）

―十七オ―

・は　あきつしまほかまてなみ*、はしつかにて
むかしにかへるやまとことのは（七九）
・〓*　物ことにわすれかたみのわかれにて
そをたにのちのくれはあきかな（八〇）
・〓*　をのつからよはき、をおの、かちからにて
やなきのゐたは*ゆきをれもせす**（八一）
・〓*　山さと、はのへ*のまはき、をうらみにて
ゆきのまかきにう*つらなくなり（八二）

ちーぢ（字）　よきーよき（此二字イニナシ）　とーど　いふーいふ（へるイ）
うくーうく（けイ）
きーぎ
つーづ
の句ー の句（此二字イニナシ）　りーり（るイ）
上ノ句ノ終リニテ　アの韻（ヒヽキ）オの韻（ヒヽキ）ヨリ請（ウケ）テにてト留ル
ことーこと（人イ）
にはーには（庭）
はーは（ハ）
はーの（は）
をー〓か
はーは（にイ）（ハ）　もーも（はイ）　せすーせす（なしイ）
はー〓を　へーべ
つーづ

●の　いりあひのかねのひゝき、のしつかにて

（下句これをりやくす）

●〓*　あらし、さえはなのゆふへ、のかたみにて

（下句これをりやくす）

口*傳五音*第*三の音*なり

—十七ウ—

、う、く、す、つ、ぬ、ふ、む、ゆ、る、*ふと
おさへての、かなをいれてもちゆへした、*し
くてんにあり

かすみたつとを山もと、ののとかにて

（下句これをりやくす）

一　してといふてにはこれはにてとおなし*

いまよりとちきりし月、をともにして
いくあきなれ*ぬ山のすみかに（八三）

とし月、はきのふは*かり、の心ちして
みなれしとものなきそおほかる（八四）

おもかけのひかふるかたにかへりみる*
みやこの山、は月ほそくして（八五）

さえ―〓の

口傳―口傳（くでん）　音―音（いん）　第―第（だい）　音―音（いん）

ふ―ふ（う也ふハ非也）二

ゝ―ゞ

し―じ

れ―れ（らィ）

は―ば

る―る（ル）

—十八オ—

一　みゆといふて*にはこれも五音*第三の韻なり
、う、く、す、つ、ぬ、ふ、む、ゆ、る、*ふ　これ
にておさへみゆととめへしたとへはうたに
86はこねちをわかこえくれは伊豆*のうみや
おきのこしまになみのよ、るみゆ（八六）
このほかに、し、か、にともをさえてとめへし以上
くてんひすへし〳〵
右くて*んのて*う〳〵たとへち*ゝのたからを
あたふるとも一子なら*てはゆるすへから
すふかくひして一か*てうもみたりに

—十八ウ—

つたふることなかれよく心にあちはへわ
きまふへししそんのためにしるしつけ*し
奥*旨なり
永和元乙卯初夏上八日特進亜相藤原在御判

てには—てには（事イ）　音—音（いん）
ふーふ（う也ふハ非也）
伊豆—伊豆（いつ）
てーで　てーで　丶ーゞ
てーで
てーで
けーげ
奥旨—奥旨（おふし）

付録二　証歌の表記上のずれについて

【凡例】

一、最初に挙げている表記は『新編国歌大観 CD-ROM 版』（角川学芸出版）によった。

一、続いて『手耳葉口伝』に引用されている歌を挙げた。

一、異本と記されている表記は、『手耳葉口伝』に「イ」の書き入れに基づいたものである。

（四）前中納言定家卿・拾遺愚草中・権大納言家三十首・二〇八五

かすが山峰のこのまの月なればひだりみぎにぞ神もまもらん

かすが山峰のこのまも月なればみぎりひだりにぞ神はまもらん

（五）源顕国・千載和歌集巻第二・春歌下・一一〇

道とほみいる野の原のつぼすみれ春のかたみにつみてかへらん

道とほしいる野の原のつぼすみれ春のかたみにつみてかへらん

（九）皇太后宮大夫俊成卿・俊成五社百首・賀茂御社百首和歌・二〇二
春日野におふる子日の松はみな千世をそへつつ神や引くらん
春日野におほる子日の松はみな千世をそへつつ神ぞ引くらん

（十）よみ人しらず・古今和歌集巻第四・秋歌上・一七二
きのふこそさなへとりしかいつのまにいなばそよぎて秋風の吹く
きのふかもさなへとりしかいつのまにいなばそよぎて秋風の吹く

（十二）在原棟梁・古今和歌集巻第一・春歌上・一五
春たてど花もにほはぬ山ざとはものうかるねに鶯ぞなく
春きても花もにほはぬ山ざとはものうかるねに鶯ぞなく

（十三）前中納言定家卿・拾遺愚草中・韻歌・一六九八
山ふかみ人はむかしのやどふりて月よりさきに軒ぞ傾く
山たかみ人はむかしのやどふりて月よりさきに軒ぞ傾く
山たかみ人はむかしにやどふりて月よりさきに軒ぞ傾く（異本）

（十四）皇太后宮大夫俊成・新古今和歌集巻第十六・雑歌上・一五六〇
しめおきて今やとおもふ秋山のよもぎがもとにまつ虫のなく

しめをきて今はとおもふ秋山のよもぎがもとにまつ虫のなく

（十五）源ひとしの朝臣・後撰和歌集巻第十・恋二・六一九
あづまぢのさののふな橋かけてのみ思渡るをしる人のなさ
あづまぢのさののふな橋かけてのみ思渡るをしる人のなき

（十八）皇太后宮大夫俊成卿・俊成五社百首・伊勢大神宮百首和歌・三
かすみこそ立ちこめたるをすずか山春になるとはいかでいふらん
かすみこそ立ちこめけるをすずか山春になるとはいかにいふらん

（十九）皇太后宮大夫俊成卿・俊成五社百首・序・五五
春もすぎ秋の暮るるもかぎりあるを又もあひみんことをのみこそ
春もすぎ秋の暮るるとかぎりあるを又もあひみんことをのみこそ

（二一）むねをかのおほより・古今和歌集巻十二・恋歌二・五九一
冬河のうへはこほれる我なれやしたにながれてこひわたるらむ
冬河のうへはこほれる我なれやしたにかよひてこひわたるらむ

（二二）前大納言公任・千載和歌集第十一・恋歌一・六五七

おぼつかなうるまの島の人なれやわがことのはをしらぬがほなる
おぼつかなうるまの島の人なれやわがいふことをきかずがほなる
おぼつかなうるまの島の人なれやわがいふことをきかずがほにて（異本）

（二三）皇太后宮大夫俊成卿・俊成五社百首・日吉社百首和歌・四九九
世をてらす日吉と跡をたれてけり心のやみをはるけざらめや
世をてらす日吉と跡をたれにけり心のやみをはるけざらめや
世をてらす日吉と跡をたれてけり心のやみをはるけざらめや（異本）

（二四）作者不明・壬二集（玉吟集巻上）・順徳院名所百首・七九三
いたづらに身は花さかぬ桜麻のをふの浦なみ六十こえめや
いたづらに身は花さくら桜麻のをふの浦なみ六十こえめや

（二五）伊勢・後撰和歌集巻第九・恋一・五一五
おもひがはたえずながるる水のあわのうたかた人にあはできえめや
おもひがわたえずながるる水のあはのうたかた人にあはできえめや
おもひがはたえずながるる水のあはのうたかた人にあはできえめや（異本）

（二六）順　新古今和歌集巻第十八・雑歌下・一七〇九（一七〇七）

老いにけるなぎさの松のふかみどりしづめるかげをよそにやはみる
老いにけるなぎさの松のふかみどりしづめるかげをよそにやはみむ
老いにけるなぎさの松のふかみどりしめつるかげをよそにやはみむ（異本）

（二七）大納言経信・新古今和歌集巻第七・賀歌・七二八
ねの日するみかきのうちの小松ばら千代をばほかの物とやはみる
ねの日するみかきのうちの小松ばら千代をばよその物とやはみる
ねの日するみかきのうちの小松ばら千代をばよその物とやはみむ（異本）

（二八）詠人不知・古今和歌集巻十一・恋歌一・五四八
あきのたのほのうへをてらすいなづまのひかりのまにも我やわするる
あきのたのほのうへてらすいなづまのひかりのまにも我やわするる

（二九）よみ人も・後撰和歌集巻九・恋一・五五九
ゆきやらぬ夢ぢにまどふたもとにはあまつそらなき露ぞおきける
ゆきやらぬ夢ぢをたどるたもとにはあまつそらなる露やおくらん

（三一）俊成五社百首・伊勢大神宮百首和歌・七四
くちはてし夜るの衣をかはすかなしほどけしとやあはれなりとや

くちはてて夜るの衣をかはすかなしほどけしとやあわれなりとや
くちはてて夜るの衣をかへす哉しほどけしとやあわれなりとや（異本）

（三三）前大納言忠良・新古今和歌集巻第三・夏歌・二六九
ゆふづくひさすやいほりのしばのとにさびしくもあるかひぐらしの声
夕月夜さすやいほりのしばのとにさびしくもあるかひぐらしの声
夕月夜さすやおかべのしばのとにさびしくもあるかひぐらしの声（異本）

（三七）みつね・古今和歌集巻第二・春歌下・一三四
けふのみと春をおもはぬ時だにも立つことやすき花のかげかは
けふのみと春をおもはぬ時だにも立つことやすき花のかげかは
けふのみと春をおもはぬ年だにも立つことやすき花のかげかは（異本）

（三八）藤原秀能・新古今和歌集巻十六・雑歌上・一五五八
あかしがた色なき人の袖をみよすずろに月もやどるものかは
あかしがた色なき人の袖をみよすずろに月はやどるものかは

（三九）（やかもち）・古今和歌集巻十八・雑歌下・九五二
いかならむ巌の中にすまばかは世のうき事のきこえこざらむ

いかならむ巌の中にすまばかは世のうき事のきこゑこざらむ
いかならむ巌の中にすまばかは世のうき事のきこえこざらむ（異本）

（四〇）藤原基俊・千載和歌集巻第三・夏歌・一四六
あふひ草てる日は神のこころかはかげさすかたにまづなびくらん
あふひ草てる日は神のこころかはかげさすかたにまづなびくらん
あふひ草てる日は神のこころかはかげさるかたにまづなびくらん（異本）

（四一）万葉集巻十・夏雑歌・一九四九
ほととぎすけさのあさけになきつるはきみききけむかあさいかねけむ
ほととぎすけさのあさけになきつるかきみきくらんかあさゐやすらん
ほととぎすけさのあさけになきつるはきみきくらんかあさゐやすらん（異本）

（四二）よみ人しらず・拾遺和歌集巻第十四・恋四・八九二
わがこひのあらはに見ゆる物ならばみやこのふじといはれなましを
わがこひのあらはにもゆる物ならばみやこのふじといはれなましを
わがこひのあらはにもゆる物ならばみやこのふじといはれならましを（異本）

（四三）なりひらの朝臣・古今和歌集巻十六・哀傷歌・八六一

つひにゆくみちとはかねてききしかどきのふけふとはおもはざりしを
つゐにゆくみちとはかねてききしかどきのふけふとはおもはざりしを

（四四）有家朝臣・新古今和歌集巻第十四・恋歌四・一三一四
物おもはでただおほかたの露にだにぬるればぬるる秋のたもとを
物おもはでただおほかたの露だにもぬるればぬるる秋のたもとを
物おもはでだれおほかたの露だにもぬるればぬるる秋のたもとを（異本）

（四五）よみ人しらず・後撰和歌集巻第四・夏・一六一
ゆきかへるやそうぢ人の玉かづらかけてぞたのむ葵てふ名を
ゆきかへるやそうぢ人の玉かづらかけてぞたのむ葵てふ名を
ゆきかへすやそうぢ人の玉かづらかけてぞたのむ葵てふ名を（異本）

（四六）業平朝臣・新古今和歌集巻第八・哀傷歌・八五一
白玉かなにぞと人の問ひし時露とこたへてけなましものを
白玉かなにぞと人の問ひし時露とこたへてきえなましものを

（四七）万葉集巻第十・秋相聞・二三一三（拾遺和歌集　一一三五）
はふりこがいはふやしろのもみぢばもしめなはこえてちるといふものを

はふりらがいはふやしのもみちばもしめなはこえてちるといふものを
はふりらがいはふやしろのもみちばもしめなはこえてちるといふものを（異本）

（四九）郁芳門院安芸・新勅撰和歌集巻第十・釈教歌・六二二
さはりなくいる日を見てもおもふかなこれこそにしのかどでなりけれ
へだてなくいる日を見てもおもふかなこれこそにしのかどでなりけれ

（五〇）素性法師・古今和歌集巻第一・春歌上・六
春たてば花とや見らむ白雪のかかれる枝にうぐひすぞなく
春たてば花とや見らむ白雪のかかれる枝にうぐひすのなく
春たてば花とや見ゑん白雪のかかれる枝にうぐひすのなく（異本）

（五一）よみ人しらず・古今和歌集巻第六・冬歌・三四〇
雪ふりて年のくれぬる時にこそつひにもみぢぬ松も見えけれ
雪ふりて年のくれぬる時にこそつゐにもみぢぬ松も見えけり

（五四）俊頼・永久百首・夏十二首・一九九
うつせみのいでがたくても過すかないかでこの世に跡をとどめん
うつせみのいでからくても過すかないかでこの世に跡をとどめん

（五五）ただみ・後撰和歌集巻第十五・雑一・一〇九五
しほといへばなくてもからき世中にいかであへたるただみなるらん
しほといへばなくてもからき世中にいかにあへたるただみなるらん

（五六）民部卿藤原定家・拾遺愚草中・仁和寺宮五十首・二〇五七
おほかたの松の千とせはふりぬとも人のまことは君ぞかぞへん
おほかたの松の千とせはふりぬとも人のことばは君ぞかぞへん

（五七）民部卿藤原定家・拾遺愚草中・院五十首・一八〇二
秋の夜は月の桂も山のはも嵐にはれて雲もまがはず
秋の夜は月の桂も山のはも嵐にはれて雲もまよはず

（五九）中納言資季・続後撰和歌集巻第十四・恋歌四・八九〇
かづらきの夜半の契のいは橋やたえてかよはぬたぐひなるらん
かづらきや夜半の契のうき橋やたえてかよはぬたぐひなるらん

（六三）寂蓮法師・新古今和歌集巻第五・秋歌下・四六九
ものおもふ袖より露やならひけむ秋風吹けばたへぬ物とは
ものおもふ袖より露やならひけむ秋風吹きてたへぬ物かな

ものおもふ袖より露やならひけむ今風吹きてたへぬ物とは（異本）

（六四）拾遺愚草中・院五十首・一八二一

あふげどもこたへぬ空のあをみどりむなしくはてぬ行末もがな

あふぐともこたえぬ空のあをみどりむなしくはてぬ行末もがな

（六九）かねすけ・新古今和歌集巻第十一・恋歌一・九九六

みかのはらわきてながるるいづみ河いつみきとてかこひしかるらん

みかのはらわきてながるるいづみ川いつみきとてかこひしかるらん

（七一）藤原実方朝臣・後拾遺和歌集巻十一・恋一・六一二

かくとだにえやはいぶきのさしもぐささしもしらじなもゆるおもひを

かくとだにゐやはいぶきのさしもぐささしもしらじなもゆるおもひを

（七二）壬二集（玉吟集巻中）・洞院摂政家百首・一四六四

みしま江のにほのうきすもみだれあしの末葉にかかる五月雨の比

みしま江やにほのうきすのみだれあしの末葉にかかる五月雨の比

（七三）林葉和歌集第二・夏歌・二七五

山がはの滝もとさらずなくかはづいづちかいぬるさみだれの比
山がはのいはもとさらずなくかわづいづちかいぬるさみだれの比

（七四）拾遺愚草上・内大臣家百首・一一一五
春はただかすみばかりの山のはに暁かけて月いづるころ
春はただかすむばかりの山のはに暁かけて月いづるころ

（七五）拾遺愚草中・詠花鳥和歌・一九九九
郭公しのぶの里にさとなれよまだ卯の花のさ月待つ比
郭公しのぶの里もさもなれよまだ卯の花の五月雨比
郭公しのぶの里しさもなれよまだ卯の花の五月雨比（異本）

（七六）よみ人しらず・後撰和歌集巻第一・春上・二二
わがせこに見せむと思ひし梅花それとも見えず雪のふれれば
わがせこに見せむと思ひし梅花それともわかずふきのふれる比
わがせこに見せむと思ひし梅花それとも見えず雪のふれる比（異本）

（七八）定家朝臣・新古今和歌集巻第十七・雑歌中・一六八六
わくらばに問はれし人も昔にてそれより庭の跡はたえにき

わくらばに問はれしことも昔にてそれより庭の跡はたえにき
わくらばに問はれし人も昔にてそれより庭の跡はたえにき（異本）

（八〇）拾遺愚草中・院五十首・一八〇八
物ごとにわすれがたみのわかれにてそをだにのちとくるる秋かな
物ごとにわすれがたみのわかれにてそをだにのちのくれば秋かな

（八二）俊成五社百首・春日社百首和歌・二四七
山里は野べの真萩をかぎりにて霧　のまがきに鶉鳴くなり
山里は野べの真萩をうらみにてゆきのまがきに鶉鳴くなり

（八三）拾遺愚草中・韻歌・一六三四
今よりと契りし月を友としていく秋なれぬ山の棲に
今よりと契りし月を友としていく秋なれぬ山の棲に
今よりと契りし月を友としていく秋ならぬ山の棲に（異本）

本文の引用

◇手爾葉大概抄・手爾葉大概抄之抄
根来司解説『手爾葉大概抄　手爾葉大概抄之抄』和泉書院　一九七九年八月
福井久蔵編『国語学大系――手爾波一――』白帝社　一九六四年一月

◇姉小路式
根来司解説『手耳葉口伝』和泉書院　一九八〇年二月
福井久蔵編『国語学大系――手爾波一――』白帝社　一九六四年一月

◇春樹顕秘抄・春樹顕秘増抄
根来司解説『姉小路式・歌道秘蔵録・春樹顕秘抄・春樹顕秘増抄（勉誠文庫二四）』勉誠社　一九七七年一二月
福井久蔵編『国語学大系――手爾波一――』白帝社　一九六四年一月

◇連歌新式・連歌初学抄・僻連抄・連理秘抄・僻連秘抄・千金莫伝抄中
岡見正雄編『良基連歌論集（一～三）』古典文庫　一九五二年一〇月

◇古今連談集・古今連談集論抜書・宗砌返札・宗砌田舎状・袖内
池田重編『宗砌連歌論集』古典文庫　一九五四年八月

◇一紙品定灌頂・連歌手爾葉口伝・連歌十体・私用抄・連歌諸躰秘伝抄・梅薫抄・連歌初心抄
伊地知鉄男編『連歌論新集』古典文庫　一九五六年一二月

◇筑波問答・さゝめごと本・さゝめごと末・須美田河（吾妻問答）
伊地知鉄男編『連歌論新集二』古典文庫　一九六〇年七月

◇花能万賀喜・老のくりごと・老のすさび・用心抄・三好長慶宛書状・宗養より聞書・紹三問答
伊地知鉄男編『連歌論新集三』古典文庫　一九六三年六月

◇連歌天水抄・宗養三巻集・連歌秘袖抄・連歌奥儀明鏡秘集・宗養書とめ・肖柏口伝之抜書
木藤才蔵編『宗養連歌伝書集』古典文庫　一九八七年一一月

◇連理秘抄・撃蒙抄・九州問答・連歌十様・知連抄・十問最秘抄・長短抄・初心求詠集・密傳抄・砌塵抄・片端・筆のすさび・所々返答・岩橋（序跋）
伊地知鉄男編『連歌論集（上）』岩波文庫　一九五三年一〇月

◇長六文・宗祇初心抄・連歌心附之事・宗祇発句判詞・淀渡・連歌秘伝抄・連歌延徳抄・景感道・肖柏伝書・連歌比況集・永文・四道九品・当風連歌秘事・至宝抄・連歌教訓・連歌初学抄
伊地知鉄男編『連歌論集（下）』岩波文庫　一九五六年四月

◇老葉・萱草・下草・梵燈庵返答書・梵燈庵袖下集・宗祇袖下・花能萬賀喜・馬上集・白髪集・心敬僧都庭訓
塙保己一　太田藤四郎『連歌部（改訂　続群書類従一七下）』平文社　一九七九年四月
◇菟玖波集抄・新撰菟玖波集抄・水無瀬三吟何人百韻注
伊地知鉄男校注『連歌集（日本古典文学大系三九）』岩波書店　一九六〇年三月
◇連理秘抄・筑波問答・十問最秘抄・さゝめごと・吾妻問答
木藤才蔵　井本農一『連歌論集俳論集（日本古典文学大系六六）』岩波書店　一九六一年二月
◇僻連抄・ささめごと・当風連歌秘事
伊地知鉄男ほか『連歌論集能楽論集俳論集（日本古典文学全集五一　初版）』小学館　一九七三年七月（第四版　一九七八年一一月）
◇筑波問答・ひとりごと・長六文・老のすさみ・連歌比況集
奥田勲ほか『連歌論集能楽論集俳論集（新編日本古典文学全集八八）』小学館　二〇〇一年九月
◇長六文・心付事少々・老のすさみ・発句判詞・分葉集・宗祇袖下・淀渡・七人付句判詞・浅茅・連歌秘伝抄・初心抄・初学用捨抄・連歌諸躰秘伝抄
木藤才蔵校注『中世の文学　連歌論集（二）』三弥井書店　一九八二年一一月
◇初心求詠集・花能万賀喜・田舎への状・密傳抄・砌塵抄・かたはし・筆のすさび・ささめごと（改編版）・所々返

答・ひとりごと・心敬有伯への返事・岩橋跋文・私用抄・老のくりごと・心敬法印庭訓
木藤才蔵校注『中世の文学　連歌論集（三）』三弥井書店　一九八五年七月
◇梅春抄・連歌延徳抄・若草記・景感道・肖柏伝書・永文・連歌比況集・五十七ケ条・雨夜の記・篠目・連歌初心抄・四道九品・当風連歌秘事
木藤才蔵校注『中世の文学　連歌論集（四）』三弥井書店　一九九〇年四月

参考文献一覧

青木伶子「てにをは研究の歴史」佐伯梅友ほか『国語国文学研究史大成一五　国語学』三省堂　一九六一年二月
赤峯裕子「『紐鏡』再考」『語文研究』第六三号　一九八七年六月
秋山倉男「和歌と連歌――宗祇の作品を中心として――」『国語』三―二　東京文理科大学国語国文学会　一九三八年七月
浅野信『切字の研究（研究篇　資料篇）』桜楓社　一九六二年五月～一九六三年一一月
浅見徹「本居宣長の文法整理――係結びの周辺――」『文林』第二七号　一九九三年三月
阿部秋生ほか『日本古典文学全集一五　源氏物語（四）若菜下』小学館　一九七四年二月
新川正美「天仁遠波十三ヶ条口伝――姉小路式の研究――」『国語』第四七号　香川県高等学校国語研究会　一九九四年一一月
飯田晴巳「資料　近世以前の助辞研究書抄」鈴木一彦　林巨樹編『研究資料日本文法五助辞編（一）　助詞』明治書院　一九八五年三月
飯田晴巳「形容詞研究の歴史――明治以降の研究史――」『国際学院埼玉短期大学研究紀要』第九号　一九八八年三月
飯田晴巳「『無名抄』の国語学史上の位置――歌学書・連歌論書における形容詞研究を中心に一――」『国際学院埼玉短期大学研究紀要』第一〇号　一九八九年三月（イ）
飯田晴巳「『無名抄』の国語学史上の位置――歌学書・連歌論書における形容詞研究を中心に二――」『国際学院埼玉短期大学研究紀要』第一〇号　一九八九年三月（ロ）
飯田晴巳「『馬上集』の国語学史上の位置――注釈と解説――」『国際学院埼玉短期大学研究紀要』第一〇号　一九八九年三月（ハ）
飯田晴巳「中世連歌論書のてにをは観――『白髪集』『連歌手爾葉口伝』『専順法眼詞秘之事』を論じて三集の関係に及

ぶ――」『国際学院埼玉短期大学研究紀要』第一一号　一九九〇年三月
飯田晴巳「てにをは研究書・文章研究書に見られる構文論的・文章論的な認識」『国際学院埼玉短期大学研究紀要』第一二号　一九九一年三月
飯田晴巳「『名語記』の形容詞認識――辞書と歌学・連歌学の形容詞認識の齟齬――」『富士フェニックス論叢』第一号　一九九三年三月
飯田晴巳「『密傳抄』の国語史上の位置――『密傳抄』を釈して『密傳抄』の「てには」を論ず――」『富士フェニックス論叢』第二号　一九九四年三月
飯田晴巳「『八雲御抄』における構文論的・文章論的認識――〈同じことばのよくもあしくも聞ゆるは上下のやうにしたがふといふこと〉〈いづれの詞もつゞけがらによるなり〉――」『富士フェニックス論叢』第五号　一九九七年三月
飯田晴巳「『袖中抄』の走り書き的覚書――「ゐ中人にひろくたづぬれど」「田舎の詞」「下衆の申詞」「休め字」およびその他のことども――」『富士フェニックス論叢』第九号　二〇〇一年三月
飯田晴巳ほか『概説日本語学　改定版』明治書院　二〇〇七年三月（初版　一九九五年九月）
池田重編『宗砌連歌論集』古典文庫　一九五四年八月
石井文夫「中世の疑問助詞「や」について」『未定稿』第三号　未定稿の会（東京教育大学文学会）　一九五六年一一月
石垣謙二『助詞の歴史的研究』岩波書店　一九五五年一一月
石田春昭「コソケレ形式の本義（上）」『国語と国文学』一六―二　一九三九年二月
石田春昭「コソケレ形式の本義（下）」『国語と国文学』一六―三　一九三九年三月
伊地知鉄男『宗祇（日本文学者評伝全書）』青梧堂　一九四三年八月
伊地知鉄男「和歌・連歌・俳諧――宗祇・兼載の俳諧百韻その他を紹介して俳諧連歌抄の成立に及ぶ――」『書陵部紀要』第三号　一九五三年三月（イ）

伊地知鉄男編『連歌論集（上）』岩波文庫　一九五三年一〇月（ロ）
伊地知鉄男編『連歌論集（下）』岩波文庫　一九五六年四月（イ）
伊地知鉄男編『連歌論新集』古典文庫　一九五六年一二月（ロ）
伊地知鉄男校注『日本古典文学大系三九　連歌集』岩波書店　一九六〇年三月（イ）
伊地知鉄男編『連歌論新集二』古典文庫　一九六〇年七月（ロ）
伊地知鉄男編『連歌論新集三』古典文庫　一九六三年六月
伊地知鉄男『連歌の世界』吉川弘文館　一九六七年八月
伊地知鉄男編『連歌資料集二　天水抄・三湖抄』ゆまに書房　一九七七年七月
伊地知鉄男ほか『俳諧大辞典』明治書院　一九五七年七月
伊地知鉄男ほか『日本古典文学全集五一　連歌論集能楽論集俳論集（第四版）』小学館　一九七八年一一月（初版　一九七三年七月）
糸井通浩「『手爾葉大概抄・手爾葉大概抄之抄』を読む――その構文論的意識について――」『国語と国文学』七二―一一　一九九五年一一月
井上誠之助「根来司氏論述「姉小路式の相伝について（論文批評）」」『国文論叢』第一号　一九五三年六月
井上誠之助「係り結び研究史稿（第一期）」『研究』第二六号　神戸大学　一九六二年三月
井上誠之助「解題」福井久蔵編『国語学大系――手爾波一――』白帝社　一九六四年一月
井上誠之助「『てには網引綱』と『てにをはの辨』」『日本文学研究』第一五号　一九七九年一一月
井上宗雄『中世歌壇史の研究』風間書房　一九六一年一二月
岩波書店編『補訂版　国書総目録』岩波書店　一九八九年九月～一九九一年一月
内尾久美「助詞の変遷」『品詞別日本文法講座九　助詞』明治書院　一九七三年二月
内尾久美　岡村和江「助詞総覧」『品詞別日本文法講座九　助詞』明治書院　一九七三年二月

内田賢徳「中・近世日本文法学の再評価と体系化」『平成八年度科学研究費補助金基盤研究（C）（二）研究成果報告書』一九九七年三月
江湖山恒明　松村明「係結び」『日本文法講座六　日本文法辞典』明治書院　一九五八年五月
江藤保定「宗祇の連歌論」『国文学』三―七　一九五八年六月
江藤保定「宗祇の系譜」『国文学攷』第二四号　広島文理科大学国語国文学会　一九六〇年一一月
江藤保定「宗祇の系譜――連歌史・中世歌学における――」『帯広大谷短期大学紀要』第一号　一九六一年一〇月
江藤保定『宗祇の研究』風間書房　一九六七年六月
遠藤和夫「「見ゆ留」寸考」『国文学ノート』第一六号　一九七九年三月
大野晋「係り結びの起源はどんなことか」『解釈と鑑賞』二九―一〇　一九六四年一〇月
大野晋「助詞の機能と解釈」「日本語における助詞の機能と解釈」『解釈と鑑賞』第四四二号　一九七〇年一一月
大野晋『係り結びの研究』岩波書店　一九九三年一月
大野晋「『係り結びの研究』について」『国語学』第一八一号　一九九五年六月
大野晋　大久保正『本居宣長全集（五）』筑摩書房　一九七〇年九月
大野晋ほか『岩波講座　日本語七　文法Ⅱ』岩波書店　一九七七年二月
大秦一浩「モノヲ――『日本大文典』の記述を契機として和歌表現を中心に――」『愛知文教大学論叢』第七号　二〇〇四年一一月
大秦一浩「《文藝学会公開講演会・筆録》テニヲハ研究史の一端」『文藝論叢』第六七号　大谷大学文芸学会　二〇〇六年九月
岡見正雄編『良基連歌論集』古典文庫　一九五二年一〇月
奥田勲ほか『連歌論集能楽論集俳論集（新編日本古典文学全集八八）』小学館　二〇〇一年九月
小沢幸子「文法研究における「てにをは」研究」『私学研修』第一一七号　一九九〇年三月

小沢正夫　松田成穂『新編日本古典文学全集一一　古今和歌集』小学館　一九九五年一一月
尾崎知光「『手爾葉大概抄』の伝流について――鈴木朖から時枝学説にいたる――」『愛知県立大学文学部論集』第二七号　国文学科　一九七八年三月
加川恭子「『詞の玉緒』をめぐる一試論――『係り結び』研究史をふまえて――」『日本学報』第一四号　大阪大学　一九九五年三月
片桐洋一『新日本古典文学大系六　後撰和歌集』岩波書店　一九九九年五月
片野達郎　松野陽一『新日本古典文学大系一〇　千載和歌集』岩波書店　一九九三年四月
金子金治郎「良基連歌論の方法」『国文学攷』第二〇号　広島大学国語国文学会　一九五八年一一月
金子金治郎「良基連歌論における「てにをは」の意義」『国文学攷』第二三号　一九六〇年五月
金子金治郎「宗祇連歌論の成立――「長六文」と「分葉」――」『国語と国文学』六一―一　至文堂　一九八四年一月
金子金治郎『金子金治郎連歌考叢Ⅳ　宗祇名作百韻注釈』桜楓社　一九八五年九月
金子金治郎ほか『日本古典文学全集三二　連歌俳諧集（初版）』小学館　一九七四年六月
金子金治郎ほか『連歌集俳論集（新編日本古典文学全集六一）』小学館　二〇〇一年七月
亀井孝ほか「四　移りゆく古代語」『日本語の歴史』平凡社　一九六四年七月（第二版　一九七六年八月）
亀田次郎「姉小路式の類書及其刊本について」『書物の趣味』第五号　一九二九年一二月
亀田次郎「歌道秘蔵録の刊本」『立命館文学』一―一一　一九三四年一一月
川端善明「係結の形式」『国語学』第一七六号　一九九四年三月
川端善明ほか『講座日本語学三　現代文法との史的対照』明治書院　一九八一年一一月
川端善明ほか『講座日本語学二　文法史』明治書院　一九八四年四月
川平ひとし「「つつ」考断片――テニヲハの表現誌と表現史を模索する――」『文芸と批評』七―三　一九九一年四月
川平ひとし「魂を入れべきテニハ――歌辞論史の一断面――」『國學院雑誌』九五―一一　一九九四年一一月

川平ひとし「歌学と語学――創作論の枠とその帰趨――」『日本語学』一七―六　一九九八年六月
川村晃生　柏木由夫『新日本古典文学大系九　金葉和歌集　詞花和歌集』岩波書店　一九九〇年九月
木藤才蔵校注『中世の文学　連歌論集（二）』三弥井書店　一九八二年一一月
木藤才蔵校注『中世の文学　連歌論集（三）』三弥井書店　一九八五年七月
木藤才蔵編『宗養連歌伝書集』古典文庫　一九八七年一一月
木藤才蔵校注『中世の文学　連歌論集（四）』三弥井書店　一九九〇年四月
木藤才蔵「「長六文」と「分葉」の成立に関する私見」『連歌俳諧研究』第八三号　俳文学会　一九九二年四月
木藤才蔵　井本農一『連歌論集俳論集（日本古典文学大系六六）』岩波書店　一九六一年二月
京極興一「助詞とは何か――研究史の展望――」『品詞別日本文法講座九　助詞』明治書院　一九七三年二月
金水敏「文法（史的研究）」『国語学』第一七七号　一九九四年六月
久保田淳『注釈　藤原定家全歌集上巻』河出書房新社　一九八五年三月
久保田淳『注釈　藤原定家全歌集下巻』河出書房新社　一九八六年六月
久保田淳　平田喜信『新日本古典文学大系八　後拾遺和歌集』岩波書店　一九九四年四月
桑田明「係り結びとは――「ぞ」「か」「や」の場合――」『国語学論集　佐伯梅友博士古稀記念』佐伯梅友博士古稀記念国語学論集刊行会　一九六九年六月
国語学会編『国語学大辞典』東京堂出版　一九八〇年九月
国文学研究資料館編『古典籍総合目録』岩波書店　一九九〇年二月～三月
小島憲之　新井栄蔵『新日本古典文学大系五　古今和歌集』岩波書店　一九八九年二月
小町谷照彦『新日本古典文学大系七　拾遺和歌集』岩波書店　一九九〇年一月
此島正年「助詞」『続日本文法講座一』明治書院　一九五八年五月（イ）
此島正年「接続助詞「て」と「して」」『国学院雑誌』五九―一〇・一一合併号　一九五八年一一月（ロ）

此島正年「已然系に係助詞「や」の附く形式」『弘前大学人文社会』第三〇号　一九六三年四月
此島正年『国語助詞の研究――助詞史の素描――』桜楓社　一九六六年三月（再版　一九七三年一〇月）
此島正年「助詞の研究史と課題（日本語における助詞の機能と解釈）」『解釈と鑑賞』第四四二号　一九七〇年一一月
近藤泰弘「名詞句の格と副――格助詞と副助詞の性質――」北原保雄編『朝倉日本語講座五　文法Ｉ』朝倉書店　二〇〇三年一〇月
斎藤清衛「歌論の本質――中世歌論の成立過程を中心に――」『国文学』三―七　一九五八年六月
斉藤義光「歌論から見た心敬・宗祇の連歌論」『連歌俳諧研究』第一一号　一九五六年三月
佐伯梅友「「や」「か」について」『万葉語研究』文学社　一九三八年一〇月
佐伯梅友『日本古典文学大系八　古今和歌集』岩波書店　一九五八年七月
佐伯梅友「かかりか言い切りか――「已然形＝や」について――」『言語と文芸』三―二　東京教育大学国語国文学会　明治書院　一九六一年二月
佐伯梅友「はさみこみ」『上代国語法研究』大東文化大学東洋研究所　一九六六年一二月
佐伯梅友ほか「助詞の史的展開（古典文法の第二総合探究）」『国文学』四―九　一九五九年六月
阪倉篤義「反語について」『文章と表現』角川書店　一九七五年六月
阪倉篤義『日本語表現の流れ（岩波セミナーブックス四五）』岩波書店　一九九三年二月
笹月清美「中世歌学におけるテニヲハ論」『文学』七―一〇　岩波書店　一九三九年一〇月
佐田智明「中世歌学書に見える言語意識性格」『語文研究』六―七　一九五七年一二月
佐田智明「「テニハ」と「詞」との関係――手爾葉大概抄之抄をめぐって――」『語文研究』第一八号　一九六四年八月
佐田智明「国語意識より見た「だに」「さへ」――その中近世の態様について――」『福岡大学日本語日本文学』第三号　一九九三年一〇月（イ）

佐田智明「『手爾葉大概抄』とその周辺――てには論の成長過程について――」『福岡大学人文論叢』二五―三　一九九三年一二月（ロ）
佐田智明「「ただ・なほ・いとど」――魂を入るべきてにをはをめぐって――」『国語と国文学』七二―一一　一九九五年一一月
佐田智明『国語意識史研究』おうふう　二〇〇四年一二月
佐藤喜代治「係り結び」『解釈と鑑賞』二八―七　一九六三年六月
佐藤茂「置字とテニハ」『国語国文学』第六号　福井大学　一九五六年一一月
佐藤宣男「連歌論における「てにをは」観」『文芸研究』第四二号　一九六二年九月
佐藤宣男「「一歩」における「てにをは」研究」『藤女子大女子短大紀要』九―一　一九七二年一月
佐藤宣男「『和歌八重垣』と「てにをは」」『藤女子大藤女子短大紀要』一一―I部　一九七三年一二月
佐藤宣男「歌学と「てにをは」」『国語学研究』第一三号　一九七四年一月（イ）
佐藤宣男「『和歌童翫抄』とテニヲハ」『藤女子大・藤女子短大紀要』第一二号　一九七四年一二月（ロ）
佐藤宣男「〈翻刻〉歌道秘蔵録〈北海学園大学付属図書館北駕文庫本〉――亨弁のテニヲハ研究資料として――」『藤女子大学国文学雑誌』二七　一九八一年三月（イ）
佐藤宣男（書評）「根来司著『てにをは研究史』――てにをは秘伝書を中心として――」『国語と国文学』五八―五　一九八一年五月（ロ）
佐藤宣男「北海学園大学付属図書館北駕文庫所蔵の『歌道秘蔵録』―亨弁（遁危子）のテニヲハ研究資料として」『山梨英和短期大学創立十五周年記念国文学論集』笠間書院　一九八一年一〇月（ハ）
佐藤宣男「助詞研究の歴史」鈴木一彦　林巨樹編『研究資料日本文法五助辞編（一）　助詞』明治書院　一九八五年三月
佐藤宣男「テニヲハ論と表現の問題」『福島大学教育部論集（人文科学）』第四〇号　一九八六年一一月（イ）

佐藤宣男「表現の問題として見たテニヲハ論——『連歌諸躰秘伝抄』を中心として——」『日本文芸論集』一五・一六合併号　一九八六年一二月（ロ）
佐藤宣男「表現の問題としてのテニヲハ論」『藤女子大学国文学雑誌』第三八号　一九八七年二月（イ）
佐藤宣男「藤井晋流『手爾於波秘伝』（上）——地方文人とテニヲハ研究——」『福島大学教育学部論集（人文科学）』第四一号　一九八七年三月（ロ）
佐藤宣男「藤井晋流『手爾於波秘伝』（下）——地方文人とテニヲハ研究——」『福島大学教育学部論集（人文科学）』第四二号　一九八七年一一月（ハ）
佐藤宣男「『手爾葉大概抄』と姉小路式Ⅰ——中世歌学におけるテニハの扱い——」『福島大学教育学部論集（人文科学）』第五五号　一九九四年三月（イ）
佐藤宣男「『手爾葉大概抄』と姉小路式Ⅱ——中世歌学におけるテニハの扱い——」『福島大学教育学部論集（人文科学）』第五六号　一九九四年九月（ロ）
佐藤宣男「姉小路式の系譜——『春樹顕秘抄』におけるテニヲハ理解の諸相——」『福島大学教育学部論集（人文科学）』第五七号　一九九五年二月（イ）
佐藤宣男「『春樹顕秘増抄』におけるテニヲハの諸相Ⅰ」『福島大学教育学部論集（人文科学）』第五八号　一九九五年六月（ロ）
佐藤宣男「『春樹顕秘増抄』におけるテニヲハの諸相Ⅱ」『福島大学教育学部論集（人文科学）』第五九号　一九九五年一二月（ハ）
佐藤宣男「連歌における係結の実態——連歌論書における記述との比較において——」『日本文芸の系譜』笠間書院　一九九六年一〇月（イ）
佐藤宣男「『弖邇乎波義慣鈔』とテニヲハⅠ」『福島大学教育学部論集（人文科学）』第六一号　一九九六年一二月（ロ）
佐藤宣男「『弖邇乎波義慣鈔』とテニヲハⅡ」『福島大学教育学部論集（人文科学）』第六二号　一九九七年六月（イ）

佐藤宣男「連歌におけるテ留まり・ニ留まり――切れぬテニヲハで留まる場合――」『福島大学教育学部論集』第六三号　一九九七年一二月（ロ）
佐藤宣男「佐田智明著『国語意識史研究』」『日本語の研究』二―二　二〇〇六年四月
佐藤宣男「手爾葉大概抄（四　文法）」飛田良文ほか編『日本語学研究事典』明治書院　二〇〇七年一月
佐藤雅代「和歌の末尾表現「ものを」について――てにをは意識の一様相――」『文芸研究』第七六号　明治大学　一九九六年九月
佐藤稔「係り結びの把握――中世歌学から山田孝雄まで――」『山形女子短期大学紀要』第九号　一九七七年三月
澤瀉久孝「「カ」より「ヤ」への推移」『万葉の作品と時代』岩波書店　一九四一年三月
沢田美代子「助詞カ・ヤの歴史的変遷」『大阪府立大学紀要』第八号　一九六〇年七月
島津忠夫校注『新潮日本古典集成　連歌集』新潮社　一九七九年一二月
ジョアン・ロドリゲス著（土井忠生訳註）『日本大文典』三省堂　一九五五年三月
上代語辞典編修委員会『時代別国語大辞典　上代編』三省堂　一九六七年一二月
鈴木一彦　林巨樹編『研究資料日本文法五助辞編（一）　助詞』明治書院　一九八五年三月（イ）
鈴木一彦　林巨樹編『研究資料日本文法六助辞編（二）　助動詞』明治書院　一九八五年五月（ロ）
鈴木一彦　林巨樹編『研究資料日本文法八　構文編』明治書院　一九八五年六月（ハ）
鈴木一彦　林巨樹編『研究資料日本文法七助辞編（三）　助詞　助動詞辞典』明治書院　一九八六年四月
鈴木健一「堂上和歌と連歌――近世における連歌の役割――」『国語と国文学』七一―五　一九九五年五月
勢田勝郭『連歌の新研究　索引編（七賢の部）』おうふう（桜楓社）　一九九三年二月
勢田勝郭『連歌の新研究　索引編（宗祇の部）』おうふう（桜楓社）　一九九四年二月
外山映次「ぞ・なむ・こそ・や（やは・やも）・か（かは・かも）」『解釈と鑑賞』第四四二号　一九七〇年一一月
武井和人「『手爾葉大概抄之抄』をめぐって――室町期古典学研究の立場から――」テニハ研究会編『テニハ秘伝の研

究』勉誠出版　二〇〇三年二月
竹岡正夫「「打合」研究小史 ― 成章まで ―」『香川大学国文研究』第八号　一九八三年九月
竹田純太郎（書評）「根上剛士著『近世前期のてにをは書研究』」『日本語の研究』一―四　二〇〇五年一〇月
武田祐吉「しか・てしか考」『国語と国文学』八―七　一九三一年七月
田中章夫「終助詞と間投助詞」『品詞別日本文法講座九　助詞』明治書院　一九七三年二月
田中裕　赤瀬信吾『新日本古典文学大系一一　新古今和歌集』岩波書店　一九九二年一月
角田裕美「助詞「の」の「拘ふ」の用法についての学説史 ― 『手爾葉大概抄』から『てにをは係辞弁』まで ―」『大谷女子大国文』第一六号　一九八六年三月
テニハ研究会編『テニハ秘伝の研究』勉誠出版　二〇〇三年二月
時枝誠記『国語学史』岩波書店　一九四〇年一二月（改版　一九六六年五月）
時枝誠記『國語學原論 ― 言語過程説の成立とその展開 ―』岩波書店　一九四一年一二月
時枝誠記『日本文法　口語篇』岩波書店　一九五〇年九月
時枝誠記『日本文法　文語篇』岩波書店　一九五四年四月
土井忠生「ロ氏文典と手爾波研究」『国文学攷』四―一　一九三八年九月
中田祝夫　竹岡正夫『あゆひ抄新注』風間書房　一九六〇年四月
長瀬富子「室町時代の疑問表現 ― 助詞を中心として ―」『言語と文芸』九―五　一九六七年九月
永山勇「「てにをは」意識の胎生期」『文学』一一―六　岩波書店　一九四三年六月（イ）
永山勇「所謂長六文の二三記載に就て」『国語国文』一三―九　一九四三年九月（ロ）
永山勇「連歌とテニヲハ ― 連歌学書におけるテニヲハ説の展開 ―」『立正大学文学部論叢』第三号　一九五四年一二月
永山勇『国語意識史の研究 ― 上古・中古・中世 ―』風間書房　一九六三年三月

西下経一「歌学史の研究」『岩波講座　日本文学』岩波書店　一九三二年二月
西田直敏『資料　日本文法研究史』桜楓社　一九七九年四月
仁田義雄「係結びについて」『研究資料日本文法五　助辞編（一）助詞』明治書院　一九八四年三月
日本国語大辞典第二版編集委員会『日本国語大辞典』小学館　二〇〇〇年一二月
根上剛士「手爾葉大概抄の研究（一）」『埼玉大学紀要（人文・社会）』三三（増刊）一九八五年二月（イ）
根上剛士「連歌てにをは書と手爾葉大概抄 ― 星加宗一論文『連歌諸躰秘伝抄』を中心として ―」『東洋大学日本語研究』第一号　一九八五年五月（ロ）
根上剛士「手爾葉大概抄の研究（二）」『埼玉大学紀要　教育学部（人文・社会科学）』第三四号　一九八六年一月（イ）
根上剛士「手爾葉大概抄の研究（三）」『埼玉大学紀要　教育学部（人文・社会科学）』第三五号　一九八六年一〇月（ロ）
根上剛士「手爾葉大概抄の研究（四）」『埼玉大学紀要　教育学部（人文・社会科学）』三七―一　一九八八年三月
根上剛士「姉小路式の研究（一） ― 『歌道秘事口伝之事』との関係 ―」『埼玉大学紀要（人文・社会）』三八―一　一九八九年三月
根上剛士「姉小路式の研究（二） ― 水府明徳会彰考館文庫蔵『手耳葉口伝』について ―」『埼玉大学紀要（人文・社会）』三九―一（一）一九九〇年三月（イ）
根上剛士「姉小路式の研究（三） ― 『姉小路式』の伝本について ―」『埼玉大学紀要（人文・社会）』三九―二　一九九〇年九月（ロ）
根上剛士「『八大集てには』の疑いの「か」「や」「ぞ」の説について」『文学論藻』第六九号　一九九五年二月
根上剛士「姉小路式の伝本 ― 歌道秘蔵録を中心として ―」『文学論藻』第七〇号　一九九六年三月
根上剛士「手爾葉大概抄の成立時期について」『東洋』三六―四　一九九九年四月
根上剛士「てには秘伝と連歌論」『東洋』三七―三　東洋大学通信教育部　二〇〇〇年三月
根上剛士「「姉小路式」とは何か」テニハ研究会編『テニハ秘伝の研究』勉誠出版　二〇〇三年二月

根上剛士『近世前期のてにをは書研究』風間書房　二〇〇四年三月
根来司「姉小路式の相伝について」『国語と国文学』三〇―五　一九五三年五月
根来司「姉小路式の諸本の系統について」『国語国文』二三―一　一九五四年一月
根来司「疑と治定――「けらし」を中心として――」『国語と国文学』三四―九　一九五七年九月
根来司「姉小路式の相伝について」『中世文語の研究』笠間書院　一九七六年二月（イ）
根来司『中世文語の研究』笠間書院　一九七六年二月（ロ）
根来司解説『姉小路式・歌道秘蔵録・春樹顕秘抄・春樹顕秘増抄（勉誠文庫二四）』勉誠社　一九七七年一二月
根来司解説『てには網引綱（和泉書院影印叢刊六）』和泉書院　一九七九年二月（イ）
根来司解説『手爾葉大概抄　手爾葉大概抄之抄（国立国会図書館蔵）』和泉書院　一九七九年八月（ロ）
根来司「てにをは研究小史――『手爾葉大概抄』『手爾葉大概抄之抄』を主にして――」『手爾葉大概抄　手爾葉大概抄之抄（国立国会図書館蔵）』和泉書院　一九七九年八月（ハ）
根来司解説『手耳葉口伝（彰考館文庫蔵）』和泉書院　一九八〇年二月（イ）
根来司「てにをは研究小史――『手耳葉口伝』を中心にして――」『手耳葉口伝（彰考館文庫蔵）』和泉書院　一九八〇年二月（ロ）
根来司『てにをは研究史――てにをは秘伝書を中心として――』明治書院　一九八〇年八月（ハ）
根来司「てにをは研究史上の一問題」『国語学史論叢』笠間書院　一九八二年九月
野村剛史「カによる係り結びの試論」『国語国文』六四―九　一九九五年九月
野村剛史「ヤによる係り結びの展開」『国語国文』七〇―一　二〇〇一年一月
野村剛史「中古係り結びの変容」『国語と国文学』八二―一一（通巻第九八四号）二〇〇五年一一月
橋本進吉「国語学の項　国語研究略史」『日本文学大辞典』新潮社　一九三二年六月～一九三五年四月
橋本進吉『助詞・助動詞の研究』岩波書店　一九六九年一一月

橋本進吉『国語学史・国語特質論』岩波書店　一九八三年三月
橋本不美男　後藤祥子『袖中抄の校本と研究』笠間書院　一九八五年二月
秦澄美枝「和歌と連歌の接触 ── 実隆・宗長・統秋をめぐって ──」『和歌文学研究』第六五号　一九九三年三月
塙保己一　太田藤四郎『連歌部（改訂　続群書類従一七下）』平文社　一九七九年四月
浜田敦「上代における願望表現について」『国語と国文学』二五─二　一九四八年二月
半藤英明「係助詞の歴史と係結びの本質」『国語国文』六四─九　一九九五年九月
久松潜一「歌学史の研究 ── 歌論を中心として ──」『岩波講座　日本文学』岩波書店　一九三二年二月
久松潜一　西尾實校注『歌論集能楽論集（日本古典文学大系六五）』岩波書店　一九六一年九月
日野資純「副助詞と終助詞」『品詞別日本文法講座九　助詞』明治書院　一九七三年二月
福井久蔵『増訂　日本文法史』成美堂書店　一九三四年三月
福井久蔵『連歌の道』大東出版社　一九四一年三月
福井久蔵『国語学史』厚生閣　一九四二年四月
福井久蔵編『国語学大系 ── 手爾波一 ──』白帝社　一九六四年一月（イ）
福井久蔵編『国語学大系 ── 手爾波二 ──』白帝社　一九六四年一月（ロ）
福井久蔵『連歌の史的研究　全』有精堂　一九六九年一一月
船城俊太郎「本居宣長の〈かかりむすび〉を論じて〈かかりむすび〉の本質におよぶ」『二松学舎大学論集』昭和四七年度号　一九七二年三月
古田東朔「『和歌八重垣』をめぐって」『文芸と思想』第一二号　一九五六年七月
古田東朔「江戸時代までの文法観 ── 詞辞の意識・てにをは・活用 ──」時枝誠記編『講座日本語の文法　一』明治書院　一九六八年一月
古田東朔「『詞の玉緒』の先蹤としてのてにをは研究書─特に『氏邇乎波義慣鈔』の内容との比較」『国語学』第七二

号　一九六八年三月
古田東朔　築島裕『国語学史』東京大学出版社　一九七二年一一月
星加宗一「連歌諸躰秘伝抄」『文化』八―二　東北帝国大学　一九四一年二月
細谷直樹　黒岩一郎　江藤保定「歌論・連歌論研究文献総覧」『国文学』三―七　一九五八年六月
松尾捨治郎『國語法論攷』文学社　一九三六年九月
松尾捨治郎『國語法論攷（追補版）』白帝社　一九六一年一月
松尾拾「中世てにをは観の地盤」『日本語』四―五　一九四四年五月
松尾拾「「して」の研究」『国文学』四―九　一九五九年六月
松下大三郎『改撰標準日本文法（訂正版）』中文館書店　一九三〇年四月（複製版　勉誠社　一九七四年一二月）
松野陽一「北海学園北駕文庫文の亨弁注（問答）翻刻」『江戸堂上派歌人資料　習古庵亨弁著作集』新典社　一九八〇年七月
馬淵和夫「四　国語史研究史」松村明編『講座国語史一　国語史総論』大修館書店　一九七七年五月
馬渕和夫　出雲朝子『国語学史　日本人の言語研究の歴史（新装版）』笠間書院　二〇〇七年九月（初版　一九九九年一月）
三木幸信　福永静哉『国語学史』風間書房　一九六六年六月
三沢諄治郎『姉ヶ小路てには抄外二篇』澤存堂　一九三六年六月
峯村文人『新編日本古典文学全集四三　新古今和歌集』小学館　一九九五年五月
宮地裕「疑問表現をめぐって」『国語国文』二〇―七　一九五一年九月
宮地裕ほか『岩波講座　日本語六　文法Ⅰ』岩波書店　一九七六年一二月
室町時代語辞典編修委員会『時代別国語大辞典　室町時代篇（二）』三省堂　一九八九年七月
森重敏「係り結びの原理」『国語国文』二二―五　一九五三年五月

森重敏「係結」『続日本文法講座一』明治書院　一九五八年五月
森重敏「特集・係り結び」『文法』三―五　明治書院　一九七一年三月（イ）
森重敏『日本文法の諸問題』笠間書院　一九七一年一〇月（ロ）
森田良行「な～そ・な（禁止）・ばや・なむ・な・ね・に・が・がな・がも（希望）「日本語における助詞の機能と解釈」『解釈と鑑賞』第四四二号　一九七〇年一一月
薬師寺寿彦「連歌に於ける秘伝意識」『国文学攷』第一九号　広島大学国語国文学会　一九五八年四月
安田章「疑問表現の変遷」『国語史への道（上）』三省堂　一九八一年六月
山口明穂「宗祇の言語観――強調表現に対する考えをとおして――」『国語と国文学』三九―八　一九六二年八月
山口明穂「中世和歌における表現の問題」『白百合女子大学研究紀要』第五号　一九六九年一二月
山口明穂『国語の論理――古代語から近代語へ――』東京大学出版社　一九七一年三月
山口明穂「係結び表現の機構」『中世国語における文語の研究』明治書院　一九七六年八月
山口明穂「手爾葉大概抄」大曾根章介ほか『研究資料日本古典文学一二　文法　付辞書』明治書院　一九八三年七月
山口明穂「係結びの変遷」『国語学論集　築島裕博士古稀記念』築島裕博士古稀記念会　一九九五年一〇月
山口堯二『日本語疑問表現通史』明治書院　一九九〇年一月
山崎良幸「特集・係り結び――文法各説にみる係り結び　山田文法――」『文法』三―五　明治書院　一九七一年三月
山田孝雄「連歌及び連歌史」『岩波講座　日本文学』岩波書店　一九三二年六月
山田孝雄『国語学史要』岩波書店　一九三五年五月
山田孝雄『日本文法論』賓文館　一九四二年一〇月
山田孝雄『国語学史』寶文館　一九四三年七月
山中裕ほか『新編日本古典文学全集　栄花物語（根あわせ）』小学館　一九九九年三月
山本唯一　北村朋典『連歌俳諧てには論抄』私家版　一九八六年三月

吉川泰雄「古典文法の第二総合探究―四　がの研究」『国文学』四―九　一九五九年六月
吉永亜美「連歌論における「てには」小考」『女子大国文』第三二号　一九六四年二月（イ）
吉永亜美「連歌論における「てには」小考その二」『女子大国文』第三五号　一九六四年五月（ロ）
劉志偉「『手耳葉口伝』の証歌について」京都大学大学院人間・環境学研究科　二〇〇六年三月（修士論文）
劉志偉「姉小路式」における文法意識について――『手耳葉口伝』の「はねてにはの事」を中心に――『歴史文化社会論講座紀要』第五号　京都大学大学院人間・環境学研究科歴史文化社会論講座　二〇〇八年三月（イ）
劉志偉「『姉小路式』の「や」の巻について」『日中言語研究と日本語教育』創刊号　好文出版　二〇〇八年一〇月（ロ）
劉志偉「『姉小路式』における係助詞の捉え方――「ぞ」「こそ」の巻を中心として――」『歴史文化社会論講座紀要』第六号　京都大学大学院人間・環境学研究科　二〇〇九年三月（イ）
劉志偉『姉小路式』テニヲハ論の研究』京都大学大学院人間・環境学研究科　二〇〇九年三月（博士論文）（ロ）
劉志偉「『姉小路式』及びその周辺に於ける「休めの類」」『日本語の研究』五―三（『国語学』通巻第二三八号）日本語学会　二〇〇九年七月（ハ）
劉志偉「『姉小路式』における係助詞の捉え方――「か」「かは」の巻を中心として――」『人間・環境学』第一八号　京都大学大学院人間・環境学研究科　二〇〇九年一二月（ニ）
劉志偉「テニヲハ研究書と連歌論書における文法事項の交渉――「姉小路式」の記述を手掛かりに――」『日本語の研究』六―二（『国語学』通巻二四一号）日本語学会　二〇一〇年四月
劉志偉「初期のテニヲハ論書を紐解く―『姉小路式』の巻順について―」『ことのは―内田賢徳先生ご退休記念文集―（私家版）』二〇一二年二月（イ）
劉志偉「『姉小路式』における修辞表現について」『人文学報（日本語教育）』第四五八号　首都大学東京　二〇一二年三月（ロ）
劉志偉「『姉小路式』における歌末の関心」『人文学報（日本語教育）』第四五八号　首都大学東京　二〇一二年三月

（八）

連歌総目録編纂会編『連歌総目録』明治書院　一九九七年四月

あとがき

この度、京都大学総長裁量経費による出版助成を頂き、二〇〇九年三月に京都大学大学院人間・環境学研究科に提出した学位論文を一部改筆し出版させて頂ける運びとなった。著者としては初めての単著本であり、このあとがきを書くのも生まれてはじめての経験である。参考にできればといろいろなあとがきに目を通してはみたものの、全くうまく書ける気がしない。となれば、ここは今流行りの「自分流」で、あとがきらしからぬものを書かせて頂くことにした。格好つけているようにも聞こえるが、一私費留学生が日本語を体得するために来日し、今日日本語の研究に関する仕事に携わるまでに至った日本での十年間の生活を振り返ってありのままに記すことで、生活や研究の各方面でお世話になった方々への感謝の気持ちを再確認し、反省も兼ねて自分自身を見つめ直すきっかけにできればと考えている。

私は河北大学（中国保定市）で日本語を専攻し、現代日本語を中心に勉強した。二〇〇一年の六月に卒業を迎えたが、「日本語だけ」の環境で日本の文化そのものを体得したいという思いがあり、日本に留学することを決めた。振り返ってみれば、就職せずにもう少し学生の身分でいたいという気持ちもあったのだと思う。そしていざ来日の日、日本に行ったら日本人にいじめられやしないかと、母が涙を流しながら見送ってくれた光景が未だに脳裏に焼き付いている。しかし、少なくとも私自身、周囲の日本人に助けられた記憶は数あれど、「いじめられた」記憶は一つもなく、日本に来てよかったと心から感じている。

卒業の翌二〇〇二年の四月、愛知文教大学に入学するとともに留学生活が始まった。小さな大学ではあったが、日本語に関する授業を履修し、研究会にも参加させて頂けることになった。大秦一浩先生主催の研究会である。三人だけの小さな研究会だったが、古典日本語を習い始めたばかりの外国人にお声をかけてくださったことが何よりも嬉しく、研究会のために学ぶようになったことが、古典日本語に興味を持つきっかけとなっていった。「姉小路式」の一写本『手耳葉口伝』に初めて出会ったのも、この研究会であり、後に大学院での研究対象となった。大秦先生は、皆の足を引っ張っていた私に対しても、いつも丁寧に翻刻の基本を一から教えて下さった。生活費や学費を賄うためのアルバイトと、授業や研究会の両立は大変だったが、とても充実した二年間だった。大秦先生は学業の面だけではなく、生活の面でも常に相談に乗って下さり、いつもくよくよしてしまう私に常に親切に接して下さった。度々お世話になったご家族にも感謝申し上げたい。

愛知文教大学を卒業後、私は、京都大学大学院人間・環境学研究科に入学し、内田賢徳先生のもとで研究をさせて頂けることになった。将来は外国人を対象に現代日本語のルーツである古代日本語から教えられる教員を目指し、大学院では日本語学に関する研究をしたいと心に決めたからである。現代日本語文法の日本語学の雛形とも言うべき中世のテニヲハ論書に着目し、「姉小路式」を中心に初期のテニヲハ論書について研究を始めた。内田先生は、院生それぞれの個性を生かし、自由な研究環境を提供してくださると同時に、研究に対しては厳しく、細やかにご指導をしてくださった。中国の学生生活で、板書を書き写す授業に慣れてしまっていた私は、最初は何をすればよいかもわからず、戸惑いながら研究課題の指示をずっと待っていた。また、最低限の生活を維持するためのアルバイトを口実に研究に専念することができずにいた。そんな私に、内田先生は叱るのではなく、研究に対する正しい姿勢を悟らせて下さったのである。私はとても内気な性格で、特に先生の前では緊張のあまり頭が真っ白になってしまう。大学院時代はいつも緊張しながら先生の研究室で論文の指導を仰いでいた。内田先生は、研究の面のみならず、私生活の面においても大変辛抱強く面倒を見てくださった。奨学金を申請する際は、先生に推薦状を書いて頂かなければならないのだが、ご迷惑極まりないと恐縮する程お世話になった。今でも変わらず目をかけて下さっているが、留学生であった当時の私にとって、どれほど心強く、励みとなっていたか、筆舌に尽くすことができない。今思い返しても、大変なご面倒をおかけしていたことと、恐縮に耐えない。

紙面幅の都合上、お名前は割愛させていただくが、人間・環境学研究科大学院在籍中は講座内日本語関係、中国語関係の先生方のほか、文学研究科の国語国文・中文、国際交流センターの先生方にも大変お世話になった。研究室の仲間とも刺激し合い、有意義な大学院生活を送ることができた。

大学院修了後は京都大学国際交流センター、同高等教育研究開発推進機構、同志社女子大学、立命館大学で非常勤講師として貴重な経験をさせて頂くと同時に、同僚の先生方にも様々なことを教わることができた。また、各研究会で知り合えた先生方にもお気にかけて頂き、論議の場を有難く頂戴している。とりわけ、関西学院大学の于康先生には中日対照研究の基礎を多く学ばせていただいた。そして、二〇一一年六月一日付けで首都大学東京人文科学研究科日本語教育学教室の助教として着任することになった。非母語話者の私を採用して下さり、恵まれた研究環境を提供して下さった教室の関係者に感謝の気持ちでいっぱいである。

拙著の第五章、第九章にあたる論文に対し、財団法人新村出記念財団より第二十八回研究奨励賞を受賞させて頂いたことは大きな励みとなった。

拙著の刊行にあたって、京都大学松本紘総長、推薦して下さった人間・環境学研究科冨田恭彦研究科長をはじめとする人間・環境学研究科推薦審査委員会の先生方、博士論文の審査をして下さった内田賢徳先生、故島崎健先生、須田千里先生、大秦一浩先生（現在大谷大学）に心より感謝の意を表す。

また、京都大学学術出版会の國方栄二氏より全面的なご支援を頂いた。『手耳葉口伝』の影印資料の部分掲載を許諾して下さった彰考館文庫にも感謝を表す。他、日頃から友人として親しくさせて頂いている井原英恵氏、渡邊浩一氏、日比野貴政氏、河村嘉子氏に日本語のネイティブチェックをして頂いた。特に井原英恵氏には拙著の全文を読んで頂いた。最後に今まで照れくさくて言葉にできなかったが、留学をさせてくれた家族に、本当にありがとうございましたと感謝の気持ちを伝えたい。

はなはだ拙い内容でありながらも、こうして一冊の書としてまとめられたことは、全てご指導下さった先生方、研究会において有益なご教示を下さった方々、来日後様々な面においてお世話になった各組織及び周囲の方々のおかげである。出版できた喜びよりも、責任の重さで身が引き締まる思いで胸がいっぱいである。現段階において精一杯の努力の結果として、厳正なご批判に謙虚に耳を傾けたい所存である。二〇一一年、日本では天災・人災が続き、海外でもアラブの春・ギリシャ危機など大きな変動があった。世界の平和と安全を祈りつつ、研究に励むことで少しでも社会に貢献と恩返しができればと思う。

本書の刊行にあたっては、京都大学の平成二十三年度総長裁量経費　若手研究者に係る出版助成事業による助成を受けた。末筆ながら感謝申し上げる。

二〇一二年二月

劉　志　偉

［た行］

索　引

著者紹介

劉　志偉（りゅう　しい）(LIU ZHIWEI)

中国杭州市生まれ
2009年3月京都大学大学院人間・環境学研究科共生文明学専攻修了。

博士（人間・環境学）。

京都大学国際交流センター、京都大学高等教育研究開発推進機構、同志社女子大学、立命館大学の非常勤講師を経て、2011年6月より首都大学東京人文科学研究科日本語教育学教室の助教を務める。

財団法人新村出記念財団第28回研究奨励賞受賞

主な著作
「「姉小路式」及びその周辺に於ける「休めの類」」（『日本語の研究』5-3（『国語学』通巻238号）、日本語学会、2009年7月）
「テニヲハ研究書と連歌論書における文法事項の交渉―「姉小路式」の記述を手掛かりに―」（『日本語の研究』6-2（『国語学』通巻241号）、日本語学会、2010年4月）
「中国語における文の中核的な述語に先行する要素の配置について」（『類型学研究』3、類型学研究会、2011年4月）

（プリミエ・コレクション　13）

「姉小路式」テニヲハ論の研究

2012年6月15日　初版第一刷発行

著　者　　劉　志偉
発行人　　檜山爲次郎
発行所　京都大学学術出版会
京都市左京区吉田近衛町69番地
京都大学吉田南構内(〒606-8315)
電　話（075）761-6182
FAX（075）761-6190
URL http://www.kyoto-up.or.jp
振　替　01000-8-64677

ISBN978-4-87698-210-3
Printed in Japan
印刷・製本　㈱クイックス
定価はカバーに表示してあります